해러웨이, 공-산의 사유

해러웨이, 공-산의 사유

DONNA HARAWAY, THINKING OF SYMPOIESIS

최유미

도서출판 b

도나 해러웨이, 공-산共-産의 사유

1

심sym은 '함께'이고 포이에시스poiesis는 '제작하다', '생산하다'를 뜻하니, 심포이에시스는 공-작共-作 아니면 공-산共-産을 뜻한다. 모든 제작이나 생산은 다른 무언가와 함께-제작하는 것이고 함께-생산하는 것이다. 혼자 일하는 장인도 그의 도구들과 함께-제작하고, 홀로 조용히 서서 생존하는 소나무도 햇빛, 물, 땅속의 균류와 영양소 등과 함께 자신의 생명을 생산한다. 후자의 경우는 제작이란 말이 어울리지 않으니 심포이에시스를 함께-생산함을 뜻하는 공-산으로 번역하려 한다. 모든 생명은 그렇게 다른 무언가와 함께하는 공-산의 체계 속에서 생산된다.

공-산을 뜻하는 심포이에시스는, 하나의 막을 가지며 그 안에서 여러 성분들이 하나의 계를 이루는 '오토포이에시스auto-poiesis'를 한 걸음 더 밀고 나간 말로 도나 해러웨이가 제안한 개념이다. 생명이나 생산, 제작 등의 문제를 같이 다루려는 그의 관점이 집약되어 있기에 이 책의 제목으로 선택했다.

　생명에 대한 전통적인 접근법은 개체성을 중심에 둔다. 사회에 대한 전통적 접근법은 개인을 중심에 둔다. 개체/개인individual이란 더 이상 분할할 수 없는 것in-dividual이다. 이 접근법들은 독자성을 가진 최소의 단위로부터 생명과 사회를 탐구하려는 시도들이다. 하지만 이런 접근법으로는 우리 몸을 이루는 세포 중에 10%만이 인간게놈을 가졌고 나머지 90%는 박테리아, 원생생물, 미생물 등의 세포들이라는 사실, 그리고 이들이 서로 역동적으로 영향을 주고받고 있다는 사실을 설명하지 못한다. 사회도 마찬가지다. 현대 도시의 생활은 독립적인 개인들을 중심으로 돌아가는 것 같지만, 도시를 지탱하는 기반시설이 없으면, 그들을 먹여 살리는 농촌 사람들과 그들의 가축과 작물이 없으면, 도시민들의 생존은 불가능하다. 생명이든 사회든 그 최소단위들은 독자적으로 존립하는 것이 아니고, 다른 것들과의 상호 의존성 속에서만 존립할 수 있다.

　그런데 서구의 인간학이 규정하는 인간은 만물에 영향을 끼칠 수 있는 존재이지만 다른 것들로부터 영향을 받지는 않는 예외적인 존재이다. 호모사피엔스는 야만의 자연을 극복하고 그것을 자원으로 삼아 빛나는 문명을 이룬 유일한 생물종이다. 이러한 인간예외주의의 인간학이 자연에 대한 무차별적인 사용을 조장해왔다. 그 결과는 오직 상품이 되기 위해서 키워지는 가축들, 돈이 되는 단 하나의 작물만을 대규모로 재배하는 플랜테이션, 남아 있는 화석연료의 마지막 한 방울까지 모조리 뽑아 올리기 위해 수단 방법을 가리지 않는 에너지기업들의 각축이다. 이런 일들이 복수종의 살고 죽기의 관계를 급격하게 변형시켰고 그 변형 효과의 결과는 "인류세Anthropocene"라 불리는 생태 위기와 기후 위기이다. 이 위기를 헤쳐나가기 위해 가장 시급히 폐기되어야 할 것은 인간예외주의의 인간학일 것이다. 또한 이러한 인간학에 기반을 둔, 정치와 윤리도 바뀌어야 할 것이다. 이 책은 「사이보그 선언」부터 가장 최근의 책인 『트러블과 함께하기』까지 해러웨이의 글들을 '공-산'이라는 키워드를 중심에 두고 읽은 글이다. 해러웨이의 물음은 우리가 더 이상 개체가 아니라 공-산의 존재라면, 우리의 윤리와 정치는 어떻게 바뀌어야 할까에 관한 것이다.

공-산이라는 번역어에 대해 조금 더 이야기하자면, 이를 공동-생산 정도로 번역할 수도 있었는데, 굳이 '공산주의'를 떠올리게 하는 용어로 택한 것은, 공산주의가 표방했던 상생적 삶에 대한 기대와 열망을 이어가고 싶었기 때문이다. 하지만 공-산은 현실적 공산주의가 함의하는 모든 소유 관계가 철폐된 그날을 의미하지 않는다. 사실 "모든 개체는 중-생衆-生이고, 모든 생명체는 공동체다."(이진경, 『코뮨주의』) 이때 '중-생衆-生'은 평등하지 않고, '공동체'는 어떤 합일이 전제되어 있지 않다. 그럼에도 함께할 수 있는 것은 서로가 서로에게 기대어 있기 때문이다. 상생이란 상호 의존적 관계에 충실할 때 비로소 가능하다.

공-산은 누구도 독점적인 소유자이기만 했던 적은 없었고, 모두가 평등했던 적도 없었음을 표명하는 말이다. 유한한 생명은 반드시 '무엇'을 필요로 하고, '누구'인 자와 '무엇'이 된 자의 권력 관계는 당연히 불평등하다. 하지만 '누구'와 '무엇'이 항상 고정되어 있지는 않다. 주체(누구)와 대상(무엇)의 불평등한 권력 관계에 민감했던 페미니즘은 주체와 대상의 행복한 합일을 추구했고, 자신의 몸에 타자를 받아들이는 '여성성'에서 그 희망을 찾기도 했다. 하지만 여성 역시 '무엇'을 필요로 하는 '누구'이고, '누구'에 대한 '무엇'이기도 하다. 폭력이 없고 이용exploitation이 없는 무구한 위치는 어디에도 없다. 하지만 동시에 일방적인 폭력도 일방적인 이용도 불가능하다. 이 불가능성이 공-산을 가능하게 한다. 그러므로 모든 것이 평등해진 후에야 공-산이 가능해진다고 여길 필요가 없다. 우리는 한 번도 공-산에서 벗어난 적이 없었다. 그렇지 않으면 생존이 불가능하기 때문이다. 하지만 지금 우리는 지구의 공-산 시스템에서 퇴출될 위기에 있다. 이것이 우리가 공-산을 이야기해야 할 이유이기도 하다.

2

도나 해러웨이는 생물학으로 박사학위를 하고, 산타크루즈 캘리포니아 대학 의식사학과와 여성학과에서 과학사와 여성학을 가르치고 있는 페미니스트 과학기술학자이자 과학사학자다. 우리에게 가장 잘 알려진 글은 아마도 「사이보그 선언」일 것이다. 사이보그와 페미니즘을 연결시킨 이 논문은 페미니즘에 한 획을 그은 것으로 평가되고, 기계에 대한 다른 생각을 불러일으킨 것으로도 유명하다. 이를테면 〈공각기동대〉를 만든 일본 애니메이션의 거장 오시이 마모루는 자신의 영화 〈이노센스〉에서 자살한 안드로이드들을 '부검'하는 의사로 '해러웨이 박사'를 등장시켰다. 이 영화에서 해러웨이 박사는 기계를 인간 아닌 도구로 여기는 다른 사람들과 달리 '자살'이란 단어를 쓰며 기계와 인간을 하나의 연속성 속에서 다룬다.

해러웨이를 처음 읽은 것은 '수유너머'의 2014년 3월, 〈기술, 생명 세미나〉에서다. 이 세미나에서 나는 기술과 생명 사이에 설정된 깊은 단절을 근본에서 다시 생각해 보고자 했다. 이를 위해 선택된 철학자가 질베르 시몽동과 도나 해러웨이였다. 시몽동은 사물을 '행위자'로 포착한 최초의 기술철학자다. 그에 따르면 기술이란 인간 관념의 산물로 환원되지 않는다. 나는 대학원에서 통계물리학을 전공했다. 주된 연구 방법은 컴퓨터 시뮬레이션이었는데, 반응성이 없는 입자들에게 일정한 에너지를 걸어서 입자들의 움직임을 시뮬레이션하고, 그것을 수식으로 만드는 작업이었다. 그리고 대학원 졸업 후에는 컴퓨터와의 관련성 때문에 IT업계에서 근 20년 가까이 일을 했다. 컴퓨터 프로그램은 관념 속의 논리적인 연산이 컴퓨터에 구현되는 것이라고 생각하기 쉽지만, 꼭 그렇지만도 않다. 프로그래머는 컴퓨터의 기종, 사용 언어, 당시에는 중요한 요소였던 컴퓨팅 시간(곧 연구비) 등 여러 기술적인 조건과 제약들 속에서 최적의 결과를 얻어야 한다. 이런 제약들은 서로 모순되는 결과들을 동시에 요구할 때도 많다. 현장의 일은 단순하지 않고, 뜻하지 않은 것들이 결과에 깊숙이 개입하는 일도 비일비재하다. 시몽동은 나의 이런 경험들이 기술에서 본질적인 것과 이어져 있음을 일깨워 주었다.

당시 세미나에서 읽은 해러웨이의 저작, 『유인원, 사이보그, 그리고 여자』에는 도무지 감이 오지 않는 문장들이 많았다. 하지만 왠지 가슴이 뛰었다. 뭔가 문제의 판을 뒤집어버리는 것 같았기 때문이다. 가령 이런 문장들이 그랬다. "침팬지와 인공물들 모두 정치를 가지고 있다. 그런데 왜 우리는 가지면 안 되는가?"(p. 274) "우리의 정치는 무죄의 순진함으로 유죄의 방종을 놓친다."(p. 282) 과학기술계의 남성중심주의는 이공계 대학원 시절부터 이가 갈리게 경험한 것이지만, 과학기술계에 종사하는 여성이었기에 페미니즘이 주장하는 '반-과학', '어머니 자연'과 같은 논의들에 위화감이 드는 것은 어쩔 수 없었다. 그런데 처음 읽은 해러웨이는 이 위화감을 해명해주는 것 같았다. 뭔가 다른 길을 발견할 수 있을 것 같다는 기대감이 생겼다.

70년대 유행하던 TV 프로그램 중에 〈600만 불의 사나이〉가 있었다. 그의 몸에 부착된 600만 불에 달하는 기계장치는 그의 생체 시스템과 하나의 정보 시스템을 이루고 있다. 강화된 신체를 가진 그는 전형적인 사이보그다. 그런데 「사이보그 선언」에서 해러웨이는 사이보그 이미지의 전형성을 전복했다. 그가 새롭게 제시한 사이보그는 테크노사이언스 현장의 여성들이었다. 전자공장의 컨베이어 벨트에 앉아 있는 여성이건, 컴퓨터 앞에서 프로그래밍을 하는 여성이건, 일을 하는 동안의 그들은 기계와 하나의 정보 시스템으로 묶인 사이보그다. 그러니까 해러웨이의 사이보그는 IT업계에 종사했던 나의 형상이기도 했던 것이다. 해러웨이의 사이보그는 기술이 주는 능력 신장의 쾌락을 긍정하지만, '기술이 우리를 구원하리라'는 터무니없는 망상에 빠지지 않는 현장 여성들의 세속적인 형상이었다.

내가 경험한 IT현장은 언제나 세속적이었다. 현장에서 작동하고 현장을 작동시키는 프로그램은 결코 처음의 설계서대로 작성되지 않는다. 설계가 부실했다기보다는 현장의 요구가 자꾸 바뀌기 때문이다. 현실적인 구현을 위해서 현장과 타협해야 하고 그 때문에 우회로를 만들기도 한다. 프로그래머의 입장에서는 프로그램이 누더기가 되는 것 같아서 마음이 영 언짢아지지만 어쩔 수 없는 일이다. 프로그램이 설계서대로 깔끔하게 작성되어본들, 현장을 작동시키지 못하면 실패한 것이기 때문이다. 철학의 '고귀한' 이념은 마치 프로그램의 설계도 같다. 가령, 이념은 억압과 착취가 없고 만물이 고루 평등한 무구한 상태를 상정하지만, 세속은 여전히 불평등하고 복잡하게 꼬여 있고 누구도 무구하지 않다. 우리는 세속에 살지, 깨끗한 하늘에 살지 않는다. 하지만 한편으로 세속은 홈투성이여서 선뜻 긍정되기는 어렵다. 특히 좀 더 나은 세상을 열망하면서 지배와 억압에 반대하는 진보적인 정치운동에서 세속성은 현실과의 타협이자 변절로 여겨진다. 그러나 폭력적인 지배를 반대하기 위해서 무구함에 기대는 것은 현실적인 대처 능력을 잠식하고, 논쟁을 불가능하게 하고, 특권적인 위치를 만든다.

문제는 어떻게 권력을 다르게 작동시킬 것인가에 있다. 세속성은 권력의 작동에 민감하다. 권력이 어떻게 작동하는지를 민감하게 살피고 그것에 즉각적으로 대처해야 현실적으로 생존할 수 있기 때문이다. 현실은 타자와 내가 하나로 합일되는 행복한 파라다이스가 아니다. 그렇다고 적과 동지의 경계가 뚜렷한 전쟁터도 아니다. "하나는 너무 적다. 그러나 둘은 너무 많다."(도나 해러웨이, 「사이보그 선언」) 관건이 되는 것은 하나와 둘 사이의 어떤 지점을 상황 속에서 발견하는 것인데, 그것이 고정된 것이 아니라는 점이 중요하다.

3

해러웨이는 현실 세계와 어떻게든 맞붙어서 씨름하는 것을 중시한다. 하지만 해러웨이의 이런 태도를 '삶이 먼저고 철학은 그다음^{Primum vivere,} ^{deinde philosophari}'이라는 경구로는 이해하지 마시라. 해러웨이는 이야기 없는 경험(사실) 그 자체는 터무니없는 날조라고 생각하는 페미니스트 과학기술학자다. '삶은 철학이다^{Vivere est philosophari}.' 하지만 삶의 이야기는 하나가 아니고, 일상은 일반화하는 이론으로 환원되지 않는다. 일상과 씨름하는 가운데 구체적이고 기묘한 이야기들이 만들어지고, 그 이야기들은 이야기하기를 통해서 시·공간적으로 퍼져나가면서 삶을 다시 만든다. 다른 삶을 원한다면 이야기를 바꾸어야 한다.

내가 공부하고, 밥 먹고, 요가하고, 싸우고, 노는 곳은 '지식 공동체'인 '수유너머'이다. '수유너머'에 들락거리면서 나를 둘러싼 이야기들이 바뀌어갔다. 지금은 〈수유너머 104〉라는 이름을 달고 있는 수유너머는 이야기가 만들어지는 장소이고, 지금까지의 이야기들이고, 끝나지 않는 이야기들이다. 수유너머의 많은 이야기들은 지식 공동체와는 썩 어울리지 않는다. 그렇지만 전혀 무관한 것도 아니고, 부차적인 것도 아니다. 그것은 이야기를 바꾸는 기묘한 연결들이다. 우리를 명명하는 가장 포괄적인 이름은 코뮌이다. 나는 코뮌이라는 용어를 기묘한 이야기들, 끝나지 않은 이야기들로 이해한다.

옛날 여성들은 이야기를 아이들에게 들려주었다. 할머니는 이야기꾼이었고 이야기는 그들의 교육법이었다. 무릇 이야기에 교훈이 있었다. 교훈은 이야기와 분리되는 도덕률이 아니고 아이들을 위한 삶의 기술을 담고 있었다. 해러웨이는 인간만이 아닌 다수의 생명체들이 살고 죽는 이야기를 한다. 공-산의 세계는 다수의 생명체, 그 삶과 죽음이 함께 있기에, 잘 살(리)고, 잘 죽(이)는 기술이 요구된다. 그 기술을 가르치고 배우는 방법이 이야기이다. 삶과 죽음의 기술은 이야기 속에서만 유효하기 때문이다. 이 책은 해러웨이의 이야기에 관한 이야기, 메타 이야기이다. 하지만 메타 이야기인 것만은 아니다. 해러웨이의 이야기를 받은 나의 이야기가 있다. 이 책이 다른 이야기를 위한 도화선이 되길 바란다. 우리는 정치적으로 생태적으로 심한 파괴와 폭력의 세기를 살고 있다. 우리에게는 한정된 풍요와 제한된 자유를 누리는 삶, 공-산의 세계에서 더 잘 살고 더 잘 죽기 위한 끝없는 이야기들이 필요하다.

4

이 책이야말로 공-산의 산물이다. 수유너머에서 세미나를 한 덕분에, 여러 곳에서 해러웨이에 관해 강의한 덕분에, 책을 쓰라고 부추기고 닦달하고 원고를 읽어주고 코멘트 해주신 이진경 선생님 덕분에, 그리고 초고를 읽어 준 류재숙 선생님, 김효영 선생님, 박성관 선생님 덕분에 이 책을 쓸 수 있었다. 또한 곽문희 선생님을 비롯한 여러 예술가들이 그들의 창의적인 작업으로 나를 촉발시켜주었다. 한문과 동아시아의 사유를 가르쳐주신 우응순 선생님 덕분에 해러웨이의 책들을 보다 깊이 읽을 수 있었다. 덕을 본 것은 직접 얼굴을 마주한 이 분들뿐만이 아니다. 인터넷에 연결된 알지 못하는 누군가의 노력 덕분에 책과 논문들을 찾아 읽을 수 있었고, 한 번도 만난 적이 없는 해러웨이의 강의들을 들을 수 있었다. 이외에도 많은 '덕분'들이 있었다. 이 많은 '덕분'들은 동등하지 않게, 그러나 모두, 이 책을 만드는 작업에 개입되어 있다. 이 책도 누군가에게 '덕분에'가 되기를 바란다.

| 차례 |

16

제1장

개와 인간, 기묘한 친척

1. 미즈 카이엔 페퍼

그의 이름은 카이엔 페퍼다.[1] 그를 예의바르게 부를 때에는 '미즈'라는 경칭이 필요하다. 남아메리카의 매운 고추 이름이기도 한 이 이름은 그의 인간 반려인 도나 해러웨이Donna Haraway가 지어주었다. 페미니스트인 그의 인간 반려는 암컷의 이름을 여성스러운 것으로 짓는데 알레르기가 있었을 것이다. 고추는 맵지만 건강에는 좋은 식재료다. 미즈 카이엔 페퍼는 오스트레일리안 셰퍼드(줄여서 오시라고 부름)라는 견종으로 미국의 오스트레일리안 셰퍼드 협회에 등록되어 있는 소위 족보 있는 순혈종

● ●

1. Donna Haraway, *The Companion Species Manifesto: Dogs, People, and Significant Otherness*, Prickly Paradigm Press(2003); 카이엔 페퍼는 해러웨이의 반려견이다. 카이엔 페퍼는 2015년 말경에 죽었다. 현재 해러웨이는 신디츄(新地球)라는 이름의 대만 유기견을 입양해서 함께 살고 있다; 이 장에서 이 책에 대한 이하의 인용은 모두 본문에 페이지로 표시한다.

개다. 물론 순혈종이라는 말을 문자 그대로 받아들여서는 안 된다. 2012년에 작고한 공생생물학자 린 마굴리스는 모든 생물이 세포 수준에서부터 이미 잡종임을 설득력 있게 설명했고,[2] 그 후속의 연구들도 이를 뒷받침하고 있다.[3] 개든 인간이든 엄밀한 의미에서 순혈종이란 존재하지 않는다.

그럼에도 오늘날 개의 세계에서는 사역견이든 애완견이든 좋은 혈통이 중요해지고 있다. 그 이유 중 하나는 근대화로 인해 인간의 세계에서는 고귀한 혈통이 더 이상 가능하지 않게 되었기 때문이다. 사람들은 그에 대한 상실감을 순혈종 개를 소유하는 것으로 채우려 한다. 또 한편으로 혈통 관리는 개의 유능한 능력을 지키는 데 중요한 것이기도 하다. 개의 전문적인 능력은 그가 직업을 가질 수 있느냐 없느냐를 결정하는 중요한 요소다. 아무리 사랑을 받는다고 해도 변덕 많은 인간의 사랑에 개의 생 전체를 의지해야 한다면, 그 개로서는 대단히 위태로운 일일 것이다. 개를 사랑하는 인간 반려들 중에는 애완견을 기르는 것에 비판적인 사람들이 많은 이유가 이 때문이다. 그들은 개들이 사랑의 대상이 되기보다 일에 있어서 존경의 대상이 되기를 원한다. 그래야 개의 생이 위험에 빠지지 않는다고 여기기 때문이다.

특정한 개 품종을 번식시키는 '브리더breeder'는 그 품종 전체를 사랑하는 사람들이다. 이들은 품종의 특성을 유지하고 발전시키기 위해 유전자 풀을 관리하고, 전문적인 능력을 육성시키는 훈련에 심신을 바친다. 오시의 경우 그들의 혈통에 대한 공식적인 등록은 1956년 이후로 시작되었는데, 〈블루 독스〉라는 인기 있는 로데오 쇼에서 몰이꾼의 재능을 발휘했던 개들이 공식적인 조상이다. 유명한 로데오 예인이었던 시슬러가 목장주들

• •

2. 린 마굴리스, 『공생자 행성』, 이한음 역, 사이언스북스(2007).
3. Donna Haraway, *Staying with the Trouble*, Duke University Press(2016), pp. 58-67: [국역본] 도나 해러웨이, 『트러블과 함께하기』, 최유미 역, 마농지(2021).

로부터 사들였던 목양견[4]들이 그 기원이 되었다. 미즈 카이엔 페퍼의 족보상에는 시슬러의 개들이 일곱 마리나 조상으로 기록되어 있는 것으로 보아 미즈 카이엔 페퍼는 양몰이꾼의 유능한 자질을 계승하고 있다. 그 덕에 미즈 카이엔 페퍼는 젊었을 때 스포츠 선수로 왕성한 활동을 했다.

미즈 카이엔 페퍼의 동성의 인간 반려인 해러웨이는 철학과 생물학을 전공한 페미니스트 이론가이자 과학기술학 연구자로 캘리포니아대학 산타크루즈의 의식사학과와 여성학과에서 다년간 과학사와 페미니스트 이론을 가르쳤고, 지금은 명예교수로 있다. 그의 가장 유명한 저작 중 하나는 「사이보그 선언」으로 기계와 인간의 관계를 페미니스트의 시각에서 분석한 책이다. 페미니스트인 해러웨이는 정체성에 근거한 정치를 반대하는 글을 써왔다. 페미니스트가 여성의 정체성에 근거한 정치를 반대한다는 것은 자기부정처럼 보일 수 있을 것이다. 그러나 그의 문제의식은 정체성에 근거하지 않고 어떻게 차별과 억압에 맞서는 정치를 기획할 것인가에 있다. 「사이보그 선언」은 이러한 문제의식이 잘 드러난 논문이다. 해러웨이가 정체성을 문제시하는 이유는 정체성의 정치는 필연적으로 정체성 바깥의 존재들에 대한 배제를 함축하기 때문이다. 또한 정체성으로는 현실을 잘 설명할 수 없다는 점도 중요한 이유다. 현실에서 정체성을 가르는 기준은 그렇게 분명하지 않다.

미즈 카이엔 페퍼와 도나 해러웨이는 어질리티agility라는 개와 인간의 협동 스포츠 경기의 파트너로 활동하기도 했다. 어질리티 경기는 그 이름이 말하는 것처럼 민첩성을 요구하는 경기로 옛날 탄광의 광부들이 휴식 시간에 개와 함께 하던 놀이가 그 기원이다. 광부들은 탄광의 환기 샤프트를 터널처럼 펼쳐놓고 개가 그것을 통과하도록 하는 경주놀이를

● ●
4. 양몰이 개다. 이 개들은 목동을 도와서 양들을 우리로 몰아넣거나 무리에서 양이 멀리 떨어지지 않도록 양을 무리로 불러들이는 일을 한다.

즐겼다. 지금도 어질리티 경기에는 그 기원을 말해주는 터널 통과 코스가 있다. 이 경기는 개와 인간이 한 조가 되어, 펼쳐진 장애물들을 민첩하게 통과하면서 결승점으로 들어오는 것을 겨루는 것이다. 터널과 허들, 핀폴과 같은 장애물의 배치는 경기 당일에 펼쳐진다. 인간 파트너는 10분 정도 장애물 사이를 걸으면서 경기 계획을 세울 수 있지만, 개는 장애물 배치를 미리 볼 수 없다. 따라서 스포츠 선수인 개와 인간 트레이너의 원활한 소통과 집중이 없으면 잘하기는 어려운 스포츠다. 이 스포츠는 즉흥성이 요구되지만, 훈련을 통해 단련되지 않으면 즉석에서 펼쳐진 장애물들을 처리할 수 없다. "단련을 쌓은 즉흥성"(p. 62) 덕분에 개와 인간의 파트너 게임이 가능해지게 된다.

양몰이꾼의 피를 물려받은 미즈 카이엔 페퍼로서는 그의 인간 반려가 어질리티 경기에 열심이라는 사실이 여간 다행인 게 아니다. 미즈 카이엔 페퍼는 하루 종일 들판에서 양들을 몰면서 이리 뛰고 저리 뛰는 목양견의 습성을 물려받았다. 그런 그가 만일 실내 생활만 해야 했다면 그의 인간 반려가 아무리 사랑을 쏟더라도 쾌적한 삶이라고는 볼 수 없을 터이다. 그의 인간 반려는 상대가 무엇을 원하는지를 세심하게 살피고 그것을 얻게 해주기 위해서 최선의 노력을 기울인다. 미즈 카이엔 페퍼에게 가장 즐거운 시간은 경기장으로 훈련을 가는 시간인 것 같다. 그는 자신의 반려가 경기 연습을 위해 도구를 챙기기 시작하면 바로 낌새를 알아차리고 반려의 뒤를 기쁘게 졸졸 따라다니고, 재빨리 차로 달려가서 문을 열어주기를 기다린다. 그는 생후 12개월부터 자신의 반려와 그의 대자 마코와 함께 경기훈련을 받기 시작했고, 지역 대회에서 우승을 한 적도 몇 번 있다.

어질리티의 경기는 대단한 집중을 요하는 경기다. 그 집중은 한 쌍의 선수인 개와 인간 파트너가 상대방을 완벽하게 신뢰하는 것에서 나온다. 그런데 만약 인간 쪽이 엄마가 되어버리면 경기의 흐름을 망친다. 그것은 상대를 신뢰의 대상으로 보기보다, 불안하고 가르쳐야 할 대상으로 여기는 일이기 때문이다. 즉흥성이 요구되는 경기에서 그런 태도는 경기 흐름을 방해할 뿐 조금도 도움이 되지 않는다. 하지만 미즈 카이엔 페퍼가 보기에 인간 파트너들은 종종 이 신뢰의 의미를 잊어버리고 곧잘 엄마 노릇을 하려고 한다. 자신의 반려는 다른 사람들에 비해 존중의 의미에 대해 대단히 민감한 사람이지만 그조차도 종종 실수를 하는 것으로 보아 인간에게 그것은 아주 어려운 일인 것 같다. 반면 동물들은 어떻게 하면 인간의 신뢰를 얻는지 재빨리 파악하는 편이다. 인간이 동물의 신뢰를 저버리는 실수를 하게 되는 것은 아마도 자신들이 동물보다 더 우위에 있다는 생각을 떨쳐버리기가 너무 어렵기 때문일 게다. 그래서 어질리티 훈련 선생들은 경기훈련을 할 때마다 인간 파트너들에게 "당신의 개를 신뢰하세요!"라고 외쳐댄다. 하지만 실수는 여전하다.

미즈 카이엔 페퍼도 자신의 반려가 엄마 행세를 하는 바람에 경기를 망칠 뻔했던 적이 있다. 꽤 난이도가 높은 경기에 출전했을 때였는데, 위브-폴 장애물에서 앞서 출전한 경기자들이 연달아 실패하자 그의 파트너가 초조해진 것이다. 경기가 시작되자 그의 파트너는 허리를 구부리고 마치 아기에게 하듯이 지나치게 가이드를 하다가 진로를 방해하고 말았다. 미즈 카이엔 페퍼는 자신의 파트너를 요령 있게 피하고 달려 나가서 무사히 결승점에 도달했지만 하마터면 실격할 뻔했다. 경기를 관전하던 함께 온 인간 반려의 친구들이 미즈 카이엔 페퍼가 경기에서 외치고 싶었던 말을 대신 전해 주었다. "저리 비켜!" 미즈 카이엔 페퍼의 반려는 자신의 이런 어이없는 실수를 책에 썼다.[5]

미즈 카이엔 페퍼와의 반려 관계 덕분에 도나 해러웨이는 자신의 철학과

••
5. Donna Haraway, *When Species Meet*, University of Minnesota Press(2006), pp. 205-246.

<그림 1>, 어질리티 경기에서 타이어 장애물을 빠져나가는 카이엔.

삶이 변한 것으로 보인다. 해러웨이의 글은『반려종 선언: 개와 사람, 그리고 중요한 타자성』이전과 이후로 나눌 수 있을 것 같다. 가장 두드러지는 점은 책의 수사가 달라진 점이다. 이전의 해러웨이는 주로 아이러니를 부각시키는 수사를 많이 사용했다. 하지만『반려종 선언』이후의 작업에는 아이러니보다는 유머가 많다. 이전에는 주로 이분법적인 논리가 야기하는 아이러니를 까발리고 조롱했다면,『반려종 선언』이후부터는 일상의 아이러니컬한 상황을 유머러스하게 드러낸다. 이제 아이러니는 일상의 도처에서 드러나고, 그 아이러니 속에서 어떤 윤리와 정치를 모색할 것인가를 이야기한다.

2. 사이보그에서 개로

2003년에 나온 해러웨이의『반려종 선언』은 1985년에 발표된 「사이보그 선언」에 이은 두 번째 선언이다. 이 두 선언 사이에 세계의 정세는 확연히 달라졌다. 첫 번째 선언의 시기는 핵전쟁의 위협이 고조되고 모든 영역에서 경쟁이 우선시되는 신자유주의의 광풍이 불어 닥치던 레이건과 대처의 집권기였다. 좌파지식인들로서는 답답하기 그지없는 반동적인 시대였다. 「사이보그 선언」은 해러웨이가 사회주의 페미니스트로서 답답한 정세의 출구를 어디서 찾을 것인가를 모색하고자 하는 글이다. 당시 진보진영에서는 반-테크노사이언스의 분위기가 한층 고조되고 있었다. 전쟁의 위협과 환경 파괴가 심각했기 때문이다. 하지만 해러웨이가 내세운 출구는 놀랍게도 사이보그였다. 당시 사이보그는 테크노사이언스가 고도로 집적된 형상으로 여겨지고 있었다. '600만 불의 사나이'로 표상되는 강건한 남성적 신체가 사이보그의 주된 이미지가 되고 있던 시대였기 때문이다.

그런데 해러웨이가 내세운 사이보그는 아주 다른 모습이었다. 페미니스트 화가 린 랜돌프가 그리기도 했던 해러웨이의 사이보그 이미지는 가슴에 IC칩이 부착된 유색여성이었고 그의 손가락은 고양이과의 그것과 해부학적인 구조가 흡사했다. 해러웨이가 제시한 새로운 사이보그는 여성-동물-기계가 융합된 모습이었다. 이 형상은 이중으로 불경스러운 모습이었다. 한편으로는 남성의 전유물인 기계를 탐했다는 면에서, 또 한편으로는 무구한 자연적 신체인 여성과 동물을 파괴적 기계와 결합했다는 면에서 그랬다. 이는 사이보그 재형상화를 통해 이중의 목적을 달성하려 했기 때문이다. 한편으로는 사이보그를 통해 전쟁과 정복의 야욕에 혈안이 된 테크노사이언스와 대결하고, 또 한편으로는 무구한 여성성에 호소하는 정체성의 정치에도 대항하려 했다.

해러웨이에게서 「사이보그 선언」을 불러낸 자들은 자연과 기술의 '경계에 있는 여성들'이었다. 이를테면 반도체공장의 제3세계 여성 노동자,

혹은 대규모 정보 시스템으로 움직이는 다국적기업과 병원들의 말단 타이피스트 여성들, 혹은 군수산업의 자금 지원과 불가분으로 이미 군산복합체가 되어버린 이공계 대학에서 우수 두뇌로 양성된 여학생들이 그들이다. 1980년 당시는 산업의 지형이 정보기술 중심으로 재편되고 있었고, 이러한 변화는 전통적인 여성들과는 다른 삶을 사는 여성들의 출현을 가능하게 했다. 하지만 페미니즘과 사회주의는 여전히 출산과 양육을 담당하는 전통적 여성만을 염두에 두고 있어서, 새로운 유형의 여성들에게 아무런 응답을 하지 못하던 상황이었다. 이에 해러웨이는 사이보그를 내세워서 여성의 신체가 과연 본성적이라 할 수 있는가를 되물었다.

두 번째 선언인 『반려종 선언』을 불러낸 자는 미즈 카이엔 페퍼의 생물종인 개다. 해러웨이가 개로 빠져든 이유는 페미니즘을 연구하는 데 사이보그보다 개가 좀 더 많은 이야기를 할 수 있는 형상이라고 여겼기 때문이다. 또한 「사이보그 선언」이 발표될 당시와는 달리 새 천 년에 들어서는 사이보그가 충분히 비판적인 형상이 되지 못한다는 점도 중요하게 작용하고 있었다. 1980년대에 비해 2000년대는 아주 다른 정세 속에 있었기 때문이다. 소련이 붕괴한 후 핵전쟁 저지의 명분이 어느 정도는 사라졌고, 테크노사이언스는 풍요와 번영을 약속하고 있었다. 유전공학은 빨리 물러지지 않는 토마토, 암 치료를 위한 유전자 이식 생물종 등 정보 시스템과 일체화된 새로운 사이버네틱 유기체를 대거 만들었지만 이들 사이보그 형상은 두려움을 주기보다는 신기한 상품이 되었다. 자본주의는 경계위반 사태 혹은 키메라적인 형상마저도 재빨리 상품으로 포섭하는 대단한 능력을 발휘한다. 상품화된 키메라적인 형상은 두려움이나 공포의 상징이 아니라 풍요와 시크chic의 상징이 되었다. 이 때문에 해러웨이로서는 사이보그를 대신할 다른 비판적인 형상이 필요하게 되었다.

해러웨이가 옮겨간 개 역시 사이보그와 마찬가지로 경계의 교란을 상징하는 형상이다. 개는 길들여졌다는 면에서 자연에도 완전히 속하지 못하고, 인간이 아닌 생물종이라는 면에서 문화에도 완전히 속하지 못하는 존재다. 그럼에도 해러웨이는 "정치적으로 가장 올바른 사이보그와 보통 개의 차이는 중요하다"(p. 4)고 하면서 개에게로 옮겨간다. 테크노사이언스를 내파하기 위해서는 보통의 사이보그로는 부족하고 테크노사이언스의 파괴성을 비판할 수 있는 정치적인 올바름이 있어야만 했다. 사이보그의 형상이 여성이라는 이유만으로 해방을 담보하지는 않기 때문이다. 하지만 보통의 개는 그 존재 자체로 자연과 문화의 이분법에 문제를 제기하는 형상이다. 게다가 사이보그는 정보기술에 의해 최근에야 가능해진 형상이지만 개는 호모사피엔스의 시작부터 자연과 문화의 경계를 오염시키는 존재였다. 물론 보통의 개가 문제적인 형상이 되기 위해서는 재형상화가 필요하다. 『반려종 선언』은 이를 위한 책이다.

3. 자연문화

이분법적인 경계는 동일성을 기준으로 내부와 외부를 나눈다. 이때 외부는 동일성의 부재로밖에 정의되지 않는다. 외부는 동일성으로 충만한 내부에 비해 열등하고 모자란 것이다. 그러므로 이분법적인 경계는 외부에 대한 내부의 우선적인 위계이자, 내부를 지키기 위한 외부의 배제를 의미한다. 남성/여성, 정신/육체, 삶/죽음, 문명/야만, 인간/동물, 빛/어둠 … 등등 무수한 이분법의 항들에서 첫 항은 언제나 특정한 동일성으로 이루어진 경계의 안쪽이고, 두 번째 항은 그것이 부재한 경계의 바깥이다. 이를테면, 남근이 있는 남성과 그것의 부재로서 여성, 로고스의 담지체로서의 정신과 그것이 없는 육체가 그것이다. 그런데 서양의 전통적인 담론들에서 이분법의 두 번째 항은 종종 여성과 동일시되었고, 이는 페미니스트들의 비판의 표적이 되었다.

하지만 해러웨이는 페미니즘 이론들조차 대부분 이 이분법의 구도에 기대고 있었음을 지적한다.[6] 여성은 태어나지 않고 만들어진다는 시몬 드 보부아르의 유명한 명제에서 출발한 섹스-젠더 구도의 기획이 대표적이다. 이 구도는 생물학적인 신체를 의미하는 섹스와 사회 문화적으로 구성된 신체로서의 젠더를 구별하고, 생물학적인 신체는 그 자체로는 아무런 의미작용을 하지 않으며, 문화(이성)적인 노력에 의해 얼마든지 극복될 수 있는 요소임을 주장했다. 이 기획은 생물학적 결정론에 대항하기 위함이었다. 생물학적인 결정론은 여성이 남성의 지배를 받을 수밖에 없는 이유를 생물학적인 신체의 문제에서 찾았다. 이를테면 여성의 신체는 근력과 임신과 출산에 따른 제약이라는 면에서 남성의 신체에 비해 생존에 취약하기에 남성의 지배가 자연스럽다는 식이다. 이에 페미니스트들은 보부아르의 명제, 즉 이성적 활동이 자연성을 조형한다는 논리로 생물학적 환원주의를 논파하고자 했다. 그런데 이 구도는 섹스를 마음대로 조형할 수 있는 수동적 대상으로 간주하기에 페미니스트들이 비판해온 문명-야만의 이분법적인 구도와 다를 바 없었다. 하지만 젠더-섹스 구도는 생물학적 결정론을 논파하기에는 지나치게 유용했다. 그래서 많은 페미니스트들이 이런 이분법에서 완전히 떠나지는 못했다.

페미니즘이 기대고 있던 또 하나의 이분법은 이와는 상반된 방향으로, 여성의 몸을 자연과 동일시하면서 최대한 긍정하는 것이다. 여성의 몸은 생물학적 결정론이 말하듯이 그렇게 수동적이지 않고, 생명을 만드는 생산의 힘이라는 식이다. 이는 거꾸로 뒤집힌 생물학적 결정론인 셈이었

6. 다나 해러웨이, 『유인원, 사이보그, 그리고 여자』, 민경숙 역, 동문선(1991), pp. 238-245.

다. 이때 자연성은 극복되어야 할 수동적인 성질이 아니고, 찬양되고 보존되어야 하는 것이 된다. 반면, 남성 주도의 문명은 자연성에 반대되는 인공적인 것으로 자연성의 결핍 혹은 자연성의 훼손으로 간주되었다.

"자연의 내파"를 내건 『반려종 선언』의 기획은 이러한 이분법 속의 자연을 겨냥한다. 해러웨이가 보기에 두 방향의 이분법 속 어디에도 현실의 자연은 없다. 자연은 문명의 자원도 아니고, 그렇다고 보호되어야 할 고귀한 무엇도 아니기 때문이다. 해러웨이가 보기에 자연은 문화와 분리된 저 어딘가에 있는 황야가 아니라 처음부터 자연문화natureculture였다. 자연-문화가 아님을 주의하시라. 자연과 문화는 하이픈(-)으로 연결되어 있지 않다. 해러웨이는 자연과 문화는 분리된 채로 서로 교통이 있는 것이 아니라 분리 불가능한 자연문화임을 주장한다. 『반려종 선언』은 개와 인간의 관계를 재조명함으로써 이를 이야기하는 책이다.

개는 인간에 의해 철저히 길들여진 자 혹은 야생에서 끌려나온 종신형의 죄수라는 이해가 일반적이다. 하지만 이런 이해는 인간이 자신의 관념을 개에게 투사한 것일 뿐이다.

> 개는 개다. 즉 인간과 의무적이고, 구성적이고, 역사적이고, 변화무쌍한 관계를 맺어온, 어떤 생물종이다. 그 관계가 각별하게 멋진 것은 아니다. 거기에는 기쁨, 창의력, 노동, 지성, 놀이와 함께, 배설물도, 잔혹함도, 무관심과 무지, 그리고 상실도 넘쳐흐르기 때문이다. 내가 배우고 싶은 것은 이 공동의 역사를 이야기하는 방법과 자연문화에서 공진화의 결과를 이어받는 방법이다.(pp. 11-12)

개는 "인류 진화라는 범죄의 파트너"(p. 5)로 처음부터 에덴에 함께 있었다. 자연과 문화의 이분법은 오직 인간만을 행위주체로 여기고, 그 행위의 산물을 문화라고 부른다. 하지만 인간의 목축문화는 개 없이는 생각할 수 없고, 많은 문화권에서 개는 지극한 애정의 대상이기도 했으며, 또 어떤 경우에는 지능형 전쟁병기이기도 했다. 개와 사람은 그들 사이의 현저한 차이에도 불구하고 밀접한 관계를 맺어 왔으며, 그것은 일방적인 관계가 아니라 상호 의존적인 관계였다. 자연문화는 종과 종의 상호 의존성을 말하는 용어이다.

인간만이 진정한 행위주체라는 깊은 신앙심을 가진 우리 근대인들이 자연문화의 실상을 다시 배우기 위해서, 개는 아주 적절한 형상이다. 적어도 개는 다른 가축에 비해서 무구한 형상이 아니고, "인류 진화라는 범죄"에 대해서 공범 관계다. 그래서 개와 인간의 역사를 주인과 노예이야 기로 환원하지 않고 다시 이야기하는 법을 비교적 쉽게 배울 수 있다. 이를 통해 자연문화를 이야기하기에 익숙해진다면, 다른 관계들, 가령, 성적 차이의 관계, 가축과 인간의 관계, 기계와 인간과의 관계 등에 대해서 도 다른 이야기를 할 수 있게 될 것이다.

해러웨이는 개와 사람이 적어도 세 가지 층위의 자연문화의 시간들을 함께 살아왔음에 주목한다. 첫째로 개와 인간은 공진화해온 생물종으로 진화적인 시간을 함께 살아왔다. 두 번째는 얼굴을 마주하는 사이인 개체와 개체의 생존 시간을 함께 산다. 이 시간은 개별적인 신체와 신체가 만나는 접촉지대contact zone에서의 유한한 시간들이고 우리가 풍요롭게 만들 가능성이 꽤 있는 시간들이다. 세 번째 층위는 역사적인 시간들이다. 이 시간 속에는 개체군들의 구성과 멸종, 지역의 목축경제, 관광경제 등 지역적이고 글로벌한 경제들의 번성과 쇠락, 식민주의, 세계대전, 자본시장들이 있다. 개와 인간의 시간들은 그들 두 종들만의 것이거나 특정한 개와 인간으로서 두 개체들만의 것도 아니고, 그들과 관계하는 다른 많은 것들이 개입하는 우발성과 복잡성에 열려 있다. 개와 인간은 이런 세 층위의 긴 시간을 함께해온 반려종들이다.

4. 반려종

'반려'는 익숙한 말이다. 우리가 흔히 쓰는 반려동물이라는 말은 미국에서는 1970년대부터 쓰였다. 이 용어가 처음 사용된 것은 수의학교실의 사회심리학 연구 발표에서였는데, 인간과 함께 사는 개가 인간의 웰빙을 위해서 긍정적 역할을 한다는 것을 부각시키기 위해서였다. 영어 "반려companion"의 라틴어 어원은 "쿰-파니스cum-panis"로, 빵을 함께 나눈다는 뜻이다. 반려는 식사를 함께 하는 가까운 관계를 의미하지만 우리말의 식구食口와는 조금 다른 의미다. 식구는 한솥밥을 먹는 가족, 즉 배우자를 포함한 부계 중심의 혈연관계를 강하게 암시하지만, 반려는 혈연을 의미하기보다는 식사 동료이고, 성적인 함의도 있다.

영어에서 반려자를 지칭하는 또 다른 용어는 "중요한 타자significant other"다. 파티의 초대장에 많이 쓰이는 이 말은 둘도 없는 소중한 파트너라는 의미로 주로 자신의 연인이나 배우자, 즉 반려자를 지칭한다. 일상용어인 이 말은, 가장 소중한 자가 혈족일 필요는 없다는 나름의 진실을 내포하고 있는 것 같다. 미즈 카이엔 페퍼를 자신의 중요한 타자로 여기는 해러웨이는 여기에 또 하나의 진실을 추가한다. 가장 소중한 자가 동종이나 동류일 필요는 없다는 것이다. "중요한 타자"는 '중요한'과 '타자'가 연결되어 중의적인 의미를 가지면서 서로 사랑하는 자들 사이의 윤리를 함축한다. 사랑한다는 것을 상대에 대해 독점적인 소유권을 확보하는 것으로 오인하는 경우가 흔하다. 하지만 중요한 타자라는 말 속에는 누구의 소유물도 될 수 없는 현저한 타자성에 대한 인정이 내포되어 있다. 상대에 대한 인정과 존중이 전제되지 않으면 진실한 사랑은 불가능하다.

반려종Companion Species은 반려동물보다는 훨씬 광범위하고 다른 종으로 이루어진 카테고리를 의미한다. 인간과 함께 사는 자는 동물만이 아니다. 장내 미생물과 곡류, 기계 등 얼마나 많은 것들 덕분에 살고 있는지를 생각해 보라. 반려종은 동물에 국한되지 않는다. 하지만 반려종의 의미는 단지 범위가 넓은 것만이 아니라 훨씬 다층적이고 복잡하다. 해러웨이가 말하는 반려종이라는 용어는 생물학적이고, 철학적이고, 물질과 기호가 함께하고, 정신분석학적이자 정치경제학적이라는 4가지 의미를 동시에 가진다.

생물학적인 의미에서 개와 인간은 반려종이다. 다윈의 진화생물학에서 종은 같은 조상에서 분기해 나가면서 다양성을 이룬다. 하지만 그것이 진화이야기의 전부는 아니다. 세포내 공생이나 발달 시스템이 결부된 후성유전학 등의 최신의 생물학 이론들이 진화이야기를 바꾸고 있다. 가령, 서로 다른 가지에 있는 생물종들의 우발적인 융합이 진핵세포를 만들었다는 마굴리스의 가설은 그 일부가 이미 생물학의 정설로 받아들여지고 있다. 융합의 사례는 세포뿐만이 아니다. 발달생물학에서는 서로 다른 생명체들이 성장해나가는 발달 시스템 중에 공동으로 신체를 구성하는 흥미로운 사례들을 많이 보고하고 있다. 따라서 반려종의 생물학적 의미는 세포를 나누는 친척이 되는 것이지만 부계와는 무관하다.

반려종의 두 번째 의미는 철학적인 것이다. 아리스토텔레스에게 "종"은 차이를 정의하는 방법이었다. 철학적으로 반려종은 차이에 관한 말이다. 모두가 친척이 되는 것은 아니다. 생물종들은 어떤 것과는 친척이고 어떤 것과는 아니다. 그것이 차이를 만든다. 어떤 것들과는 반려종이지만 어떤 것들과는 아니다.

반려종의 세 번째 의미는 물질-기호론적인 것이다. 해러웨이는 성사가 중심인 가톨릭의 모태신앙자로서 반려종이라는 기호가 가지고 있는 물질성을 알아차린다. 가톨릭교도들은 성사를 통해서 밀병과 포도주를 '그리스도의 몸과 피'로 육화시키고 그것을 먹는다. 그리스도의 몸과 피로 육화된 밀병과 포도주를 영어에서는 "두 종both species"이라고 부른다. 성사에서 신자들이 먹고 마시는 "두 종"은 그냥 밀병과 포도주가 아니라 예수의 몸과 피다. 이때 종의 의미는 성사를 부정하는 개신교, 그리고 기표와 기의 사이의 단절과 기표의 임의성을 강조하는 소쉬르의 기호학과는 다른, 기호작용의 과정과 물질이 한데 뒤엉켜 있는 물질기호론의 말이다. 해러웨이에게 반려종이라는 말은 임의적인 기표가 아니라, 밥을 나누고 몸을 나누는 관계를 뜻하는 말의 물질성을 함께 가지고 있다.

마지막으로 반려종이라는 말에는 돈이 결부되어 있다. '종'이라는 의미 속에서 돈, 금, 똥, 오물, 부富라는 의미가 있고, "맑스와 프로이트로 개종한 자"로서 해러웨이는 그 의미를 알아차린다. 미국의 개 문화에서 반려종은 욕망과 상품, 그리고 그것과 결부된 불평등한 노동을 의미한다.

이처럼 반려종이라는 용어에는 함께 먹고, 세포를 나누고, 면역계를 나누는 '상호성', 서로를 위태롭게 하고, 먹다가 소화불량이 되고, 죽고 죽이는 '유한성', 최소 둘 이상의 관계들이 서로 얽혀 있는 '복잡성', 변화무쌍한 관계가 쌓여나가는 '역사성'이라는 4개의 성분이 함께 있다. 개와 인간의 신체는 이렇게 4개의 성분이 함께 섞인 반려종의 신체이고 그 신체들이 살아낸 시간들은 긴 진화의 시간들에서부터 수백 수십 년의 역사적인 시간들과 10여 년밖에 되지 않는 유한한 신체들의 시간들이 서로 중첩되어 있다. 이 시간들 속에, 우리가 계승해야 할 수많은 이야기들이 있다. 하지만 우리는 인간의 일방적인 길들이기라는 식민주의적인 신화에 사로잡혀서 이 수많은 이야기들을 이야기하지 않았다. 『반려종 선언』은 이제 다른 이야기를 시작하자는 선언이다. 우리는 "서로 다르게 물려받은 역사, 그리고 불가능에 가깝지만, 절대적으로 필요한 공동의 미래 모두를 책임질 수 있는, 부조화스런 행위주체들과 삶의 방식을 적당히 꿰맞추는 작업"(p. 7)이 필요하다. 해러웨이는 이를 위해 다른 이야기들을 이야기한다.

5. 진화 이야기

이야기의 설득력 측면에서 과학만 한 것은 없으니 개의 진화 이야기부터 시작해보자. 개 진화의 통속적인 이야기는 인간이 야생의 늑대를 잡아서 길들였다는 것이다. 야만의 자연을 정복해서 문명화시키는 위대한 인간의 서사는 어디서든 동일한 모습으로 반복되기에 과학도 예외가 아니다. 하지만 이런 통속적인 가설의 과학적 신빙성은 떨어진다. 설령 인간이 채찍과 당근으로 늑대를 유순하게 길들였다고 한들 그런 특성이 유전되기는 어렵기 때문이다. 개의 미토콘드리아를 조사한 유전학적인 연구의 초기 보고는 개가 호모사피엔스의 출현과 거의 같은 시기인 지금부터 13만5천 년 전에 늑대로부터 분기했다고 했다. 하지만 화석 자료가 뒷받침되지는 않았다. 후속의 DNA 연구는 그 연구가 시간 측정 기준에 대한 오차가 크다고 주장했고, 늑대로부터 개로의 분기 시기는 5만 년 전에서 1만5천 년 전까지로 밀려났다. 이 보고에 따르면 개는 동아시아 어딘가에서 출현했고 이후 수렵채집인인 인간이 가는 곳은 어디든지 동반하게 되었다.

1950년대부터 약 40년간 구소련에서 진행된 여우를 이용한 실험 보고는 개의 진화에 흥미로운 단서를 제공한다.[7] 소비에트의 모피산업을 위해 야생의 여우는 일정 기간 사육되어야 했는데, 이 여우들은 이런 식의 사육을 몹시 싫어해서 격렬히 저항한다. 그 바람에 사육사들이 다치기도 하고 저항하는 여우들이 살처분되기도 했다. 소비에트의 모피산업을 위해서는 보다 유순한 여우가 필요했다. 이를 위해 과학자들은 가장 유순한 새끼들을 골라서 키우고 교배를 시키고 다시 그중에서 가장 유순한 집단을 고르는 식으로 세대를 거쳐 유순함을 강화시키는 방향으로 번식 실험을 했다. 그 결과 몇 세대 지나지 않아서 자그만 보더 코리 견종과 흡사한 개 같은 여우를 얻을 수 있었다. 이 보고는 늑대로부터 개로 분기하는 데 필요한 시간이 그리 오래 걸리지 않았을 거라는 점을 유추하게 해준다.

해러웨이는 이러저러한 과학적 연구들을 끌어모아서 재미있는 진화의 드라마를 구성한다. 그의 가설에 따르면, 개과의 동물과 인간은 우연한 기회에 자연문화에서 새로운 파트너 관계로 창발되었다. 늑대를 닮은 일군의 개들이 이족보행 동물의 서식지 근처에서 손쉽게 칼로리를 취할 수 있다는 사실을 기회주의적으로 이용하기 시작했다. 정착생활을 하는 인간들의 배설물과 쓰레기가 그들의 칼로리 공급원이 되어주었던 것이다. 먹이 섭취의 이득 때문에 야생의 개들은 가능한 한 인간의 서식지 근처 동굴에서 살려 했을 것이고, 심지어 수렵하는 인간을 따라서 먼 거리를 함께 이동하기도 했을 것이다. 강아지의 발달 기간이 긴 개과의 동물이 인간을 그들의 베이비시터로 활용할 수 있게 된 것은 이들의 번식에 결정적이었다는 연구도 있다. 인간의 서식지 근처를 선호하는 온순한 자들끼리의 교배가 거듭될수록 개들과 인간의 허용 거리는 점점 좁혀들었고, 인간을 강아지돌보미로 활용한 덕분에 다른 개과의 동물들에 비해서 번식도 상당히 유리했을 것이다. 이들의 우발적인 조우는 점점 서로를 변용시켰고, 이에 따라 그들의 생활 습속도 변화했다. 그런데 습속의

. .
7. 리 엘런 듀가킨, 루드밀라 투르트, 『은여우 길들이기』, 서민아 역, 필로소픽(2018).

변화가 가능하려면, 신체의 변화가 필수적이다. 개와 인간 상호간의 면역계의 변화와 충동억제와 관련된 뇌분비 시스템의 변화 또한 수반되었을 것이다. 이는 개와 인간의 공진화의 드라마다.

공진화를 생물학적으로 뒷받침해주는 이론은 발생생물학의 에코-에보-데보eco-evo-devo 이론[8]이다. 유기체의 모든 성장과 변화는 유전정보를 저장하고 전달하려는 유전자들의 생존전략 때문이라는 신다윈주의자들의 주장과 달리, 에코-에보-데보 이론에 따르면 유기체가 어떻게 생장해 나갈지는 모든 층위에 걸친 유전정보와 환경정보의 통합에 의해서 결정된다. 이때 환경은 단지 배경이 아니고, 생명체의 발생과 성장에 함께 엮여 들어간다. 어디까지가 환경정보이고 어디까지가 유전정보인지 그 경계를 정할 수 없다. 진화의 드라마에서 유전자는 함께 하는 여러 플레이어들 중의 하나이지 혼자서 모든 것을 하는 일인극의 주인공이 아니다.

6. 순종견과 잡종견

정체성의 정치에 강한 반대를 표명해왔던 해러웨이가 순혈종 개를 열렬히 사랑한다는 것은 뭔가 이상해 보인다. 순혈종 애호는 종별성specificity을 본질화하면서 근원적인 위계를 상정하는 인종주의, 성차별주의 등과 쉽게 연결되기 때문이다. 그래서 해러웨이에게 순혈종은 비판의 대상이 될 수는 있어도 애호의 대상이 될 수는 없어 보였다. 그런데 개의 세계로 끌려 들어가 버린 해러웨이는 순혈종 개의 역사로부터 종별성에 대한

●●
8. 에코-에보-데보(eco-evo-devo)는 Ecological Evolutionary Developmental의 약자로 진화는 유전자에 의해서만 결정되는 것이 아니라, 생태학적-진화론적-발생학적인 것이 공통으로 영향을 주는 것임을 의미한다.

아주 다른 이야기를 듣는다.

개의 품종은 역사적인 시간 속에 깊숙이 얽혀 있다. 개는 일찍부터 가축을 호위하면서 유목민과 함께했다. 양과 염소를 키우는 유목민들은 수천 년 동안 개와 함께 목초지를 찾아서 계절마다 이동했고, 이들의 경로는 북아프리카의 아트라스산맥에서 포르투갈, 스페인을 횡단해서, 피레네산맥에서 남유럽을 거쳐서 터키나 동유럽으로, 심지어 유라시아에서 티베트를 거쳐서 중국의 고비사막에 이르기까지 광범위했다. 곰, 늑대, 들개, 도둑 등 짐승과 인간 침입자로부터 가축을 지키면서 유목민을 따라다닌 호축견들은 당연히 순혈종이 아니다. 이동하는 개들이 지역의 다른 개들과 섞이지 않을 수는 없기 때문이다. 하지만 그럼에도 불구하고 개들에게 지역적인 특성은 여전히 있었다. 북쪽 추운 지방의 개들은 지중해나 사막 지역의 개들보다 덩치가 크다. 자연의 선택과 인위적인 선택이 함께 일어났기 때문일 것이다.

덩치 큰 호축견들이 서류상에 모습을 보이는 것은 19세기 중엽부터다. 개의 품종을 등록하는 켄넬 클럽이 만들어지고, 수집가들이 개들을 사들이기 시작한 데는 귀족이 사라져버린 자본주의 유럽에서 개의 순혈종에 자신들의 욕망을 투사한 때문이기도 하다. 19세기 중후반, 인간 순혈종의 척도가 무력화되는 시점에 개의 척도가 만들어지면서 새로운 세계가 만들어진 것이다. 그러니까 척도는 미리 존재하는 무엇이 아니고, 척도가 만들어지면서 그 세계도 함께 만들어진다. 이때 등록된 개들은 바스크 원산의 피레니언 마스티프, 프랑스나 스페인 국경지대의 바스크 지방산 그레이트 피레니즈, 이탈리아의 마렘마, 헝가리의 쿠바즈, 터키의 아나톨리안 쉽독 등이다.

호축견들은 양치기개(목양견)와는 습성이 아주 다르다. 이들은 양 떼를 모으는 일을 하지 않고, 사냥한 것을 주워오는 것에도 서투르고, 복종 게임에도 별 취미가 없고, 포식습성도 약한 경우가 많다. 그러므로 아무리 가르쳐도 호축견이 목양견이 되는 일은 없고, 그 반대도 마찬가지다. 호축견, 목양견 등으로 분류되는 종별성은 오랜 세월에 걸쳐 구축되어온 것이기에 쉽게 바뀌지 않는다. 호축견들은 침입자와 싸움을 하기보다는 큰 소리로 열심히 짖어서 침입자를 쫓아내고 위협하는 정도에서 자신의 공격성을 멈출 수 있기까지 하다. 이들은 자신이 호위하는 가축들과 유대가 아주 큰 편인데, 피레니즈가 밤낮으로 경계를 서고, 암양의 출산을 돕고, 갓 태어난 새끼 양을 핥아 주기도 한다는 감동적인 이야기들도 전해진다. 또한 호축견들은 훌륭한 교사이기도 하다. 피레들은 어린 개들에게 자신의 요령을 보여주면서 목장 일을 가르친다. 그래서 외톨이 호축견의 경우 인간이 적절히 도와주지 않으면 직업적으로는 실패한 개가 된다.

산악지방의 호축견들이 직업을 잃게 된 것은 산에 곰과 늑대가 사라져버린 19세기 말이었다. 두 번에 걸친 세계대전 때 호축견들은 거의 괴멸 상태가 되었다. 특히 피레네 지방의 개들인 피레견들은 2차 세계대전 때 거의 다 사라졌고, 미국과 영국에 등록되어 있던 그레이트 피레니즈 수십 마리가 전부였다. 유럽에 다시 피레품종이 부활한 것은 유럽과 미국 브리더 그룹의 교류 덕분이었다. 그러나 미국에서든 유럽에서든 피레견이 호축견으로서 일자리를 잡기는 쉽지 않았다. 피레네 지방의 쇠퇴한 목축경제도 그렇지만 곰과 늑대가 사라져버렸기 때문이다. 목축업이 번성하고, 코요테와 늑대가 많았던 미국의 경우에도 피레견들이 호축견의 일자리를 얻을 수는 없었는데, 목장주들이 개를 키워서 가축을 보호하기보다는 독극물로 침입자를 죽이는 방법을 더 선호했기 때문이다. 그래서 호축견들은 주로 독쇼에 출전하는 쇼독이거나 애완견이 되었다.

그런데 1970년대에 상황이 변하기 시작했는데, 환경활동가들과 동물애호가들이 포식자 제거를 위한 독극물 사용을 강력히 반대했기 때문이다. 이는 그레이트 피레니즈에게는 중요한 일이었다. 캘리포니아대학의 과학자와 접촉한 그레이트 피레니즈 브리더인 들라크루즈와 그의 어머니는 북캘리포니아 목축업자들에게 그레이트 피레니즈 강아지를 나눠주면서 그의 개들이 호축견으로서 명성을 쌓을 수 있도록 헌신적인 노력을 다했다. 이 일은 주로 과학자들과 농무성 관계자와 함께 목장주들을 설득하고 개를 훈련시키는 것이었다. 목장주들은 여전히 독극물 사용을 선호하는 추세이지만 그래도 이런 노력 덕분에 미국 전역에서 수천 마리의 호축견이 가축들을 돌보고 있고, 목장주들은 호축견들을 일의 파트너와 재산의 중간 어디쯤에 위치한 자들로 여긴다.

반려종의 역사는 대체로 기구한 편이고, 어디에도 순진무구한 이야기는 없다. 가난한 소작농인 양치기와 더불어 살던 바스크 지방의 피레견들은 늑대를 유해한 동물로 악마시하는 근대문화 속에서 늑대의 개체수가 급감하자 그들도 덩달아 직업을 잃고 위험에 빠지게 되었다가 순혈종 애호가들의 손에 의해서 미국으로 들어온 것이다. 그런데 미국의 목장이라는 것이 앵글로색슨계 목장주들이 선주민의 땅을 강제 점유하고, 토착 동물이었던 버펄로를 죽인 자리에 만들어진 것이고 보면, 그들은 내쫓긴 자인 동시에 정복자다. 반려종의 세계에서 지배와 피지배는 복잡하게 얽혀 있다.

늑대들이 유해종에서 관광자원인 야생동물로 복권이 되면서 개체수가 증가하자, 피레견들의 수요는 피레네산맥과 미국 서부 국립공원에까지 확대되고 있다. 하지만 개의 일과 그것을 위한 교육을 가볍게 보는 공무원들이 준비도 되지 않은 피레들을 국립공원에 투입하는 바람에 많은 개들이 늑대에게 희생당하고, 목장의 양들이 죽고 늑대 또한 사살되는 등 불필요한 죽음이 생기기도 했다. 자연문화에서 새로운 관계를 만들어간다는 것은 저절로 되는 것이 아니라 주의 깊은 노력을 요구하는 일이다.

전후에 전 세계에 수십 마리 정도에 불과했던 피레견들이 지금 애완견 시장에 흘러넘치는 것을 보면, 브리더의 컨트롤을 벗어난 개들이 꽤 있었다는 이야기다. 대개의 브리더들은 그 견종의 유전적 건강성과 강아지 번식공장으로 개가 흘러들어가는 것을 방지하기 위해 중성화수술 후에 개를 일에 투입시킨다. 하지만 개 특질의 유전적 요소를 경시하는 개 관계자들도 있고 중성화수술은 개의 자연성을 해치는 것이라고 낭만적으로 생각하는 개 관계자들도 있다. 많은 피레견들이 강아지 번식공장에서 과중한 생식노동에 시달리게 된 것은 이런 일들과 무관치 않다.

목축경제에 결부된 개로는 호축견과 함께 목양견이 있는데, 이 개들 또한 호축견 못지않게 복잡한 역사적 그물망에 얽힌 견종이다. 미즈 카이엔 페퍼의 견종이기도 한 오스트레일리안 셰퍼드가 그 중 하나다. 이 견종이 미국에 나타난 것은 캘리포니아의 골드러시 때이다. 유럽과 아프리카에서 많은 사람들이 금을 캐러 캘리포니아에 몰려들었고, 양을 치던 바스크인들도 금을 찾아 캘리포니아로 왔다. 금을 캐는 데 실패한 바스크인들이 채굴꾼들을 먹이기 위한 양고기 레스토랑을 차렸다. 미국 동부와 호주에서 온 양들과 작은 목양견이 캘리포니아에 모습을 드러낸 것도 이때다. 하지만 이 개들이 왜 오스트레일리안 셰퍼드라고 이름이 붙여졌는지는 아무도 정확히는 모른다.

오시들의 등록이 본격화된 것은 피레보다 훨씬 늦은 1970년대 후반 이후였고, 목장마다 꽤 편차가 있던 코리 혹은 셰퍼드 잡종인 작은 목양견 들이 하나의 견종으로 수렴되었다. 이 개들은 포식습성이 있지만 사냥감을 찢어발기지는 않고, 자신보다 훨씬 덩치가 큰 가축들 사이를 누비면서 뒤꿈치를 깨무는 식으로 무리를 모은다. 목양견들은 리더십이 있으며, 복종 게임에 능해서, 어질리티 선수나 복종경기의 선수로 활동하거나 수색 구조에 종사하고, 심리치료를 위한 테라피견으로도 활동하고 있다. 목양견들이 탁월한 재능을 발휘할 수 있게 된 것은 일찍부터 목동들이 양치기개의 유전자 풀을 세심하게 관리해왔기 때문이다. 또한 특정 견종과 사랑에 빠진 많은 브리더들이 재능 있는 견종을 유지보호하기 위해 헌신한 덕분이다.

개의 세계에는 브리더들에 의해 관리되는 특정한 품종의 개들뿐 아니라 잡종견들도 있다. 진정한 순혈종이라는 언설은 개의 세계에서는 농담이지만, 그래도 서류상 족보가 기재되는 개들이 있는 반면, 오직 순혈종이 아니라는 의미의 카테고리, 즉 부정의 방식으로만 명명되는 잡종 개들도 있다. 이들은 순혈종의 외부에 순혈종과 함께 생겨나는 카테고리다. 해러웨이는 이들 잡종견들을 버지니아 울프의 '자기만의 방'을 따서 '자기만의 카테고리'라고 명명한다. 잡종견은 자기만의 카테고리를 가진 자들이다.

해러웨이가 소개하는 자기만의 카테고리를 가진 개는 푸에르토리코의 잡종견 '사토'다. 우리도 그렇지만 푸에르토리코의 가난한 지역의 거리에는 유기견이 넘쳐난다. 이들 유기견을 포획해서 임시로 보호하는 동물보호소는 살처분 외에는 딱히 대안이 없다. 사람들은 개를 키우다가 힘들어지면, 살처분이 뻔히 예정된 동물보호소에는 차마 데려다주지 못하고 부근에 버려버린다. 이런 개들은 대부분 중성화수술을 받지 못한 개들이고, 거리에서 많은 새끼를 낳는다. 거리의 개들은 어린 개가 대부분인데, 거리에서 오래 살기는 어렵기 때문이다. 이 비참지경의 상황을 개선하기 위해 산후안의 항공사에 근무하는 한 여성이, 미국에서 푸에르토리코로 다니러 온 또 다른 여성과 의기투합했다. 이들은 1996년 "사토 구하기Save-a-Sato" 기금을 설립했다. 이 기금은 거리의 개들을 북미의 가정에 입양시키는 프로젝트를 위한 것이다. 이 프로젝트의 주요한 일들은, 기금을 위한 자금을 조달하고, 거리를 배회하는 사토들을 잘 구조할 수 있도록 자원봉사자를 훈련하고, 중성화수술을 해줄 수 있는 동물병원들의 네트워크를 만들고, 구조된 개들을 치료하고, 북미의 가정에 입양해도 문제가 없도록 훈련을 시키고, 입양될 때까지 개들을 안전하게 보호할 임시 거처인 북미의 동물보호소까지 운송하는 일 등이다.

이 프로젝트에 대해서, 가난한 푸에르토리코의 거리에서 비참한 생을 살던 강아지가 안락한 미국 중산층 가정에 의해 구원되었다는 식민주의적인 서사로 읽으려 한다거나, 이 모든 것이 푸에르토리코에 대한 미국의 식민지배와 침탈의 역사에 기인한다는 환원주의적인 분석에 빠져서는 안 된다. 경제적인 문제가 아니어도 키우던 개를 버리는 자들은 한국에도, 미국에도 넘치게 많다. 멀지 않은 과거에 해외 입양 1위였던 우리로서는 "사토 구하기" 프로젝트를 마냥 순진하게 읽어내기는 어렵지만, 거리에서 비참한 생을 마감해야 하는 사토들에게 이 프로젝트는 중요하다.

"사토 구하기" 기금의 웹사이트에는 구조와 입양 관련 많은 콘텐츠들이 있다. 구조되기까지 길거리 삶을 전전하는 사토들의 비참한 상황과 구조후의 안락한 삶이 전과 후로 드라마틱하게 게재되어 있어서 기부를 독려하고 있다. '기금'에서는 사토들을 위해 사이버문화를 적극적으로 활용하고 있고, 푸에르토리코 사람들이 매월 5마리 이상의 사토를 구조하면 기금의 회원이 될 수 있도록 하는 정책도 펴고 있다. 이는 푸에르토리코인들이 그들의 개를 위해 무언가를 할 수 있게 한 기획이다. 이를 위해 자원봉사자들이 자신의 돈을 들여서 개 구조를 독려하고 있다. 가령 자신도 홈리스에 가까운 어느 가난한 할머니는 사토를 구조해오는 홈리스들에게 없는 돈에 마리당 5불씩의 사례비를 지급하면서 홈리스들이 개의 구조에 참여할 수 있도록 독려한다. 이런 이야기들을 감상에 호소하는 것이라고 싸늘하게 밀쳐내면서 사토 구하기에 대한 비판적인 분석에 열중하는 것은, 학문적인 업적이 될지는 몰라도 삶의 가장자리로 내몰린 '사토'들을 위한 일이 아닐 것은 분명하다.

7. 훈련하기

철학에서 인간과 동물을 구분하는 잣대 중 하나는 응답^{response}과 반응$^{re-action}$의 구분이다. 이 구분에 따르면, 인간은 응답하지만 동물은 반응할 뿐이다. 철학자들은 그 이유를 언어의 유무에서 찾는다. 이 논의에 따르면, 동물들은 상대에 대해 반응하지만 그것의 의미에 시달리지 않는다. 그들은 언어가 없기 때문이다. 반면, 인간의 응대는 반응과는 구분되는 응답이다. 인간은 언어가 있기에 행동을 의미화할 수 있고, 의미 있는 응대를 할 수 있기 때문이다. 그래서 동물은 반응기계일 뿐이지만 인간은 상대에 대해 응답할 수 있다. 하지만 이런 식의 구분은 인간의 특징을 기준으로 능력과 무능력을 나눈 것일 뿐이다. 미즈 카이엔 페퍼라면 철학자들의 이 구분을 어떻게 여길까? 반응이든, 응답이든, 좋은 응대란 상대가 원하는 것을 민감하게 알아차리는 것 아닐까? 카이엔이라면 인간이 동물보다 더 좋은 응대를 할 수 있다고 여기지는 않을 것이다.

해러웨이는 책임^{responsbility}을 응답^{response}+능력^{ability}으로 생각한다. 함께 사는 상대에 대한 책임은 그가 원하는 것이 무엇인지 최선을 다해 주의를 기울이고 그것에 응답할 수 있는 능력이다. 이를 위해서는 상대가 무엇을 원하는지 알아차리는 능력이 필수적이다. 그런데 공통의 언어가 없고, 종별성의 차이가 현저한 개와 사람은 이러한 능력을 어떻게 길러야 할까? 해러웨이는 개와 함께하는 어질리티 훈련 속에서 어떻게 상호적인 응답 능력이 만들어지는지를 주목한다. 어질리티 트레이닝은 상대의 요구를 알아차리는 능력을 배양하는 데 가장 중점을 둔다. 이 훈련에는 개에게 바람직한 행동을 표시해주는 클리커와 간식이 동원되는데, 개가 바람직한 행동을 하면 딸깍하고 클리커를 작동시켜주고 간식을 제공함으로써 개에게 어떻게 행동할 것인지를 가르쳐주는 것이다. 포지티브 훈련법이라고 불리는 이 훈련법은, 그러나 인간 주체가 동물을 철저히 반응기계로만 대하는 것이라고 비난받기도 한다.

어질리티 경기는 인간이 개에게 주행코스를 지시하도록 설계되어 있는 경주이므로 훈련의 주체는 인간이고, 훈련 대상은 개다. 하지만 인간이 개에게 지시를 하기 위해서는 소통을 위한 프로토콜[9]을 수립하는 과정이 필요하다. 포지티브 훈련법이 중점을 두는 것은 개와 사람 사이의 프로토콜을 수립하는 것이다. 이를 위해 반응기계가 되어야 하는 것은 개만이 아니다. 인간 측에서는 개가 바람직한 행동을 했을 때 적시에 클릭하고 간식을 제공하지 않으면 안 된다. 조금이라도 주의를 게을리 하면, "당신이 개를 떠나버렸어요", "그래서 개는 당신을 신뢰하지 않아요!"(p. 61)라는 트레이너들의 꾸지람이 돌아온다. 프로토콜 수립에 실패한 것이다. 이를 위해 인간 파트너는 개가 정말 좋아하는 간식이 무엇인지 알아내야 하고, '간식 대 행동'이라는 소통 방식 이외의 다른 소통의 가능성을 모두 차단해야 한다. 무엇보다 개의 행동에 엄청나게 주의를 집중하고 빨리 반응해 주어야 한다. "타이밍이 전부다!" 인간 측도 철저히 반응기계가 되지 않으면 둘 사이에 프로토콜의 수립은 불가능하다. 프로토콜이 수립되지 않으면 소통은 불가능하고, 소통이 불가능하면 훈련은 이루어지지 않고, 훈련이 이루어지지 않으면 함께 할 수 있는 것은 극히 제한적이다. 인간이 개를 스포츠 선수로 훈련시킨다면, 개는 인간을 트레이너로 훈련시키는 셈이다. 행동 대 행동으로 이루어진 반응 능력은 상대를 책임 있게 대하는

• •

9. 프로토콜은 복수의 컴퓨터 사이에 데이터 교환을 원활하게 하기 위해 필요한 통신 규약을 말한다.

중요한 응답-능력이다.

> 행동은 세상 속에서 발견되기 위해 그냥 기다리고 있는 무엇이 아니
> 라, 동물심리학의 역사를 통틀어 인간, 생명체, 그리고 장치를 비롯한
> 내적으로 작용하는 일련의 플레이어에 의해 종합된 독창성 있는 구축물
> 이고 생성적인 사실-픽션이다.[10]

이렇게 일단 양자 간에 프로토콜이 수립된다면, "시간 속에서 이동하는 신체의 흐름으로부터 작은 조각이 깎인다거나 더해진다거나 해서 시간 속에서 다른 패턴의 움직임이 만들어진다."[11] 창의적인 행동이 가능해지는 것이다. 인간은 언어가 있기에 응답이 가능하다는 철학자들의 주장은 원인과 결과가 뒤바뀌어 있다. 언어는 인간들이 서로를 민감하게 알아차리기 위해 훈련한 결과일 것이다. 응답-능력, 혹은 상대를 책임진다는 것은 타고난 능력에 의한 것이 아니다. 그것은 얼굴을 마주하는 접촉지대에서 서로가 서로에게 심신을 바치는 고통스런 노력을 통해 배양된다.

트레이닝의 방식에는 포지티브 훈련이 전부가 아니다. 반려견의 저명한 트레이너이자 언어철학자인 비키 헌은 포지티브 훈련 방식은 개를 경멸하는 것이라고 생각한다. 그는 이 훈련법이 동물을 반응기계로 대한다고 여기기 때문이다. 헌은 토머스 제퍼슨이 미국독립선언서에 행복추구권을 넣었던 것을 반려동물에게도 적용한다. 헌은 반려동물의 행복도 인간과 마찬가지로 노력이나 일, 그리고 자신의 잠재성을 실현하는 것을 통해 만족감을 얻는 데 있다고 믿는다. 탁월성에 대한 갈망은 인간의 전유물이 아니다. 그래서 인간 반려는 자신의 반려동물에게서 바람직한 재능을

● ●
10. Donna Haraway, *When Species Meet*, University of Minnesota Press(2008), p. 211.
11. 같은 곳.

끌어내주는 책무를 다 해야지, 간식으로 조정하려 해서는 안 된다. 동물의 재능은 동물에 따라 다 다르다. 그래서 동물의 행복 또한 다 다르다. 그것을 세심하게 포착하여 끌어내 주는 것이 그들을 사랑하는 인간 파트너의 의무이다. 그래서 헌은 개를 훈련시킬 때 개 줄을 획 잡아당긴다든지, 귀를 잡아당긴다든지 하는 거친 훈련법을 마다하지 않는다. 부드럽게 대하는 것보다 중요한 것은 개의 재능을 육성하는 것이고, 그래야만 개가 자신의 재능으로써 존경받을 수 있기 때문이다.

헌은 특히 동물권에 대해 비판적인데, 동물권 옹호론자들의 질문이 잘못되었다고 생각하기 때문이다. 그는 동물권이란 카테고리적인 정체성에서 나오는 것이 아니라 서로 심신을 바친 관계성 속에서 만들어지는 것이라고 주장한다. 우리가 해야 하는 질문은 동물권이란 무엇인가가 아니라, 어떻게 하면 한 사람의 인간과 한 마리의 동물이 서로에게 권리를 주장할 수 있는 관계에 들어갈 수 있는가이다. 소유를 상호성과 접근권으로 이해하는 헌은 권리는 상호적인 소유에 기인하는 것이라고 말한다. "내가 개를 가지고 있다면, 내 개는 나를 가지고 있다."(p. 54) 동물권 옹호자들은 동물에게 복종을 강요한다는 면에서 복종 게임을 비난하지만, 헌은 이를 다르게 본다. 복종 게임은 개가 인간에 대해 권리를 주장하고 힘을 키우는 장소라는 것이다. 복종 게임에 성실히 임하는 개는 그것을 통해 인간 파트너에 대한 자신의 권리를 주장할 수 있게 된다.

서로 현저하게 다른 자들이 많은 것을 함께 하기 위해서는 상호적인 훈련이 필요하다. 이때 훈련의 문제는 부드러운 명령인가 거친 명령인가에 있지 않다. 상대에 대한 신뢰와 경의가 관건이다. 해러웨이는 자신의 대자 6살 마코가 12개월 된 강아지 카이엔의 복종훈련을 시키기 위해 트레이닝을 받게 했던 에피소드를 소개한다. 꼬마 마코는 자신이 "앉아"라고 하는 명령에 카이엔이 착착 반응을 하자 열광했다. 리모콘을 가지고 무선조정 장난감 자동차를 모는 게임에 익숙한 6살 난 꼬마아이에게 카이엔은 마치 마이크로 칩을 장착한 트럭 같았다. 꼬마는 열광했지만 중요한 타자성에 대한 경의는 없었다. 비키 헌이 지적했듯이 그것은 개에 대한 경멸이었다.

이를 어떻게 가르칠까 고심하던 해러웨이에게 드디어 가르칠 기회가 왔다. 마코가 일본무술 공수도를 배우면서 동작을 따라 하기 전에 사범이나 상대에게 예를 갖추어서 절을 하는 것을 배워왔기 때문이다. 꼬마는 그런 절도 있는 의례가 주는 힘에 완전히 흥분하고 있었다. 심지어 이 꼬마아이가 해러웨이에게 경의는 말과 행동으로 하는 것이라고 가르쳐주기까지 했다. 이때를 놓칠 리 없는 해러웨이는 마코에게 이렇게 가르친다. "마코야, 카이엔은 사이보그 트럭이 아니라 복종이라는 무술의 파트너야. 네가 나이든 파트너이고 여기서는 사범이지. 너는 신체와 눈을 이용해서 경의를 표하는 방법을 배웠지? 이제 네가 할 일은 카이엔에게도 그것을 가르치는 것이야. 경의는, 날뛰기만 하는 강아지성을 가라앉히고 나의 눈을 똑바로 쳐다보는 것이라고 카이엔에게 가르치려면 어떻게 하면 좋을까? 그것을 알 때까지는 아무리 "앉아!"라고 명령해도 소용없어."(p. 41)

그로부터 2년 후 마코는 카이엔에게 위브 폴을 가르칠 수 있는 수준이 되었다. 그것은 어질리티 장애물 중에서도 가장 난이도가 높은 게임으로 12개의 폴대 사이를 빠르게 빠져나가는 경기다. 마코는 카이엔에게 이종 간에 서로 경의를 표하는 자세를 가르치는 데 성공했고, 훈련을 통해서 카이엔과 "중요한 타자"가 되어갔다. 서로 다른 종들이 반려종이 된다는 건 상대에 대해 호기심과 경의를 가지고 땀 흘려 서로를 알아가는 것이다. "닥치고 훈련!"[12]

• •

12. 같은 책, p. 191.

8. 동물이 돌아보았을 때, 철학자는 응답했는가?

자크 데리다는 동물에 대해 깊은 철학적 논의를 전개했던 철학자 중
한 사람이다. 해러웨이는 데리다의 「그러면, 동물은 응답했는가?And Say,
The Animal Responded?」라는 제목의 1997년 강연과 이 주제의 후속 강의였던
「동물, 그러니까 나인 동물-계속The Animal That Therefore I Am(More to follow)」[13]을
참조하면서 호기심과 경의에 대한 논의를 시작한다.[14] 「그러면, 동물은…」
에서 데리다는 동물에 대한 전통철학의 오래된 스캔들을 집요하게 파고들
면서 비판했다. 그것은 동물은 언어가 없어서 응답response할 수 없고, 단지
반응reaction할 뿐인 동물기계라는 논의들에 대한 해체적인 독해였다. 데리
다가 보기에 이 논의들은 생물학적으로 동물의 한 종인 인간과 역시
생물학적인 동물들 사이에 단 하나의 경계선을 긋는다. 그 경계는 종별성을
가진 동물종들 사이의 수많은 경계들이 아니라, 인간과 동물 일반을
나누는 분할선이다. 이때 '동물'이라는 단수의 용어는 식물과 동물을
나누는 생물 분류학적인 의미가 아니라, 인간이 가진 능력을 갖지 못한
자들로서 인간과 구별되는 동물들을 통칭한다. 즉 '동물'이라는 명명은
동물들을 능력이 결여된 자들이라는 카테고리적인 범주에 넣는 것이다.
해러웨이는 이런 논의들에 대한 데리다의 비판은 꼭 필요한 것이고,
중요한 일을 완수했다고 생각한다. 하지만 해러웨이는 「동물, 그러니까…」
에서 진행되고 있는 논의에 대해서는 아쉬움을 드러낸다.

· ·

13. 자크 데리다, 「동물, 그러니까 나인 동물」, 최성희, 문성원 역, 문화과학(2013. 12),
    pp. 299-378.
14. Donna Haraway, *When Species Meet*, University of Minnesota Press(2006), pp. 19-27.

「동물, 그러니까…」의 주요 모티프는 어느 날 아침 데리다의 작은 암고양이가 욕실로 따라 들어와서 벌거벗은 데리다를 응시한 일이다. 이에 대해 데리다는 이렇게 썼다.

> 나는, 이 고양이를, 이 대체할 수 없는 생명체, 즉 어느 날 나의 공간에 들어와서, 나, 벌거벗은 나와 조우하게 되는 이this 고양이로서 보는 것이다.[15]

상대와 만나는 장소인 일상은 그 상대가 인간이든 아니든 관계없이 1:1의 관계성이 쉽게 만들어지는 곳이다. 데리다가 그날 아침 눈길을 느낀 것은 "이this" 고양이였지, 특정한 종을 대표하는 고양이가 아니다. 데리다는 이 고양이의 시선으로부터 동물-기계가 아닌 누군가가 그 방에 있다는 것을 알아챘다. 동물은 의식이 없기에 기계이고, 말을 하지 못하기에 욕망이 없고, 부끄러움을 모르기에 옷을 입지 않는다는 언설들은 동물로부터 시선을 받는 일 따위는 없다고 여기는 것에서 나온다. 그러나 그날 아침 데리다가 본 것은 자신을 쳐다보는 이 고양이의 깊은 눈이고, 그것이 자신을 비추는 첫 번째 거울이라면 어떨까 하고 묻는다. 인간의 사고 능력은 자신을 스스로 거울에 비추어보는 반성 능력에서 나온다는 전통철학의 구도에서 동물의 시선 따위는 고려의 대상이 되어본 적이 없다. 하지만 그날 아침 데리다는 자신의 반려 고양이의 응시로부터 벌거벗은 자신뿐 아니라 벌거벗은 철학을 보았다.

"멍멍" 혹은 "야옹"으로만 대답하는 동물과 정치토론을 할 수는 없다. 하지만 기본문제는 동물이 말할 수 있느냐 없느냐가 아니다. 소통의

● ●
15. 같은 책, pp. 19-20, 재인용.

방식이 꼭 말이어야 하는 것도 아니다. 말이 필요치 않은 동물들에 대해 말을 하지 않는 것을 무능력으로 여기는 것은 얼마나 어이없는 인간중심주의인가? 이 강연록의 말미에서 데리다는 "문제는 동물에게 말을 되돌려주는 일이 아니라, 아마, 이름이나 말의 부재를 상실로서가 아닌 다른 방식으로 사유하는… 사유에 도달하는 일일 것이다"[16]라고 쓴다. 벌거벗은 데리다는 자신을 쳐다보는 '이' 고양이 앞에서, 다른 타자에 대해 그 차이를 능력의 부재로, 즉 상실로밖에 볼 줄 모르는 철학의 무능력을 부끄러워했고, 철학이 "이름이나 말의 부재를 상실로서가 아닌 다른 방식으로 사유하는 사유"에 도달해야 함을 역설했다.

그런데 해러웨이는 데리다의 논의를 받아서 이렇게 묻는다. "그러면, 동물이 돌아보았을 때 철학자는 응답했는가?"[17] 해러웨이가 보기에 데리다는 고양이의 응시에 제대로 응답하지 않았다. 그는 데리다가 인간이 특권적으로 생각하는 '말'이 아닌 다른 방식으로, 그야말로 해체적인 방식으로 고양이의 초대에 응답할 수 있었지만, 그만 자신의 철학적인 관심으로 빠져들고 말았다고 여긴다. 만일 데리다가 고양이의 초대에 더 잘 응답하기를 원했다면, 말이 아닌 방식으로 고양이의 초대에 응답할 수 있는 방법들을 궁리했을 것이고, 말이 아닌 방식의 이종 간 커뮤니케이션들에 대해 더 많은 관심을 보였을 것이다.

과학에서 그런 연구들은 차고 넘치게 많이 있다. 동물 행동에 관한 많은 연구들이 동물을 단지 동물기계로 취급하는 것이 사실이고, 그런 점에서는 비판받아 마땅한 일이다. 하지만 모든 과학자들이 동물의 시선을

• •

16. 같은 책, p. 20, 재인용.

17. Donna Haraway, *When Species Meet*, University of Minnesota Press(2006), pp. 19–27; AND SAY THE PHILOSOPHER RESPONDED? WHEN ANIMALS LOOK BACK(그러면 동물이 돌아보았을 때 철학자는 응답했는가?)는 이 논의를 다룬 소제목이다.

알아차리지 못하고 기계로 취급하는 것은 아니다. 데리다 자신이 암고양이의 강렬한 시선을 느꼈던 것처럼, 동물을 연구하는 사람들 역시 자신의 실험 대상과 눈길을 나누는 일이 왜 없겠는가? 그레고리 베이트슨이나 제인 구달, 마크 베코프, 바바라 스머츠 등, 동물과 함께 한 참고할 만한 연구자들은 많이 있다. 데리다가 이들의 연구를 참조했다면, 말이 아닌 방식의 사유에 대해 많은 이야기를 들을 수 있었을 것이다.

해러웨이가 보기에 데리다는 자기 고양이와의 경이적인 조우로부터 고양이의 세계에 더 휘말려 들어갈 수도 있었지만, 철학의 경전들에 붙잡혀버렸다. 그래서 자기 고양이의 시선을 일껏 알아차려 놓고도 동물과 인간의 다양하고 놀라운 관계를 더 탐사하는 일은 없었고, 그의 철학이 달라지는 일도 없었다. 그래서 데리다는 제러미 벤담의 물음, "그들은 고통을 겪을 수 있는가?"로 귀착되고 말았다. 데리다에 따르면 벤담이 제기한 물음의 형식은 여태까지 진행된 동물에 관한 논의 모두를 바꾼다. 고통을 겪을 수 있는가라는 물음은 고통을 받는 수동의 상태를 당할 수 있는가라고 묻는 것이기에 더 이상 능력을 묻는 질문이 아니다. 그래서 이 질문은 능력을 물으면서 동물에 대해 하려고 했던 모든 것들을 바꿀 수 있는 물음이다.

데리다가 벤담의 물음으로 귀착된 데는 대략 지난 2세기 동안 동물에게 저질러졌던 전례 없는 폭력과 관련이 있다. 거대 식육산업은 고기로 팔기 위해 죽이는 동물의 수를 기하급수적으로 늘렸다. 해러웨이 또한 이 폭력적인 사태를 우리가 외면할 수 있으리라 여기지 않는다. 우리는 고통 받는 타자의 얼굴에 응답해야 하고, 덜 폭력적인 방식으로 관계를 재구성해야 한다. 하지만 해러웨이는 데리다가 거기에서 좀 더 나아갔으면 좋았다고 생각한다. 데리다의 사유 속에서는 동물 앞에선 자신의 벌거벗음에 대한 수치심, 동물에 대해 멋대로 규정해온 철학에 대한 수치심은 있지만, 데리다와 아침 인사를 나누고자 했던 작은 암고양이의 울음소리는 들리지 않았기 때문이다.

데리다가 응답의 의미를 재사유하려 했다면, 고양이가 돌아보았을 때 데리다는 고양이의 세계에 호기심을 가지고 응답해야 했었다.

> 호기심을 갖지 않아서, 다른 세계로 유혹되고, 잠입할 찬스를 놓쳐버 렸던 것이다. 즉, 만약 데리다가 그날 아침 고양이가 자신을 응시하고 있는 것을 처음 알아차렸을 때, 호기심을 품고 있었다면 해체적 커뮤니케 이션, 즉 철학에서의 읽기와 쓰기의 실천이 규범적으로 머무는 것을 결코 좋게 여기지 않는 비판적 자세를 수반하는 커뮤니케이션의 매력에 홀렸을 것이다.[18]

해러웨이가 데리다로부터 듣고 싶었던 질문은 이런 것이다. "나는 고양이 와 놀 수 있을까?", 혹은 "철학자로서 나는 그 유혹에 대답할 수 있을까?" 혹은 "그 유혹을 알아챌 수 있을까?"

> 나는, 욕실에 있던 인간 데리다가 이런 것 전부를 파악하고 있었다고 생각하지만, 그러나 이날 아침, 철학자 데리다는, 이런 호기심을 사랑하 는 아름다운 고양이와 함께 하는 방법에 대해서는 전혀 짐작이 가지 않았던 것 같다.[19]

데리다는 인간에게만 한정되어 있던 타자성에 대한 논의를 동물로 확장하는 중요한 일을 완수했다. 그는 동물들을 반응기계가 아니라 나에게

●●
18. 같은 책, pp. 20-21.
19. 같은 책, p. 22.

시선을 보내는 절대적인 타자로 보았다. 하지만 상대의 얼굴에서 고통만을 보려 한다면, 오히려 다른 많은 가능성을 닫아버리는 일이 아닐까? 그것은 그날 아침에 그 고양이가 기대한 적절한 응답은 아니었던 것 같다. 함께 일하고 함께 노는 것은 상대에게 호기심과 경의를 가지고 상대를 알아가지 않으면 안 되는 일이고, 상대의 고통에 제대로 응답하기 위해서도 꼭 필요한 일이다. 물론 상대를 안다는 것은 언제나 오인을 수반하는 것이고, 자신이 사랑하는 자에 대한 오인은 천국과 지옥을 오가게 하는 위험한 일이기도 하다. 하지만 우리는 오인으로부터 비로소 배우는 것 아닐까?

아마도 데리다는 평소에 자신의 고양이와 시선을 나누면서 놀았을 것인데, 그들의 놀이는 왜 그의 철학에 자양분을 제공하지 못한 것일까? "고통을 겪는가"라는 물음은 타자의 고통을 외면하지 않는 가장 발본적인 도덕성을 요청하지만, 타자와의 모든 관계가 고통과 동정으로 환원되는 것은 아니고, 그것이 가장 중요한 것도 아니다. 또한 동물과의 놀이와 기쁨을 이야기한다고, 동물의 고통을 외면하게 되는 것도 아니다. 우리는 함께 해온 동물들과 적절한 풍요를 누리기 위해서, 동물과 인간의 관계를 위협하는 지금의 끔찍한 상황을 바꾸어야 한다. 데리다의 말대로 지난 2세기 동안 팽창한 식육산업은 끔찍한 수준이고, 거기에는 철학이 '동물'이라는 이름으로 그들을 제 맘대로 명명해버린 죄가 크다. 그래서 고양이 앞에 벌거벗은 철학자 데리다는 자신의 벌거벗음뿐 아니라 고양이의 시선 앞에 벌거벗겨진 철학에 대해 깊은 수치심을 느꼈던 것이다. 그것은 물론 중요한 일이지만 해러웨이는 데리다가 자신의 고양이에게 좀 더 호기심을 가졌어야 한다고 아쉬워한다. 그날 아침의 그 고양이는 데리다에게 절대적인 타자로 다가왔지만, 그의 중요한 타자가 되지는 못했다.

9. 되돌아보기, '경의'

해러웨이는 '종species'의 어원인 specere보다, 응시하다에서 이종異種 간의 윤리로서 호기심과 경의를 끄집어낸다. "re-specere", 다시 바라보다, 거듭 바라보다는 respect경의를 표하다의 어원이다. 현저하게 타자인 개와 인간이 서로를 거듭-바라보지 않았다면 함께 살 일은 없었을 것이다. 그렇다면 상대를 거듭 바라보는 호기심과 경의는 에마뉘엘 레비나스가 말했던 고통 받는 타자의 얼굴에 대한 응답[20]보다 우선하는 윤리가 되어야 할 것이다. 아직은 알 수 없지만, 누군가가 거기에 있음을 알아차리고 거듭해서 돌아보지 않았다면 관계는 만들어지지 않았을 것이기 때문이다. 그의 얼굴이 고통 받는 타자의 얼굴이 될지, 무서운 포식자의 얼굴이 될지 어떨지는 관계가 만들어지기 전에는 알 수가 없다.

바바라 스머츠Barbara Smuts는 비비(일명, 개코원숭이)를 연구하는 동물생태학자로, 아프리카 나이바샤호 부근의 비비의 행동을 연구해서 박사학위

---

20. 에마뉘엘 레비나스는 타자에 대한 의무를 철학적으로 쭉 밀고나간 사람이다. 그는 철학의 제1 과제는 '존재'가 아니고 '윤리'라고 했고, 근대철학의 명령주체는 응답주체로 바뀌어야 한다고 했다. 레비나스에게 타자는 우리와 함께 있더라도 우리의 바깥에 있는 존재다. 우리의 유한한 지식으로는 내가 아닌 타자를 다 알 수 없기 때문이다. 하지만 우리의 삶은 타자에 근거해 있기에 그들은 알 수 없는 존재이기도 하지만 또한 우리의 이웃이다. 그래서 타자에 근거한 삶을 살 수밖에 없는 우리는 타자들의 호소(appeal)를 들어야만 한다. 그것만이 유일한 소통이기 때문이다. 윤리적으로 우리는 타자의 고통 받는 얼굴에 반드시 응답(respond)해야 하는 응답주체로 살아가야 한다. 응답(respond)주체로서의 책임(responsibility)은 유한자가 죽음을 피할 수 없는 것처럼 무한하다. 그래서 타자에 대한 의무는 이익의 교환이 아니라 무조건적인 '환대(hospitality)', '기꺼이 받아들임'이다. 자크 데리다도 레비나스의 논의를 이어서 『환대의 윤리학』를 썼다. 하지만 레비나스에게 타자는 인간에 국한되었다. 반면 데리다는 레비나스의 인간중심주의를 비판하고, 절대적인 타자로서 동물을 이야기한다.

를 받았다.[21] 스머츠는 이 연구에서 자신이 어떻게 비비와 관계를 맺었는지, 그것이 자신의 연구에 어떻게 중요했는지를 썼다. 알다시피 과학 관찰의 교의는 절대적인 객관성이어서 과학자는 결코 관찰 대상에게 개입해서는 안 되고, 자연 그대로의 관찰을 유지하려고 노력할 것을 교육받는다. 연구 초기에 스머츠는 이런 과학의 교의를 철저하게 실천하려고 했다. 그는 석고처럼 굳은 채로 비비에게 눈도 맞추지 않고 숨어서 관찰을 시도했다. 그러나 비비들이 번번이 숨어버리는 바람에 연구가 도무지 진척되지 않았다. 난관에 봉착한 스머츠는 자신이 영장류를 연구할 때 했던 것처럼, 비비들의 신뢰를 얻기 위한 전략으로 연구 방법을 바꾸었다.

그는 비비들의 걷는 법, 앉는 법, 자세 유지법, 발성 등을 처음부터 배우기 시작했고, 비비들이 서로 어떻게 의사를 주고받는지, 그들의 감정 표현법 등을 익히기 시작했다. 그것은 비비들의 행동을 익히는 것이고, 그 모방을 몸에 붙이는 것이었다. 스머츠로서는 그것이 비비에 대한 반응행동 훈련인 셈이었다. 노력 끝에 스머츠는 비비들에게 신호를 보낼 수도 있게 되었고, 그 결과 비비들과 스머츠 사이에는 일정한 신뢰 관계가 수립되었다. 비비들은 간혹 스머츠가 너무 가까이 가면, 도망가지는 않으면서도 싫다는 신호를 보내주었고, 그에 따라 스머츠는 자신의 행동을 조절할 수 있었다. 비비들에게 처음의 스머츠는, 알 수 없는 침입자였던 셈이었지만 그가 비비들의 행동을 모방하면서 엉성하지만 예의바른 인사를 건넸을 때, 스머츠는 그들의 예의바른(그러나 아직 여전히 의심스런 구석이 있는) 손님이 되었던 것이다. 데리다식으로 말하면 스머츠와 비비들은 이렇게 서로에게 얼굴을 획득한 셈이다.

이 연구에서 스머츠는 자신이 인사를 한 후에야 비비들은 비비들의

21. 같은 책, pp. 23-27.

생활로, 자신은 자신의 연구로 되돌아 갈 수 있었다고 썼다. 하지만 자연과 문화를 분리하는 것에 민감한 해러웨이는 스머츠의 이 이야기에는 동의하지 않는다. 스머츠의 이야기에 따르면 비비는 다시 자신들의 자연 세계로 돌아가고, 스머츠 자신은 과학을 연구하는 문명의 세계에 남아 있는 게 되기 때문이다. 하지만 해러웨이는 스머츠의 예의 바른 행동과 그런 스머츠를 거듭 돌아본 비비의 호기심이 만들어낸 자연문화의 세계는 비비와 스머츠가 만나기 전의 세계와는 아주 다른 세계일 것이고, 세계가 이미 바뀌어버렸기 때문에 아무 일도 없었다는 듯이 되돌아갈 옛 세계는 더 이상 존재하지 않는다는 점을 지적한다.

후속의 연구에서 스머츠는 해러웨이와 같은 결론에 도달하는 것 같다. 그는 비비들이 자신들의 인사풍습을 통해서 서로를 어떻게 생성하는지를 보고한다. 비비들은 서로 잘 아는 동료이든 아니든 언제나 인사를 교환했고, 그들이 누구인가는 끊임없는 인사의식에서 생성되는 것이었다. 스머츠는 비비에게 인사를 통해서 형성된 이족보행의 손님이다. 조금은 미심쩍은 손님이지만 스머츠의 계속된 인사에 비비들이 호기심어린 응대를 했다. 이처럼 낯선 자를 자신들의 세계로 초대하는 것은 예측불허의 위험을 감수하는 것이기도 하다. 하지만 비비들은 그럼에도 불구하고 그 모험을 감행했다. 호기심은 이처럼 위험을 감수하면서 새로운 관계를 만들게 한다. 스머츠의 예의 바른 인사와 비비의 호기심 어린 응대는 데리다가 말했던 "이름이나 말의 부재를 상실로서가 아닌 다른 방식으로 사유하는 사유"가 무엇인지를 가르쳐 준다. 비비의 인사는 동물의 몸에 본능적으로 새겨진 외연적인 신호와 그 반응이 아니다. 그것은 자신들이 위험을 감수해도 좋은지 어떤지를 알기 위한 하나의 의례이자, 파트너를 만드는 구현적인 커뮤니케이션이다. 예의 바르게 인사를 건네고 그 인사에 응답하는 호기심이야말로 복수종이 함께 살아가는 자연문화에서 우리가 심신을 바쳐 육성해야 할 윤리다.

존중하고, 응답하고, 몇 번이고 돌아보고, 환대하고, 주의하고, 정중히 행동하고, 소중히 여긴다고 하는 것은 모두 예의 바른 인사, 폴리스의 구성, 종과 종이 만날 때의 장소에 결부되어 있다. 만남에 임하여, 즉 존경과 경의를 표함에 임하여, 반려와 종을 함께 묶는 것은 함께-되기의 세계, 즉 "누구와", "무엇과"들이 틀림없이 문제가 되고 있는 세계에 발을 들이는 것이다.[22]

10. 놀이 혹은 깊은 대화

체중 110파운드[23]의 윌렘은 눈을 빛내며 드러누워 있다. 35파운드[24]밖에 안 되는 카이엔은 윌렘의 머리에 올라타고, 자신의 코를 윌렘의 꼬리 쪽으로 돌리고서, 궁둥이를 기세도 등등하게 밀어붙이기도 하고, 흔들기도 하면서 — 이 말은 결국, 격심하게 빨리 흔든다는 것이지만 — 정말 제정신을 잃어버린 것처럼 보인다. 윌렘은 어떻게든 해서 카이엔의 생식기에 혀를 닿게 하려고 하는데, 그렇게 하면 카이엔이 꼼짝없이 머리 위에서 미끄러져 떨어진다. 마치 카이엔이 야생마 위에 올라타고, 될 수 있는 대로 오래 떨어지지 않도록 로데오를 하고 있는 것 같다. 두 마리가 이 게임에서 노리고 있는 목표는 각기 다르다고는

● ●
22. 같은 책, p. 19.
23. 약 50킬로그램.
24. 약 16킬로그램.

해도, 함께 전심전력을 쏟고 있는 것은 변함이 없다. 그것이 나에게는 에로스로 보인다. 결코 아가페적 사랑은 아니지만. 카이엔과 윌렘은 다른 것은 제쳐두고 이 활동에 3분간이나 몰두했다. 그리고 그다음에 다시 한 번 더 한다. 그다음 다시 한 번. 수잔과 나는 큰 소리로 웃기도 하고, 킬킬거리며 웃기도 하지만, 둘은 알아채지 못한다. 카이엔의 경우, 이 활동을 하는 내내 클링곤 여성처럼 이빨을 드러내고 신음하고 있기 때문이다. 〈스타트렉: 보이저〉에서 클링곤의 피를 절반 이어받은 베레나 토레스가, 인간 조종사인 연인 톰 파리스를 몇 차례나 병실로 몰아넣었는지를 기억하고 계시는지? 카이엔의 놀이는 — 아, 그건 그렇다 하더라도, 이 무슨 게임일까? 윌렘 쪽은 진지하게 열중하고 있다. 그는 클링곤이 아니다. 내 세대의 페미니스트라면, 이해심 있는 연인이라고 부를 것이다. 둘의 젊음이나 활력은 재생산적 이성애 헤게모니를, 그리고 금욕을 촉진시키는 고환 제거를 조롱하고 있다. 어떻게 우리 서양의 인간들이 우리의 사회적 질서와 욕망을 동물들에게 거리낌 없이 투영하는지에 관해서 악명 높은 책들을 써온 나는 이제, 나의 패기 넘치는 오시와 크고 질펀하고 부드러운 혀를 가진 수잔의 재능 있는 경비견에게서 노만 O. 브라운의 『러브즈 보디*Love's Body*』를 확인할 정도로 어리석지는 않아야 할 것이다. 그렇다고 하더라도, 다른 무엇이 일어나고 있을 것이다. 힌트 — 이것은 "집어 와"[25]나, 술래잡기 게임이 아니다.(pp. 98-100)

    카이엔과 윌렘의 놀이를 어떻게 이해해야 할까? 카이엔과 윌렘은 어렸을 때부터 친구이고 카이엔이 윌렘을 제외하고는 이런 놀이를 한 적은

• •

25. fetch, 무엇을 던진 후 애완동물에게 집어 오게 하는 놀이.

없다고 한다. 통상 동물의 성욕은 생식본능에 따르는 것이지만 인간의 성욕은 생식과는 무관한 것이라고 여긴다. 생식과 무관하게 성을 욕망할 수 있는 능력이 있는가는 인간과 동물을 가르는 중요한 척도다. 데리다가 지적했듯이 할 수 있음을 의미하는 '능력'은 매번 우월한 자와 그렇지 않은 자를 나누는 불변의 척도다. 하지만 욕망할 수 있는 능력이 모두에게 동일하게 허용되는 것은 아니다. 성욕의 경우가 그렇다. 강한 성욕은 대단한 능력이지만 여성과 남성이 동일하게 대접을 받지는 않았다. 여성의 성욕은 병적인 것이고, 위험한 것이고, 심지어 무서운 것으로 여겨졌기 때문이다. 고전소설 『변강쇠가』에는 성욕의 화신으로 옹녀와 변강쇠가 나오지만, 저주와 공포의 대상이 되는 것은 오직 옹녀의 성욕이다. 옹녀의 거칠 것 없는 성욕은 그와 관계한 남성들이 모두 급살을 당하는 징치를 당하지만, 변강쇠가 비난받는 것은 무지막지한 성욕 때문이라기보다는 일하기 싫어하고 빈둥대기만 하는 천하의 잡놈이라는 것이 일차적이었다.[26]

여성과 남성의 비대칭적인 성적인 규범에 대한 여성들의 저항은 대개 두 가지 방식으로 작동해왔다. 첫 번째 방식은 남성에게도 여성만큼의 규범을 요구하는 것으로 포르노 금지 투쟁, 성매매 퇴출 운동이 그것이다. 하지만 이런 식의 저항은 이성애의 성규범을 오히려 강화하는 방향으로 작동한다. 또 하나의 방식은 억압된 성적 욕망의 전면적인 해방을 위한 정치투쟁이다. 퀴어 축제, 동성결혼의 합법화 투쟁 등, 다양한 섹슈얼리티에 대한 긍정을 요구하는 투쟁들이 그것이다. 이들은 생식과는 무관한 성욕을 그 자체로 긍정한다. 하지만 이것이 진정 해방적이려면, 부정된 성욕을 되찾는 것으로는 부족하고, 성욕이 모든 욕망의 왕좌 자리를

• •
26. 이진경, 『파격의 고전』, 글항아리(2016), pp. 358-364.

차지하는 것을 거부하는 것으로 나아가야 한다. 성욕은 여러 욕망 중에 하나이고, 각각의 욕망들은 각기 다른 색깔, 다른 질을 가지고 있기에 성욕만 유별난 대접을 받아야 할 이유는 없다.

미즈 카이엔 페퍼가 자신과 같은 생물종을 만나고 열광한 것은 사실이다. 카이엔은 같은 생물종인 윌렘과의 놀이에서 해러웨이와 나누는 키스와는 비교도 되지 않을 짜릿한 감응을 느낀 것으로 보인다. 카이엔과 윌렘의 성적인 놀이는 해러웨이와의 키스와 그렇게 멀리 떨어져 있을까? 이들의 행위는 잉태와는 처음부터 거리가 멀고 그렇다고 원초적인 성욕의 분출과도 거리가 멀다. 그렇지만 한낱 그저 그런 장난일 뿐인 것은 아니다. 존 발리의 SF 단편소설, 「시력의 지속」[27]에 기대어 카이엔과 해러웨이, 카이엔과 윌렘이 벌이는 성적인 유희를 생각해보면 어떨까?

소설의 무대는 맹인이자 동시에 농아인 사람들이 건설한 공동체다. 보이지도 않고 들리지도 않는 자들은 '접촉'을 통해 의사소통을 한다. 그들의 접촉은 헬렌 켈러가 했던 것처럼 단지 손바닥에 쓰는 수화이기만한 것이 아니다. 보지 못하고 듣지 못하는 그들은 오직 촉감에 의지해서만 대화를 한다. 우리의 일상용어로는 '접촉'이라는 말로밖에 달리 표현할길이 없는 그들의 대화는, 그러나 순진한 것이 아니다. 거의 벌거벗은 그들은 상대의 온 몸을 만지며 대화를 나누는데 성기라고 예외가 아니지만이런 접촉이 이성에 국한되는 것도, 생식을 염두에 둔 것도 아니다. 이들의 대화는 섹스이기도 하고 아니기도 하다. 공동의 식사자리에서 벌어지는 그들의 대화 장면은 더욱 기묘하다. 그들은 손으로 음식을 느끼면서 먹는데, 그 손으로 상대방의 몸을 만지며 대화도 한다. 그들의 몸에는 온갖 음식물이 묻지만 그들에게 그것은 문제가 아니다. 그것은 먹기이기도

• •

27. 존 발리, 『잔상(*The persistence of vision*)』, 안태민 역, 불새출판사(2015), pp. 144-213.

하고 대화이기도 하고 섹스이기도 하다.

소설 속 화자는 아무런 장애가 없는 자로 그들의 손님이다. 그는 처음에는 어색했지만 점차 그들의 접촉에 익숙해진다. 화자는 때로 이들의 집단적인 대화가 난교 같다고 생각한다. 하지만 그가 여태까지 본 난교들, 단지 성욕의 거침없는 분출일 뿐인 그것과는 아주 다른 느낌이었다. 그것은 대화이기도 하고 섹스이기도 하고 또 아니기도 하다. 생식으로부터의 용감한 일탈이 아니라 아예 그 전제마저 던져버린 몸들의 깊은 대화. 그들은 접촉을 통해 먹고, 접촉을 통해 상대를 알고, 접촉을 통해 자신을 알린다. 농맹아인 그들은 서로를 부르는 공식적인 이름은 없다. 하지만 수백, 수천 개의 이름이 있다. 함께 되는 파트너에 따라 다른 이름이고, 그 이름이 얼마를 지속할지는 관계에 따라 다르다. 개, 카이엔과 인간, 해러웨이의 딥키스가 그들 사이의 진지한 대화이자, 훈련이자, 서로에 대한 갈망이었던 것처럼, 카이엔과 윌렘 역시 깊은 대화를 나누는 중이고 서로를 훈련하는 중이자, 서로를 아는 중이자, 서로의 몸에 각자의 이름을 만드는 중이다.

11. 소화불량의 느낌

『반려종 선언』에서 해러웨이는 개와 인간의 상호적인 협동의 역사를 이야기함으로써 일방적인 정복의 신화에 맞서고자 했다. 하지만 이들이 협동의 역사를 일구어 왔다고 해도 목줄에 매여서 묶여 있는 것은 개이지 인간이 아니다. 그런 엄연한 사실이 내게 소화불량을 유발한다. 「사이보그 선언」에서부터 해러웨이가 지속적으로 해온 작업은 상대적으로 권력이 취약한 자들을 수동화하지 않는 것이었다. 권력이 약한 자들을 고통

받는 피해자로만 위치시키는 것은 그들을 영원히 노예로 만드는 일이기 때문이다. 문제 많은 지금/여기의 이 세상을 만든 책임을 그들(남성들)에게 떠넘기게 되면, 도덕적인 편안함을 느낄 수 있을지는 모르겠으나, 노예상태를 면하기는 어렵다. 무구한 노예로 살면서 혹시 올지도 모를 구원을 기다리는 것 외에 할 수 있는 일이 없기 때문이다. 그러므로 권력이 약한 자들은 무구성의 유혹에 빠지지 않으면서 어떻게 지금과는 다른 삶을 만들 수 있을까를 모색하는 정치투쟁을 벌여야 한다.

그렇다고는 해도 개와 인간 사이에, 여성과 남성 사이에 불평등한 권력관계가 있음은 엄연한 사실이다. 평등한 권력관계가 만들어지지 않는 한 권력이 약한 자들의 삶은 취약성을 면하기는 어렵다. 이런 이유들 때문에 『반려종 선언』이 탐사하는 개와 인간이 함께 일구어 온 진화적이고, 역사적이고, 개인적인 이야기들이 개와 인간의 관계, 더 나아가 비대칭적인 권력관계에 놓인 자들에 대한 아주 다른 이야기의 가능성을 열지만, 위화감과 체기가 가시지는 않는다. 어질리티 경기는 인간이 만든 것이고, 품종 개발도 인간의 기준이 일차적이기 때문이다. 또한 생태적으로는 수많은 생물종이 멸종을 당하고, 정치적으로는 난민들이 갈 곳을 찾지 못하고, 조그만 차이에 대해서도 극심한 혐오가 난무하는 위급한 시대에, 어질리티 게임 이야기는 다소 위화감을 주기까지 한다.

해러웨이는 미국의 대학 교수로 백인 중산층 여성이라는 계급성에서 자유롭지 않다. 그가 미즈 카이엔 페퍼와 즐기는 어질리티 스포츠는 돈도 많이 드는 경기이고, 그의 이야기는 백인여성의 경험이 잔뜩 묻어 있다. 하지만 그 누구도 자신이 처한 역사적이고 계급적인 상황을 벗어나서 살지 못한다. 우리는 모두 특정한 상황 속에 있고, 그 상황 속에 있는 유망한 실천들을 건져 올려야 한다. 해러웨이는 카이엔과 어질리티를 연마하면서 종도 종류도 다른 자들이 접촉지대에서 눈길을 나눈다는 것이 무엇인지, 상대를 신뢰한다는 것이 무엇인지, 응답한다는 것이 무엇인지를 배운다. 특정한 계급의 라이프 스타일이라는 이유로 그 배움이 가치 없게 되지는 않는다. 배움은 상황 속에, 무구하지 않은 이야기 속에 있고, 누구도 무구한 위치에서 말하고 행동할 수는 없다. 그래서 나의 소화불량이 해소될 가능성은 거의 없다.

오히려 이런 소화불량의 느낌을 서둘러 제거하려 하지 않는 것이 중요한 것 같다. 불평등한 권력 관계를 해소하려는 싸움은 중요하지만, 모든 것이 평등해지는 꿈같은 날을 기준으로 현실을 비난해서는 얻을 수 있는 것이 별로 없을 것이다. 그렇다고 현실은 어쩔 수 없다고, 이것으로 최선이라고 재빨리 소화제를 삼켜서 도덕적 편안함을 찾으려 한다면, 그것은 더 살 만한 세상을 위한 지속적인 싸움을 주저앉히는 반동이 될 것이다.

소화불량의 느낌은 싸움을 정당화하지 않으면서 싸움을 지속하게 하고, 응답의 불충분함을 알지만 그럼에도 현실적이고 즉각적인 응답을 모색하게 하는 힘이다. 그것은 도덕적인 편안함을 방해하기에 이제 그만 됐다고 문제를 종결짓지 못하게 만든다. 그러므로 소화불량의 그 갑갑한 느낌을 유지하는 것이야말로, 일상의 싸움을 계속하게 하고, 응답-능력을 키운다.

제 2 장

심포이에시스, 혹은 공-산의 사유

1. 심포이에시스, 혹은 공-산의 사유

"심포이에시스sympoiesis"는 "함께 만들기"라는 의미다.[28] 이 용어는 칠레의 생물학자 움베르토 마투라나와 프란시스코 바렐라가 제안했던 "오토포이에시스autopoiesis"에서 왔다. "오토포이에시스"는 그리스 어원에서 나온 말로 '자기', 혹은 '자율'을 의미하는 'auto'와 '산출產出'을 의미하는 'poiesis'의 합성어다. 오토포이에시스는 스스로 만든다는 의미다. 가령 감자를 깎다가 손끝을 베어도 며칠 지나면 손가락의 상처는 저절로 아물고 원래의 손가락 모습을 되찾는다. 이는 마치 손가락이 손가락을 스스로 만들어내는 작동을 하면서 개체성을 유지하는 것으로 보인다. 마투라나와 바렐라는 생명의 이런 작동적인 메커니즘을 오토포이에시스라 명명했다.

그런데 해러웨이가 보기에 오토포이에시스라는 용어는 '자율'의 의미

● ●

28. Donna Haraway, *Staying with the Trouble*, Duke University Press(2016), p. 58.

가 너무 강조되기에, 복수종 생물들의 상호 구성적이고 상호 유도적인 방식의 함께 만들기를 설명하기에 부족하다. 벤 손가락의 상처가 아무는 것은 손가락이 스스로를 만들어서가 아니다. 상처 난 조직의 세포들과 그 세포막을 들락거리는 무기물들 그리고 그 주변의 미생물들이 서로를 떠받치면서, 손상된 부분을 재구성하기 때문이다. 그래서 그는 'auto' 대신 '함께'라는 의미의 'sym'을 쓴 심포이에시스를 제안했다. 심포이에시스를 우리말로 번역하면 공-작共-作 또는 공-산共-産이다. 공-작은 주로 제작의 의미로만 국한될 수 있어서 보다 넓은 의미의 만들기인 공-산을 번역어로 택했다. 누구도 혼자 만들지 않고, 어떤 것도 홀로 만들어지지 않는다.

캘리포니아대학 산타크루즈에서 인류학을 가르치고 있는 애나 칭Anna Tsing은, 버섯의 종 간 의존성으로부터 공-산이 의미하는 바를 일깨워준다.[29] 버섯은 곰팡이성의 균체다. 곰팡이는 균사를 뻗어서 여러 다른 종들과 반려 관계를 만든다. 특히 식물 뿌리와의 반려 관계가 대표적이다. 많은 난초들이 곰팡이의 도움이 없으면 발아조차 할 수 없고, 엽록소가 없는 식물들은 자신들의 뿌리 속에 사는 곰팡이로부터 영양분을 얻는다. 곰팡이는 식물의 뿌리에 무기질을 제공하고, 식물들로부터 영양분을 취한다. 나무에게 무기질을 제공하는 곰팡이들은 자신의 의무를 충실히 수행하기 위해 균사를 길게 뻗어서 주변의 바위 속까지 파고들기도 한다. 그 덕택에 나무들은 척박한 토양에서도 자랄 수 있다. 그러나 모든 곰팡이가 이렇게 친절한 것은 아니다. 알다시피 많은 곰팡이들이 병원균이기도 하다. 목조주택의 섬유질을 먹어 치우는 것도 곰팡이지만 곰팡이의 이런 능력이

••

29. Anna Tsing, "Unruly Edges: Mushrooms as Companion Species", *Environmental Humanities* vol. 1(2012), pp. 141-154; 칭의 이 에세이는 SF 연구회로부터 필그림 상을 받은 도나 해러웨이를 축하하기 위한 글이다.

없다면 숲은 죽은 나무들로 넘쳐날 것이다. 곰팡이들은 어떤 것과는 친하게 지내지만 다른 것들과는 그렇지 않다. 공-산은 만물이 하나로 합일되어 있음을 함의하지 않는다. 누구도 모두와 친할 수는 없다.

버섯 애호가이기도 한 칭에 따르면, 채집인들이 야생의 버섯을 발견하는 것은 그 장소를 발견하는 것이다. 버섯은 혼자가 아니기 때문이다. 가령 살구버섯은 참나무에서 자라는데, 우연히 발견한 그 버섯을 다시 찾기 위해서는 처음 봤을 때의 그 장소를 여러 번 방문하면서 장소에 길들여져야 한다. 그들이 찾아가야 하는 곳은 그냥 참나무군락지가 아니라 살구버섯과 함께하는 참나무군락지이기 때문이다. 그 장소는 살구버섯과 참나무와 함께 얽혀 들어간 생물들과 생물이 아닌 것들이 함께 서식하는 곳이다. 살구버섯이 거기에 있기 위해서는 그 장소 전부가 있어야 한다. 버섯을 채집한다는 것은 버섯을 만나는 것이 아니라 버섯과 버섯의 반려친척들이 함께 있는 그 장소를 만나는 것이다. 우리가 버섯에게 배울 수 있는 공-산의 근본적인 함의는 누구도 혼자가 아니라는 점이다.

공-산을 사유하기 위해서 해러웨이는 '실뜨기string figure'라는 형상을 제시한다. 어렸을 적에 한 번씩은 해보았을 실뜨기는 파트너가 있는 놀이다. 이 놀이는 한 번은 내가 패턴을 만들고 그 다음은 상대에게 패턴을 대어주어야 한다는 점에서, 한 번은 능동이 되었다가 그 다음은 수동이 되면서 파트너와 패턴을 이어간다. 자신이 만든 패턴을 상대에게 내밀어주고, 상대는 내가 내민 패턴을 이어받아서 자신의 패턴을 만들어야 한다. 한 번은 능동이 되고 한 번은 수동이 되는 패턴 주고받기의 행위들은, 그래서 완전히 능동적인 것도 완전히 수동적인 것도 아니다. 능동과 수동의 역할이 번갈아 온다는 점에도 그렇지만, 능동적인 역할을 할 때조차도 완전히 능동이 아니다. 상대가 내민 패턴에서 시작해야 하기 때문이다. 또한 수동의 역할도 완전히 수동이 아니기는 마찬가지인데,

상대에게 내밀어주는 패턴은 바로 자신이 만든 것이기 때문이다.

이로부터 이끌어낼 수 있는 공-산의 함의는 이렇다. 함께 만든다고 해도 주체와 대상은 있다. 하지만 전적으로 주체이기만 한 것도 전적으로 대상이기만 한 것도 없다. 공-산은 모두 힘을 합쳐서 무언가(대상)를 만든다는 의미가 아니다. 상대가 나의 몸을 만들고, 나는 상대의 몸을 만든다. 상대가 만들어준 나의 몸으로 다시 상대를 만들기에 참여한다. 그래서 사실상 나는 상대와 함께 그의 몸을 만드는 셈이다. 이는 상대가 나를 만들 때도 마찬가지다. 달리 말하면 나는 상대를 부분적으로 만들고, 상대는 나를 부분적으로 만든다. 이렇게 주체와 대상은 번갈아 바뀐다. 하지만 이것이 곧 기계적인 평등을 의미하지는 않는다. 부분성이라 할지라도 패턴을 만들어낼 수 있는 능력이 모두 같지는 않고, 능동과 수동의 양도 같지 않다. 그러므로 공-산의 또 다른 함의는 만들기에 개입되는 모든 주체들의 권력이 동등한 것은 아니라는 점이다.

실뜨기놀이는 실을 떨어뜨리지 않고 계속 이어가는 것이 중요하다. 이 실뜨기의 릴레이가 이어지기 위해서는 "특정한 종류의 성실"[30]이 요구된다. 그것은 내가 수동이 되었을 때, 상대가 실뜨기를 할 수 있도록 가만히 패턴을 내밀어주는 성실이고, 비록 결말을 알 수 없는 불확실성에 열려 있을지라도, 어떻게든 플레이를 이어나가는 성실이고, 상대가 내민 패턴에 기계적으로 응대하지 않을 성실이다. 기계적인 응대는 똑같은 패턴을 반복하게 해서 상대의 성실한 노력을 잠식하고, 종국에는 실뜨기가 중단되게 만든다. 이로부터 끌어낼 수 있는 공-산의 함의는 계속성이 중요하다는 점이다. 실뜨기의 패턴이 릴레이 되어온 것처럼, 공-산의 관계도 오랜 세월 이어져 왔다. 그것이 어떻게 계속될 수 있었는지를

● ●

30. 같은 곳.

아는 것은 중요하다. 실뜨기는 실을 놓치기 쉬운 놀이다. 공-산 또한 실패하기 쉽다. 그 많은 멸종들을 생각해 보라. 일방의 실수이든, 일방의 탐욕이든, 혹은 우발적인 어떤 이유이든 더 이상 관계를 지속할 수 없게 되는 일은 흔하다. 그럼에도 공-산적인 파트너 관계가 중단되지 않고 오랜 세월 이어져 올 수 있었다면, 그들 사이에는 필시 상호 의존을 위한 윤리와 정치가 작동하고 있을 것이다. 인간예외주의는 이러한 윤리와 정치를 실종시킨다. 그 결과 지금 우리 삶의 계속성은 심각하게 위협받고 있다.

해마다 반복되는 가축들의 전염병은 우리에게 공-산의 사유를 요구한다. 전염병이야 언제든 발생할 수 있는 일이고, 어느 때도 질병이 없었던 적은 없었다. 질병들은 가축과 인간 그리고 그들과 연계된 복수종의 실뜨기가 이렇게 저렇게 릴레이 된 결과일 것이다. 지난 200년간 우리는 어떤 실뜨기 패턴을 만들어왔나? 그것은 더 싸게, 더 많이, 생산하고, 팔고, 먹기 위해 총력을 기울이는 패턴이었다. 그것은 전례 없는 패턴들이었고, 가축들은 그 패턴을 넘겨받았다. 폭증하는 가축의 질병들은 문제 있는 패턴을 넘겨받은 가축들이 우리에게 다시 내미는 패턴이다. 지금, 가축들은 자신들이 내민 패턴에 대한 성실한 응대를 촉구한다.

하지만 우리는 의심되는 지역의 가축을 모조리 죽이고, 방역을 위해 더 많은 약을 뿌리고 먹는 식으로 응대했다. 이것은 기계적인 응대이지 성실한 응대가 아니다. 그렇지만 어쨌건 우리가 만든 패턴은 상대에게로 릴레이 될 것이고 상대는 그것으로부터 다시 패턴을 만들고 우리에게 내밀 것이다. 우리가 계속 지금처럼 기계적으로만 응대한다면, 가축과 인간의 계속성은 머지않아 끝날 것이다. 성실한 응대 없이 공-산의 실뜨기는 계속되지 못하기 때문이다. 가축과의 유대가 마침내 사라지게 된다면, 우리는 무사할 수 있을까?

2. 박테리아와 세균의 공-산

생물은 기본적으로 공-산의 존재임을 가르쳐준 사람은 생물학자 린 마굴리스Lynn Margulis다. 1967년, 마굴리스는 「체세포 분열하는 세포의 기원에 관하여On the Origin of Mitosing Cells」라는 논쟁적인 논문을 발표했다. 이 논문에서 마굴리스는 세포, 조직, 기관, 그리고 종들은 박테리아와 고세균의 공생을 통해 진화해왔다고 주장했다. 마굴리스의 공생 가설을 우화로 구성하면 이렇다.

박테리아와 고세균들만 있는 원시행성에서 이들은 서로가 서로를 먹었다. 그것은 일상적이었다. 그런데 잘 먹는 것들은 덩치가 너무 커서 잘 움직이지 못하고, 잘 움직이는 것들은 그 뛰어난 활동력 때문에 덩치를 키울 틈이 없었다. 서로의 능력 부족이 서로가 서로를 모두 먹어 치워버리는 파국을 막아주고 있었다. 그러던 어느 날 덩치 큰 고세균이 날랜 박테리아를 먹었지만 소화를 시키지 못하는 불상사가 발생했다. 그런데 이 느닷없는 실패가 다른 관계를 만들어낼 수 있는 틈을 열었다. 이 둘은 더 이상 파국으로 치달리지 않고 각자를 자신의 부분과 융합시킬 수 있게 되었다. 이것은 하룻밤 사이에 일어난 일이다.[31]

마굴리스의 이 논문이 무려 15군데의 학회지에서 게재 거부를 당했다는 것은 유명한 일화다. 이는 당시 그의 주장이 얼마나 받아들여지기 힘든 것이었는지를 짐작할 수 있는 대목이기도 하다. 전통적인 진화론자들은 세대를 거듭하는 차이의 누적이 계통수의 분기를 가져온다는 점진적인

● ●

31. 도리언 세이건 외, 『린 마굴리스』, 이한음 역, 책읽는수요일(2015), pp. 31-35.

변이설을 주장한다. 다윈은 계통수의 가지들을 따라 생물의 다양한 모습과 행동들을 추적했고, 신다윈주의자들은 이 계통의 형식을 확대한다. 이들의 주장을 한마디로 요약하면, 개별종의 개체군에서 무작위적인 유전적 변이가 발생하여 진화하고, 이는 계통수의 분기로 표현된다. 마굴리스의 공생 가설은 주류진화론의 이러한 핵심 논거에 이의를 제기하는 것이었다.

마굴리스는 『종의 기원』 출판 150주년 기념 심포지엄에서 모든 생명이 공통의 조상을 공유한다는 다윈의 통찰을 칭송하면서 이렇게 연설했다.

> 그것은 다윈의 뛰어난 통찰이고, 우리는 칭송한다. 하지만 계통수가 올바른 토폴로지라는 개념은 매우 잘못된 것이라고 생각한다. … 계통수는 하나의 공통조상으로부터 계통들이 분기를 거듭한다는 것을 상정하기 때문이다. … 한 가지에서 다른 가지로의 유전물질의 이동은 … 그 토폴로지를 그물로, 웹으로, 그리고 더 이상 계통수가 아닌 것으로 만든다.[32]

새로운 형태의 생명은 거미줄같이 복잡한 종 간의 관계들 속에서 은밀한 섞임을 통해서 출현하고 그 주된 역할을 박테리아가 했다.

> 움직이고, 접합하고, 유전자를 교환하고, 우위를 차지하면서, 원생대 동안 긴밀하게 연합했던 박테리아는 무수한 키메라를 만들어냈다. 이종세포 간의 신체적인 합병을 통해 유성생식의 감수분열, 예정된 죽음, 복잡한 다세포성이 고안되었다.[33]

● ●

32. Carla Hustak, Nastasha Myers, "Involutionary Momentum: Affective Ecologies and the Sciences of Plant/Insect Encounters" *Difference*. vol. 23(3):(2012), p. 96 재인용.
33. 린 마굴리스, 도리언 세이건, 『생명이란 무엇인가』, 황현숙 역, 지호(1999), p. 208.

먹힌 박테리아는 어떻게 소화가 되지 않았을까? 그것은 먹힌 박테리아의 배설물이 고세균의 소화효소를 방해했기 때문이다. 고세균의 뱃속에 갇혀버린 소화되지 않은 박테리아는 고세균으로부터 산소 혹은 이산화탄소와 다른 양분들을 얻어먹었고, 박테리아의 배설물은 고세균의 영양분이 되었다. 이런 초기의 융합이 짚신벌레나 아메바 같은 생명체로 진화하기까지는 무려 15만 년이 걸렸다. 이 진화의 드라마는 진핵세포 만들기에서 끝나지 않았고 지금도 여전히 다양한 방식으로 진행 중이다. "연속세포내 공생 이론Serial Endo Symbiosis Theory, 일명 SET"이라 불리는 마굴리스의 공생가설 중 일부는 지금은 교과서에 실릴 만큼 정설로 받아들여지고 있고, 후속 연구들에 의해 지지되고 있다.

사실 세포 내 공생 가설은 마굴리스가 처음은 아니었고, 마굴리스 이전에 이미 러시아의 메레슈코프스키K. Mereschkowsky를 비롯해 20세기 초의 독일, 미국과 프랑스 등의 진화생물학자들에 의해 비슷한 개념이 제안되었으나 그때는 학계로부터 인정받지 못했다. 마굴리스와 그 이후의 공생발생 이론들이 확고한 지식으로 자리 잡을 수 있었던 것은, 앞선 사람들보다 마굴리스가 더 뛰어났다든지 더 끈질기게 자신의 이론을 주장했다든지 그런 것이 아니다. 해러웨이는 마굴리스와 그의 후계자들이 전자현미경, 핵산 서열 프로세스를 자동화하는 핵산 서열기, 면역 측정기술들과 게놈과 단백질의 막대한 데이터베이스와 같은 사이보그 도구들과 협업할 수 있었기 때문에 지식으로서의 힘을 획득할 수 있었음을 지적한다.[34] 20세기 초에는 이런 것들이 불가능했다. 그러니까 지식 만들기도 과학자 혼자 하는 것이 아니다. 지식은 지적, 문화적, 그리고 기술적

• •

34. Donna Haraway, *Staying with the Trouble*, Duke University Press(2016), p. 63.

융합, 즉 공-산으로부터 나온다.

마굴리스와 그의 아들이자 공동저자인 도리언 세이건은 『게놈의 획득: 종의 기원에 관한 이론』에서 박테리아들이 추동한 진화의 드라마를 이렇게 서술한다.

> 외부자들을 받아들이고, 타자를 감아서 안으로 넣고, 함입시킴으로써 이전보다 더 복잡하고 이종혼효적인 게놈이 된다. … 미생물과 그 게놈이라고 하는 타자의 획득은, 단순한 부수적 문제가 아니다. 항구적으로든 주기적으로든 유인, 합동, 융합, 흡입, 공생, 재조합과 같은 각종의 금지된 결합은 다윈의 상실된 변이missing variation의 주된 원천에 다름 아니다.[35]

"상실된 변이"는 점진적 변화를 주장하는 진화론에서 가장 골치 아픈 문제다. 창조론자들은 반쯤 만들어진 날개라든지 반쯤만 보이는 눈 같은 것이 화석에서 발견되지 않는다는 사실을 들어서 진화론을 공격했다. 점진적 진화가 진실이라면, 중간적 형태의 화석 자료가 당연히 있어야 하지만 발견되지 않았던 것이다. 이를 "상실된 변이"라고 부른다. 예전에는 분명히 있었지만 어떤 이유로 지금은 남아 있지 않다는 의미다. 그런데 마굴리스의 가설처럼, 진화가 서로 다른 가지의 이종혼효적인 결합에 의한 새로운 종의 탄생 사건이라면 진화론의 가장 큰 도전 중의 하나인 "상실된 변이" 문제는 저절로 해소되게 된다. 중간적인 형태의 변이가 있을 턱이 없기 때문이다.

찰스 다윈의 『종의 기원』에서 탈인간주의적인 관점을 읽어낸 박성관은

• •

35. Donna Haraway, *When Species Meet*, University of Minnesota Press(2008), p. 31, 재인용.

마굴리스와 세이건이 말하는 공생발생에 근거한 진화모델은, 협력적인 개체들이 그렇지 않은 것들보다 생존경쟁에서 유리하다는 집단유전학의 협력모델과는 다른 것임을 지적한다.[36] 소화불량의 사태는 우발적인 사태이지, 살아남으려면 협력하라는 지상명령에 대한 복종이 아니다. 마굴리스의 공생발생모델은 숙주+기생자의 이익교환 모델이 전혀 아니다. 그것보다는 이질적인 것들의 우연한 접촉과 먹기, 침입, 감염, 흡수합병 등 살벌한 관계가 일차적이었다. 하지만 뜻하지 않은 실패가 그렇지 않았으면 적대적이었을 관계를 전혀 다른 관계로 변모시켰다.

3. 모든 실패는 일종의 성공이다

이런 우발적인 사건은 지극히 예외적인 것일까? 마굴리스에 따르면, 공생은 먼 옛날에 일어났던 일회적인 사건이 아니라 일상적인 것이다. 해러웨이는 마굴리스의 공생 이론에서 일상적으로 일어나는 부분적인 실패를 포착한다.

> 살아가기 위해서 크리터[37]들은 크리터들을 먹지만, 어느 쪽도 일부밖에 소화할 수 없다. 배설은 말할 것도 없고, 상당 부분이 소화되지 않은 채로 남는 것이 자연스러운 결과이고, 그중 일부는 서로 얽힌 관계에서 개개의 그리고 복수의 새로운 종류의 복잡한 패터닝을 위한

● ●

36. 박성관, 『종의 기원, 생명의 다양성과 인간 소멸의 자연학』, 그린비(2010), p. 830.
37. critters(크리터)는 주로 미국 남부에서 쓰이는 일상어로 해충을 뜻한다. 해러웨이는 creatures라는 용어를 오염시키는 의미에서 생물, 식물, 동물, 인간, 비인간 등을 지칭할 때 이 용어를 사용한다.

운반체가 된다. 그리고 우리 중 가장 하위에 있는 것에서 가장 상위에 있는 것까지, 이 소화되지 않은 일부와 빈틈은 죽어야 할 존재란 것을 상기시키는 신랄한 것이다. 아픔과 전신의 쇠약을 경험하는 가운데 죽을 운명이 더욱 생생하게 되면서 말이다.[38]

'먹기'라는 행위가 흥미로운 것은 부분적인 성공과 부분적인 실패를 함축하고 있기 때문이다. 죽어야 할 운명인 크리터들은 서로가 서로를 먹는다. 살기 위해 서로를 먹는 사태에서 힘의 논리가 지배하는 것은 자연스러운 일이다. 그래서 종 간의 분투와 생존을 위한 치열한 전략이 생물학의 강력한 설명 체계로 간주된다. 그러나 그 먹기는 매번 부분적으로밖에 성공하지 못한다. 먹은 것을 남김없이 흡수하지는 못하기 때문이다. 이런 부분성이 예기치 않은 것과의 연결을 만들어낸다. 먹어치운 것이 말끔히 소화가 되었더라면, 덩치 큰 녀석이 작은 녀석을 먹었다는 약육강식의 스토리로 끝나고 말았을 것이다. 그러나 어떤 것도 모든 것을 소화시키지는 못한다. 완전히 끝내지 못한 먹기가 의외의 관계를 연다.

만일 포유류의 소화기관이 먹은 것을 남김없이 소화시켜 버린다면 장 속의 세균총은 형성되지 않을 것이다. 그렇게 살아남은 자들은 때로는 우리를 공격하고, 대부분의 경우에는 우리와 음식을 나눠먹으며 산다. 문자 그대로 그들은 우리의 쿰파니스cum panis,[39] 식사 동료다. 매번의 먹기에서 일어나는 부분적인 실패 덕분에 우리는 다른 종들과 함께 살 수 있다. 마굴리스가 제시한 공생의 모델 시스템 중 가장 유명한 것은 믹소트리카 파라독사Mixotricha Paradoxa다. M. 파라독사는 낮은 배율의 현미경으로 보면, 단세포 섬모충으로 보인다. 그러나 전자현미경으로 보면 다섯 종의 생물들

38. Donna Haraway, *When Species Meet*, University of Minnesota Press(2008), p. 31.
39. 반려(companion)의 어원인 cum panis는 "빵을 나누다"라는 뜻이다.

로 구성되어 있다. 섬모를 가진 구형의 박테리아 부대와 머리카락 같은 스피로헤타들의 군체가 그들이다. M. 파라독사는 오스트레일리아 흰개미의 내장에 산다. 나무를 갉아먹는 흰개미는 M. 파라독사가 없으면 섬유질을 분해하지 못한다. M. 파라독사가 흰개미의 내장에 살 수 있는 것은 먹이에 섞여 들어간 M. 파라독사를 흰개미가 소화시키지 못해서이다. 소화되지 않고 살아남은 파라독사는 흰개미의 내장에서 섬유질을 분해하여 영양을 섭취한다. 이 모든 공생적 관계들이 먹기와 그것의 부분적인 실패에서 비롯되었다.

실패는 변화를 만든다. 변화를 다루는 중국의 중요한 역서易書인 주역周易에서도 실패는 변화의 가능성을 여는 것이다. 64괘의 가장 마지막 괘인 미제未濟괘(䷿)는 여우가 강을 건너려고 하는데, 그만 꼬리를 적셔버리는 바람에 강을 끝까지 건너지 못한다고 풀이된다. 여우가 강을 건너버렸으면 완성으로 끝났겠지만, 강을 건너는 데 실패했기에 "변화는 무궁하다." 다 건너지 못한 실패가 새로운 시작을 만든다. 박剝괘(䷖) 역시 누구도 혼자 독차지 할 수는 없음을 말하는 괘다. 이때 박剝은 껍질을 '벗기다'라는 뜻이다. 이 괘는 음이 점차 양을 잠식해 들어가고 있지만 제일 윗자리에까지 이르지는 못하는 형상이다. 아무리 다 벗겨먹으려고 해도, 지붕까지 벗겨 먹지는 못한다. 이 실패가 다음을 기약한다.

해러웨이가 마굴리스의 공생에서 포착하는 것도 바로 이런 실패다. 독식은 불가능하고, 100%의 지배도 불가능하다. 그 실패가 만들어내는 틈은 결말을 바꿀 수 있는 새로운 기회로 가는 문이다. 생명은 기회를 잘 잡아채는 데 능하다. 새로운 관계는 이렇게 시작된다. 그렇지 않았으면, 이토록 많은 종류의 생명체들이 존재하기는 불가능했을 것이다. 먹기를 포함한 많은 관계에서 힘의 논리가 작동하는 것을 우리는 부정할 수 없다. 그러나 100%는 아니다. 그 덕분에 우리는 존재할 수 있고, 함께 일하고, 놀고, 사랑할 수 있다.

4. 공생은 또 다른 자기를 만드는 것인가

오토포이에시스 이론을 만든 마투라나와 바렐라의 질문은 이런 것이었다. "우리가 생명 시스템을 살아 있다고 규정할 수 있는 공통의 것은 무엇인가?"[40] 오랫동안 생명현상은 생명력이라 불리는 신비한 힘의 작용으로 이해되기도 했다. 마투라나와 바렐라는 살아 있는 시스템의 공통적인 특징은 환경과의 긴밀한 상호 작용 속에서 자신의 경계를 재구성하는 능력, 즉 오토포이에시스 시스템에 있다고 보았다. 오토포이에시스 시스템은 하나의 프로세스가 아니라 복수의 프로세스들 간에 존재하는 내적 상호관계로 이루어져 있고, 이 프로세스들 간의 상호 의존성이야말로 시스템의 자기동일성의 원천이다.[41] 그래서 오토포이에시스는 그것의 그리스 어원이 지시하는 바대로 자신의 동일성을 낳는 자율 시스템이고, 그 자신을 환경과 구분해내는 시스템이다. 마투라나와 바렐라는 살아 있는 세포를 오토포이에시스 시스템의 첫 번째 물질적 사례로 꼽는다.

생전에 마굴리스는 자신의 공생 이론을 마투라나와 바렐라의 오토포이에시스 개념과 연관시켰다. 하지만 공생 이론을 지지하는 일군의 생물학자들은 오토포이에시스 이론이 공생 이론에 적합하지 않다는 점을 지적하고 있다. 오토포이에시스 시스템은 자기보전과 자기 준거적 경계가 지나치게 강조되기 때문이다. 이를테면 마굴리스 이론의 중요한 모델 시스템인 M. 파라독사는 5종류의 생물종으로 구성되어 있기에, 그것의 경계를

• •

40. Francisco J. Valera, *Principles of Biological Anatomy*, Northholland(1979) p. 4.
41. 같은 책, pp. 12-13.

확정하기는 어렵다. 더구나 M. 파라독사는 그들이 사는 오스트레일리아 흰개미의 내장과 불가분의 관계이고, 나무를 파먹고 사는 흰개미는 나무와 불가분이다. 그래서 M. 파라독사에게 흰개미와 나무는 자신과 구별되는 환경이 아니다.

생명체가 형태를 형성하는 중요한 장인, 배胚의 수준으로 공생 발생을 확장해서 연구하는 발생 생물학자인 스콧 길버트Scott F. Gilbert는 생명체의 형성과 진화는 게놈이 아니라 "배胚에 의한 물리적 신체의 공동구축"이 1차적임을 강조한다. 그는 생물 세계에서 스스로 자신을 형성하는 존재 따위는 없고, 생명체의 상호적이고 내부적인 유도가 폭포수처럼 크고 작은 규모로 복잡하게 퍼져나간다고 주장하면서, 이를 '종간후성설inter-species epigenesis'이라 부른다. "생명에 대한 공생의 관점; 우리는 개체였던 적이 없다"[42]라는 논문에서 길버트와 그의 동료들은 해부학, 생리학, 유전학, 진화론, 면역학, 그리고 발생학적인 면에서 생물의 경계가 있는 단위들을 반대하는 증거를 제시함으로써 공생체로서의 생명 개념을 발전시키고 있다.

오토포이에시스 시스템은 일부에서 주장하듯이 "중앙 집중적으로 통제되고, 항상성과 예측 가능한 경향이 있으며, 자기 규정적이고, 공간적 혹은 시간적 경계들을 가진 자기-생산적 자율단위"는 아니다.[43] 오토포이

42. Scott F. Gilbert, Jan Sapp and Alfred I. Tauber, "A symbiotic view of life; We have never been Individuals", *The Quarterly Review of Biology*, vol. 87, no. 4, Dec(2012).
43. Donna Haraway, *Staying with the Trouble*, Duke University Press(2016), p. 61; 캐나다의 환경 분야의 대학원생 뎀스터(M. Beth Dempster)는 1998년의 한 논문에서 오토포이에시스와 심포이에시스 시스템을 이렇게 구별한다. 심포이에시스 시스템은 "자기-규정적 공간 혹은 시간적 경계들을 갖지 않는 집합적-생산 시스템"인 반면 오토포이에시스 시스템은 "중앙 집중적으로 통제되고, 항상성, 그리고 예측 가능한 경향이 있는 자기 규정적인 공간적 혹은 시간적 경계들을 가진 자기-생산적인 자율단위"라는 것이다. 뎀스터는 많은 심포이에시스 시스템들이 오토포이에시스 시스템으로

에시스 이론은 유전자의 자기복제를 강조하는 진화론적 설명과는 달리 환경과의 상호 작용을 적극적으로 고려한 이론이다. 그러나 환경과 자기를 구별하는 자기 고유성의 유지를 강조하기 때문에, 이 이론으로는 박테리아를 집어삼켰으나 소화를 못 시킨 고세균의 상태를 새로운 존재의 탄생으로 이어가기는 어렵다. 그것은 '자기'라는 시스템의 교란과 벌충으로 이해될 소지가 다분하기 때문이다.

박테리아, 장애자, 기계 등 온갖 미천한 것들로부터 존재론을 이끌어낸 이진경은 『불온한 것들의 존재론』에서 마굴리스의 공생 이론에 대해 이렇게 쓴다.

> 존재자의 존재는 뜻밖의 실패에서 시작한다. 실패로 인한 표류에서 시작한다. 먹었다고 생각했지만 먹지 못했음을 알았을 때, 내가 먹은 것이 먹히지 않은 채 나를 잠식하기 시작할 때, 그로 인해 나의 신체가 변성되기 시작할 때 시작한다. 이를테면 하나의 박테리아가 잡아먹은 다른 박테리아가 죽지 않고 살아남았을 때, 그러나 다시 토해낼 수도 없을 때, 그 치명적인 실패로 인해 잡아먹힌 것이 잡아먹은 것의 일부가 되었을 때 아직 이름조차 갖지 못한 어떤 것이 존재하기 시작한다. 잡아먹힌 것에 잠식됨으로써 변성된, 잡아먹은 것의 새로운 신체가 출현하게 되었을 때, 그 변성된 신체의 뜻하지 않는 표류가 시작될 때 우리는 나중에 어떤 이름을 얻게 될 어떤 것이 존재하기 시작했음을 안다. 그것은 무언가 죽었다는 점에서 존재의 끝이기도 하다. 잡아먹힌 박테리아는 살아남았지만 사실은 죽은 것이다. 잡아먹은 박테리아 역시 죽지 않았지만 사실은 죽은 것이다. 먹고 먹힌 채 공존하게 된 그

● ●
혼돈되고 있음을 비판했다.

사태의 끝에 있는 것은 어느 박테리아도 아닌, 완전히 다른 어떤 존재자의 존재일 것이다.[44]

실패에 의해 생긴 완전히 다른 어떤 존재자의 존재는 오히려 자기준거를 가진 오토포이에시스 시스템을 죽이고 온다. 이 새로운 존재자의 존재는 예측 가능한 것으로부터가 아니라 예측의 실패에서 온다. 오토포이에시스 이론에서 부족한 것은 바로 이 실패를 전경화하지 못한다는 점이다. 고세균이 박테리아와 공생이 가능하게 된 것은 소화의 어이없는 실패 때문에 포식자와 피식자의 관계가 전혀 다른 관계로 변했기 때문이지, 포식자인 고세균이 자기 동일성을 잃지 않고 참고 견딜 수 있는 변형의 극한, 즉 견딜 만한 실패였기 때문이 아니다. 공생은 스스로를 만드는 것이 아니라, 함께 만드는 것, 즉 공-산이다.

5. 공-산의 생물학: 인볼루션

『천개의 고원』에서 질 들뢰즈와 펠릭스 가타리는 공생적인 진화를 '인볼루션involution'이라 명명하면서 '이볼루션evolution, 진화'과 구분한다. 안으로 말려 들어가기를 의미하는 인볼루션은 서로 다른 계통수 가지들의 이종혼효적인 결합을 의미하는 반면, 이볼루션은 계통수의 분기를 의미한다. 들뢰즈와 가타리는 "만일 진화가 참된 생성을 포함한다면, 그것은 어떠한 가능한 계통도 없이, 전혀 다른 생물계와 등급에 있는 존재자들을 이용하는 공생이라는 광활한 영역에서다"[45]라고 하면서 공생을 자신들의

● ●

44. 이진경, 『불온한 것들의 존재론』, 휴머니스트(2011), pp. 119-120.
45. 질 들뢰즈, 펠릭스 가타리, 『천개의 고원』, 김재인 역, 새물결(2003), p. 453.

철학적인 개념인 "~되기"의 사례로 든다. 계통수의 분기가 동일성을 기준으로 그 차이가 갈라져 나가는 것이라면, 이종혼효적인 결합은 서로 다른 것들이 상호적인 결합을 통해 새로운 존재자로 거듭나는 것이다.

그런데 이러한 인볼루션을 가능하게 하는 힘은 무엇일까? 부분적인 실패는 다른 일이 일어날 수 있는 틈을 만드는 것이지만 그것 자체가 동력은 아니다. 실패는 진행되고 있는 일, 혹은 진행되기로 예정되어 있는 일을 '일시정지'시키는 효과가 있다. 그러나 일시정지가 일어난 후 아무 일도 일어나지 않았다면, 고세균도 박테리아도 결국은 죽고 말았을 것이다. 해러웨이는 칼라 허스탁Carla Hustak과 나스타샤 마이어스Nastasha Myers의 「인볼루션의 힘: 감응적인 생태학과 식물과 곤충의 조우에 관한 과학」[46]이라는 논문을 주목한다. 이 논문에서 저자들은 신다윈주의의 주장을 우회하면서 신체와 신체의 조우, 그 쾌활한 실천들의 이야기에 볼륨을 높인다. 허스탁과 마이어스가 주목하는 사례 중 하나는 꿀벌난초와 꿀벌의 공생이다.

오프리스 속屬의 꿀벌난초는 꿀벌의 생식기와 흡사하게 생겼다. 꿀벌은 꿀벌난초의 모습에 홀려서 식물과의 섹스에 탐닉하고, 그 덕분에 난초는 수분受粉이 된다. 꿀벌난초의 이러한 해부학적인 모습은 식물이 꿀벌과의 공생에 적합하게 자신의 신체를 변형시켜온 공진화의 훌륭한 사례로 꼽힌다. 하지만 오늘날 식물 수분受粉 생태학을 탐구하는 연구자들은 이들의 공생을 난초의 냉정한 유전자의 전략으로 설명하기를 선호한다. 오프리스 속의 난초들은 곤충에게 꿀물을 대가로 제공하지 않고도 벌들을 유인한다. 난초의 이 놀라운 능력은 화학생태학적으로 설명되는데, 난초가 자신의 수분매개체인 꿀벌의 페로몬과 흡사한 화학물질을 내뿜고, 이 냄새에

• •
46. Carla Hustak, Nastasha Myers, "Involutionary Momentum: Affective Ecologies and the Sciences of Plant/Insect Encounters" *Difference*. vol. 23(3): (2012), pp. 74-118.

수컷꿀벌들이 유인된다는 것이다. 이 설명에 따르면, 꿀벌난초와 꿀벌의 공생은 종을 초월하는 떠들썩한 협동이 아니라, 유전자의 명령에 의한 꼭두각시놀음이다.

허스탁과 마이어스는 식물의 감각성에 관한 1970년대의 현장 연구와 난초의 다양한 수분 방식에 지대한 관심을 보였던 다윈의 연구 노트를 검토한다. 허스탁과 마이어스가 발견한 것은, 서로가 서로의 신체에 촉발되어 변용되었던 존재자들이다. 그들은 난초와 꿀벌, 그리고 그들의 과학자였다. 1970년대의 현장 연구들은 오프리스 난초들의 풍성한 감각 활동성을 보고하고 있다. 식물조직들은 자극에 곧잘 흥분한다. 이 연구들에 따르면, 수컷 곤충이 꽃과 교미를 시작할 때, 꽃잎의 구조와 꽃 표면의 잔털들의 움직이는 방향이 중요하다. 꽃들도 잔뜩 흥분하고 있는 것이다. 꿀벌은 난초들의 화려한 꽃잎과 자태에 매혹되어 위사교미에 빠져든다.

저자들은 난초의 수분을 연구하던 과학자 다윈도 이종異種 간의 사랑의 사건에 휘말려 들어갔다는 점을 주목한다. 다윈은 믿을 수 없이 다양한 난초의 수분 방법에 매료되었다. 다윈은 자신의 연구 노트에서, 난초와 꿀벌의 해부학적인 구조를 특히 자세히 기술하면서 난초의 수분에 몰입했다. 다윈은 곤충을 유혹하기 위해 식물들이 사용하는 교묘한 해부 구조에 감탄했고, 수분을 성사시키기 위해 난초가 전력을 다해 꿀벌에게 화분을 발사시키는 것에 매혹되었다. 움직이지도 못하는 꽃들의 엄청난 행위 능력에 푹 빠져들었던 것이다. 다윈은 자신이 마치 꿀벌이 된 듯이 난초의 수분에 참여했고, 꽃이 화분을 발사하는 것을 보기 전까지 결코 쉬지 않겠다고 다짐을 하기도 했다. 다윈이 보기에 난초들은 "극도로 민감하고, 성마른" 것처럼 보였고, 허스탁과 마이어스가 보기에 다윈도 그랬다.

난초도 꿀벌도 그리고 그들의 과학자인 다윈도 서로의 삶에 뛰어들게 된 것은 상대와 함께하는 기쁨에 자신들도 모르게 끌려들어갔기 때문이다.

그렇지 않다면 꿀물을 얻을 수 있는 것도, 자식을 얻을 수 있는 것도 아닌 식물과의 섹스에 꿀벌이 자신을 그토록 던져 넣지는 않았을 것이고, 난초도 그 자신의 모습을 그렇게까지 변형시킬 이유도 없었을 것이다. 과학자인 다윈 또한 마찬가지다. 과학 활동은 이성적이고 냉철한 활동으로만 구성되는 것이 아니다. 움직이지 못하는 식물의 놀라운 행동 능력에 다윈이 매혹되지 않았다면 식물 연구에 관한 그의 많은 책들은 나오지 못했을 것이다. 해러웨이 말대로 누구도 혼자가 아니다. 누군가에게 이끌려서 예기치 못한 삶으로 끌려 들어가지 않는다면, 아무 일도 일어나지 않는다.

이 꿀벌난초와 그의 벌-수분 매개체는 오히려 상호 포획을 통해서 상호 구성되는데, 식물도 곤충도 상호 포획으로부터의 얽힘에서 풀릴 수 없다. … 우리는 난초들과, 곤충들 그리고 과학자들 사이의 조우 속에서 종 간의 친밀성들과 미묘한 유혹들의 생태학에 대한 개방성을 발견한다. 이 인볼루션의 접근법에서 중요한 것은, 종과 종 사이의 생명들과 세계들을 만드는 유기체들의 실천들, 그들의 발명들, 그리고 실험들을 진지하게 받아들이는 생태적 관계성의 이론이다. 이것은 "응답-능력response-ability"이라는 페미니스트 윤리에 의해 영감을 받은 생태학이다. 그 속에서 종차species difference에 관한 물음들은 언제나, 감응affect, 얽힘, 그리고 파열에 대한 관심들과 짝이 된다; 감응의 생태학. 그 속에서는 창의성과 호기심이 인간들뿐만 아니라 모든 종류의 실천자들의 실험적인 모양들을 특징짓는다.[47]

• •
47. 같은 글, p. 97, p. 106.

신다윈주의가 신봉하는 자연선택은 장기간에 걸친 무작위적인 변화에서 특정한 개체군의 생존 적합성을 말한다. 장기간에 걸친 변화는 개체군의 평균적인 변화일 수밖에 없다. 그런데 평균적인 변화 속에서는 특정한 신체들과 그들의 감응적인 행위들은 불가피하게 희미해지기 마련이다. 대신 평균적인 변화 속에서 두드러지는 것은 생존경쟁과 결부된 자연선택이다. 죽어야할 운명의 유한한 크리터들에게 생존과 결부된 경쟁과 자연선택이 중요한 요소임에는 틀림없다. 그러나 크리터들의 모든 활동이 생존경쟁으로 환원되는 것은 아니다. 허스탁과 마이어스는 생명이 자연선택과 최소에너지 투입의 경제 이외에도 "놀이, 즐거움, 실험적인 제안과 같은 감응의 생태학"에 의해서도 조절된다면 어떨까를 묻는다. 이들이 주목하는 것은, 꿀벌과 난초가 서로의 신체에 의해 촉발되고 그들의 과학자도 촉발되어 상대의 신체에 단단히 얽혀 들어가는 상호 포획적인 과정이다. 그것은 인볼루션, 공-산의 생물학이다.

6. 공-산의 예술: 크로셰 산호와 AKO

지구의 생태는 여섯 번째 대멸종을 겪고 있고, 인간과 함께해온 많은 크리터들이 멸종의 가장자리에 내몰려 있다. 전능한 과학이 이 모든 위기를 극복해낼 수 있으리라고 생각한다면, 지나치게 순진하다. 과학은 해결사가 아니다. 막대한 규모의 멸종들 속에서, 그러나 예기치 못한 유망한 일들도 벌어지고 있다. 예술가들, 과학자들, 엔지니어들, 활동가들, 그리고 평범한 시민들이 멸종의 가장자리에 내몰린 자들의 절박함, 그들의 아름다움, 그들의 흥미로움에 말려들어간다. 이런 말려들어가기는 새로운 공-산의 세계를 만든다. 해러웨이는 생존의 위기에 내몰린 크리터들의

〈그림 2〉, '크로셰 산호' 전시.

삶에 예술-과학art-science이 창의적으로 개입하는 실험적인 사례들을 소개
한다.[48] 그 사례 중 하나는 『피타고라스의 바지』를 쓴 과학저술가, 마가렛
버트하임Margaret Wertheim과 그의 쌍둥이 자매이자 시인인 크리스틴 버트하
임Christine Wertheim이 주도한 '크로셰 산호' 전시다.

　해양생태의 급속한 파괴로 산호의 표백이 광범위하게 진행되고 있다는
글을 읽은 버트하임 자매는 이 위급성을 알리는 예술전시를 기획했다.
산호는 바다의 숲이라 불릴 정도로 바닷속 생명체들의 서식지이고 피난처
다. 하지만 바다의 생태가 파괴되면서 산호들이 죽고, 그 속에 얽혀 사는
생물들이 죽고, 그 생물들의 채취에 얽혀 사는 인간들의 삶이 궁지로
내몰리고 있다. 수학자이기도 한 마가렛 버트하임은 쌍곡선 평면의 물리적
모델의 기초가 된 코바늘뜨기로 산호를 만들 것을 생각해냈다. '크로셰
산호'를 위한 코바늘뜨기 코드는 단순하다. 열이 추가될 때마다 일정하게
코를 늘리면서 뜨개질을 하면, 구불구불한 주름이 만들어진다. 이는 아름

48. Donna Haraway, *Staying with the Trouble*, Duke University Press(2016), pp. 71-98.

다운 산호와 닮았다. 버트하임 자매는 '크로셰 산호' 전시를 위해 미술관을 가득 채울 많은 양의 코바늘뜨기가 필요했다. 이들은 인터넷을 통해 프로젝트를 제안했고, 전 세계 27개 국의 8,000여 명의 공예가들이 이에 응답했다. 이들의 첫 전시가 2007년 피츠버그 워홀 뮤지엄과 시카고 문화센터에서 열렸고, 전 세계에서 보내온 산호와 해양생물을 위한 코바늘뜨기 공예품이 전시장을 가득 메웠다.

누군가의 삶에 뛰어드는 방식은 한 가지가 아니다. 신체와 신체가 직접 부딪히지 않고도 친밀함을 느낄 수 있다. 해러웨이는 버트하임 자매의 이 프로젝트를 "근접성이 없는 친밀"이라고 불렀다. 산호에 응답하기 위해 바다에 뛰어들어야만 하는 것은 아니다. 아름다운 산호에 대한 감탄과 그들의 죽음에 대한 염려와 분노가 수학자와 시인을 산호에 말려들어가게 했고, 이들이 전 세계의 많은 공예가와 활동가들을 말려들어가게 했고, 그들의 작품들은 전시장을 찾은 많은 관객들을 말려들어가게 했다. 말려들어가기가 만든 연결은 하나 혹은 여럿의 연결을 부르고, 또 그것은 다른 연결을 부르는 방식으로 수학자, 공예가, 전시 기획자, 예술가들을 산호와 해양생물들과 한데 묶었다. 해러웨이는 이러한 연결을 '세계 만들기worlding'라 부른다. 이는 자본주의자들이 말하는 글로벌리제이션global-ization과는 아주 다르다. 자본주의자들의 글로벌리제이션은 화폐라는 단 하나의 척도로 세계를 하나의 거대한 시장으로 연결한다. 하지만, '세계 만들기'는 위기에 처한 크리터들에 대한 응답의 연결이다. 이런 '세계 만들기'가 탐욕적인 자본주의의 글로벌리제이션에 대항한다.

또 다른 공-산의 예술 사례는 마다가스카르에서 진행된 여우원숭이를 위한 AKO 프로젝트다. 마다가스카르는 세계 유일의 여우원숭이 서식지이지만 여우원숭이의 서식 환경인 마다가스카르의 숲이 위기에 처해 있다. 숲을 불태우는 화전이 숲을 빠르게 잠식해 들어가고 있기 때문이었다.

여우원숭이 연구자인 앨리슨 졸리Alison Jolly는 마다가스카르에 들어가서 위기에 빠진 여우원숭이의 삶에 뛰어들었다. 대개 이런 경우, 국제기구라는 이름하에 서방의 과학자를 포함한 전문가들이 여우원숭이를 멸종위기 종으로 지정하고, 보호구역을 만들고 지역민들의 화전을 비난하는 방식으로 일을 진행하기 마련이다. 이들은 숲과 마다가스카르인들과 여우원숭이가 맺어온 관계를 살피지 않고, 여우원숭이만을 보기 때문이다.

그러나 대학원 시절 자신의 연구 대상인 여우원숭이를 보고 단번에 사랑에 빠져버린 이 프로젝트의 주도자 앨리슨 졸리는 그렇게 하지 않았다. 마다가스카르의 화전과 여우원숭이와 숲의 관계는 만만찮게 복잡한 역사의 그물로 얽혀 있었다. 급속한 인구의 증가와 정치의 실패가 사람들을 숲으로 내몰았다. 졸리는 마다가스카르인들이 학교에서 여우원숭이에 관해 조금도 배우지 않는다는 사실을 알고 분개했다. 프랑스식민지였던 이 섬에서 교과서에 나오는 동물은 프랑스 토끼였고, 마다가스카르인들은 그들의 숲과 그 숲에 사는 동물에 관해서는 하나도 배우지 못하고 있었다. 이에 졸리는 마다가스카르인이자 소련에서 공부를 한 동료 여우원숭이 학자인 한타니리나 라자미마나나Hantanirina Rasamimanana와 더불어 기금을 만들고, 미술가인 데보라 로즈Deborah Ross와 협업을 통해 여우원숭이와 마다카스카르 숲 이야기에 관한 그림책 만들기에 돌입한다.

AKO 프로젝트의 그림책은 아름다운 이야기로만 채워지지 않았다. 아름답고, 재미있지만 살고 죽기의 무서운 이야기들로 가득한 그림책은 마다가스카르의 특이한 생물 다양성에 관한 지식을 육성했다. 졸리와 라자미마나나는 마다가스카르인들이 스스로 그들 땅의 여우원숭이와 생물의 다양성에 관해 연구할 수 있도록 어린이 교육에 전념했다. 라자미마나나는 여우원숭이 연구자로서 2013년 국제원원류회의International Prosimian Congress의 의장을 맡기도 했는데, 그때 200명의 참가자들 중에서 80명이

마다가스카르에서 온 과학자들이었고 그중에 절반은 학생들이었는데 모두 AKO 프로젝트의 그림책을 보고 자란 아이들이었다고 회고한다. 그뿐만 아니라 회의에서 발표된 논문들의 대부분이 마다가스카르 과학자들의 것이었다. 마다가스카르의 복잡한 역사성 속에서 AKO 프로젝트는 무구하지 않다. 하지만 여우원숭이와 과학과 예술과 우정이 얽혀 들어간 유망한 예술 실천이다. 공-산의 예술은 그렇지 않았으면 아무 관련도 없었을 많은 사람들을 누군가의 삶으로 뛰어들게 만든다.

7. 공-산의 기하학: 쌍곡선 공간

마가렛 버트하임은 2009년에 TED에서 〈아름다운 산호의 수학〉을 강의했고, 수많은 사람들이 그 강의를 시청했다. 쌍곡선 공간은 19세기 중반에 수학적으로 고안된 것이지만 물리적인 모델이 없었다. 이러한 쌍곡선 공간의 물리적 모델을 만든 사람은 코넬대학의 리트비아 수학자 다이나 타이미나Daina Taimina다. 타이미나는 어렸을 때 어머니가 만들던 구불구불 주름이 잡힌 코바늘뜨기 장식물에서 영감을 얻었다. 평평한 유클리드 공간의 기하학에서 평행선에 관련된 공리는 "주어진 직선 밖 한 점을 지나는, 그 직선의 평행선은 많아야 하나가 존재한다"[49]이다. 그런데 쌍곡선 공간의 경우는 평행선의 개수는 무한대다. 쌍곡선 공간은 표면과잉의 구불구불한 공간이므로 한 점을 지나면서 주어진 직선에 평행인 수많은 표면을 만들 수 있기 때문이다.

만약 평행선을 긋는 문제가 현실 문제에 대처하는 것에 관한 은유라면

• •
49. 플레이페어 공리.

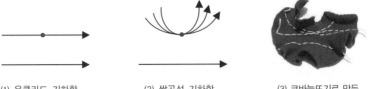

| (1) 유클리드 기하학 | (2) 쌍곡선 기하학 | (3) 코바늘뜨기로 만든
쌍곡선의 물리적 공간 |

〈그림 3〉. (1) 유클리드 기하학에서는 직선에 평행한 한 점을 지나는 직선은 단지 하나다. (2) 쌍곡선 기하학에서는 한 점을 지나는 무한개의 평행선을 그을 수 있다. 겉보기에 곡선으로 보이는 이 선들은 그림의 공간이 평평한 유클리드 공간이므로 그렇게 보일 뿐이다. (3) 타이미나는 쌍곡선 기하학의 물리적 모델을 코바늘뜨기로 만들어 보였다. 바느질된 선들이 평행선 공리에 따라 만든 선들이다. 쌍곡선 공간은 표면이 과잉이므로 이리저리 접을 수 있다. 바느질한 선들은 기준선에 평행하게 표면을 접어서 만든 것이다.

어떨까? 유클리드 공간은 하나의 평행선만을 허락하지만 쌍곡선 공간에서는 무한개의 평행선을 그을 수 있다. 복잡한 공-산의 세계를 위한 기하학이 매끈하고 평평한 유클리드 공간에서 펼쳐질 수는 없을 것이다. "공-산은 복잡하고, 역동적이고, 재빨리 응답하고, 상황에 처해진, 역사적인 시스템들에 적절한 말"[50]이기 때문이다. 공-산은 부분적이고, 하나가 아니고, 모순되는 것들이 함께 있음을 함의한다. 구불구불한 표면과잉의 쌍곡선 공간은 공-산을 위한 기하학이 펼쳐질 수 있는 곳이다.

　구불구불한 표면들 각각은 상황들이지 전체가 아니다. 그러나 우리는 특정한 몇몇 상황들 속에 있지 모든 곳에 한꺼번에 있지는 못한다. 그러므로 응답도 특정 상황 속에서 가능할 뿐이다. 크로셰 산호를 전시하면서 바다 속 산호의 아름다움과 위기를 전하는 버트하임 자매의 전시는 산호에 응답할 수 있는 수많은 방법 중의 하나다. AKO 프로젝트도 마찬가지다. 위기에 처한 산호와 여우원숭이에게 응답할 수 있는 방법은 한 가지가

● ●
50. 같은 책, p. 58.

아니다. 수많은 표면들만큼의 많은 응답 방법이 있다. 자본주의가 문제이고, 인간의 탐욕이 문제라는 진단들은 틀린 말은 아니지만 그 포괄적인 말로는 산호들과 여우원숭이들을 위한 즉각적인 응답을 불러내기는 어렵다. 위기에 처한 자에게 중요한 것은 즉각적인 응답이다. 버트하임과 졸리가 그랬던 것처럼, 응답은 또 다른 응답을 불러일으킨다.

크로셰 산호를 전시하고, 여우원숭이에 관한 그림책을 만드는 예술실천은 때로 사소해보일 수도 있다. 지구 온난화가 멈추지 않으면, 마다가스카르의 화전이 중단되지 않으면, 산호와 여우원숭이는 계속 위기에 처할 것이기 때문이다. 그러나 지구 온난화가 야기된 원인은 하나가 아니고, 마다가스카르의 화전이 계속되는 이유도 복잡하기 그지없다. 그러므로 이 모든 문제를 한꺼번에 해결할 수 있는 요술지팡이는 어디에도 없다. 쌍곡선 공간의 수많은 표면들은 요술지팡이라는 구원을 기다리지 않고 응답을 가능하게 하는 공간이다. 이를 위해서는 응답을 위한 수많은 표면이 필요하다. 창의적인 응답은 그렇지 않았으면 아무 관련도 없을 사람들을 공-산의 표면들로 불러 모은다. 산호와는 별로 관련이 없었을 많은 사람들이 다함께 산호의 삶에 뛰어들었고, 여우원숭이가 있는 줄도 모르고 살던 마다가스카르인들이 여우원숭이의 삶에 뛰어들게 되었다. 공-산의 상대에게 책임responsibility을 다하기 위해선 응답-능력response-ability을 기르는 것이 중요하다. 쌍곡선 공간은 응답-능력을 기를 수 있는 많은 표면을 제공한다.

8. 공-산의 인식론: 열린 질문

통념에 갇히기 쉬운 일상적인 관계에서 우리는 어떻게 응답-능력을 기를 수 있을까? 차라리 한 번도 관계를 맺어본 적이 없는 낯선 존재라면 실험적인 제안이 더 쉬울지도 모른다. 하지만 익숙한 관계는 그것이 익숙하고 편한 만큼 그 관계를 깨기가 어렵다. 그 익숙한 관계를 깨고 나오는 상대의 낯선 모습이 아니라면, 그 충격이 아니라면, 우리는 좀처럼 다른 관계로 이행하지 못하는 것이 사실이다. 익숙한 관계가 주는 편안함이 다른 실험적인 제안들을 방해한다. 길들임이 부정적인 이유는 바로 그 관계를 문제시하지 못하는 고착성 때문이다.

해러웨이는 『트러블과 함께하기』에서 벨기에의 과학철학자 벵시안 데스프레Vinciane Despret의 연구를 소개한다. 데스프레는 과학 연구에서 관찰자와 관찰 대상 사이의 관계에 대해 연구하는데, 주 관심 영역은 동물이다. 데스프레에 따르면, "흥미 있는 연구라는 것은 그 연구 대상을 흥미롭게 만드는 조건에 관한 연구"다. 뻔한 질문은 답을 이미 상정해 놓은 경우가 대부분이다. 데스프레는 동물행동학자 셀마 로웰이 그가 키우는 양에게 던지는 질문을 주목한다. 동물행동학에서의 동물이란 야생의 비비나 침팬지인 것이 통례다. 야생의 그들은 도대체 어떤 사회적 관계를 만들고 있는가 하는 것이 통상적인 동물행동학의 관심사이기 때문이다. 하지만 로웰은 영국 랭카셔의 농장에서 양을 사육하면서, 가축화된 동물들의 사회적인 능력에 관심을 기울인다. 로웰의 양들은 "소에이" 종으로 비교적 원시품종에 속하고 인간의 개입이 별로 없이 사육이 가능한 품종이다. 로웰은 이들이 대부분의 낮 시간을 언덕에서 풀을 뜯으며 지내도록 방목을 한다. 로웰의 양들은 농산업의 표준화된 양들은 아니지만, 어쨌든 가축이다.

로웰은 연구를 위해서, 매일 22마리의 양들을 자신의 마당으로 몰아와서 사료를 먹인다. 이때 그는 22개의 사료그릇뿐만 아니라, 아무에게도 할당되지 않은 23번째 사료그릇을 마당에 함께 놓아둔다. 이 그릇의

용도는 정해지지 않았고, 정해질 수도 없다. 그래서 누구의 것도 아닌 이 23번째 사료그릇은 뭔가 예상 밖의 일이 일어날 수 있는 열린 질문이 된다. 이를테면 그 사료그릇은 옆의 동료에게 치여서 자신의 그릇을 빼앗긴 양이 찾아갈 수 있는 장소가 되기도 할 것이다. 로웰의 이 연구는 가축의 먹기에 대한 통상적인 연구와는 아주 다르다. 가축의 먹기에 관한 연구란 대체로 결과를 예측할 수 있는 단순한 것이기 쉽다. 먹기의 경쟁 관계, 혹은 사료 소모 추이와 같은 것들이 그것들이다. 그러나 23번째 그릇은 전혀 다른 질문, 우리가 답을 예측할 수 없는 열린 질문을 양들에게 던진다. 이런 질문이야말로 양들에게 중요할지도 모른다. 데스프레에 따르면, 로웰의 23번째 그릇은 인간과 양 양쪽 모두를 흥미롭게 만드는 열린 질문이다. 그는 이렇게 묻는다. "우리가 좋아하는 것은 예상대로 행동할 양인가? 아니면, 우리를 놀라게 하고 '사회적'이라는 것에 대한 우리의 정의를 확장시켜주는 양인가?"[51]

타자에게 열린 질문을 하려고 하는 로웰의 인식론적인 태도는 데스프레가 "정중함의 미덕the virtue of politeness"이라고 부르는 것이다.[52] 인식에 있어서 '정중함'이란 무엇보다 상대를 다 알고 있다고 생각하는 통념적인 믿음을 뒤로하고, 흥미로운 무언가를 발견할 수 있어야 하고, 상대를 흥미롭게 할 물음을 던질 수 있는 능력과 태도를 요구한다. 호기심이 요구되는 것은 물론이고, 쉽게 알아챌 수 없는 답을 감지하고 그것에 응답할 수 있는 능력 또한 요구된다. 이는 해러웨이가 종이라는 말의 어원에서 끄집어낸 경의, re-specere의 실천, 즉 몇 번이고 거듭 바라보는 실천을 요구한다. 해러웨이가 보기에 데스프레는 정중함의 미덕으로 그 자신의 전 존재를 훈련시키고 있는 드문

• •
51. Donna Haraway, *When Species Meet*, University of Minnesota Press(2008), p. 35, 재인용.
52. Donna Haraway, *Staying with the Trouble*, Duke University Press(2016), p. 127, 재인용.

사람이다. 그는 자신이 연구할 대상을 "방문하기"[53] 위해 정중함의
미덕을 배양한다.

> 그들은 우리가 방문하기를 기대했던 누구/무엇이 아니고, 그리고
> 우리도 또한 예상되었던 누구/무엇이 아니다. 방문하기는 하나의 주체
> 만들기와 객체 만들기의 댄스이고, 그 안무가는 책략가[trickster]이다. 물음
> 을 던진다는 것은 다음의 두 가지를 의미한다. 하나는 다른 사람이
> 무엇을 흥미로운 것으로 발견하는지를 묻는 것이고, 다른 하나는 [그렇
> 게 발견한] '그것'을 이용하게 되는 것이 어떻게 예측할 수 없는 방식으로
> 모든 사람을 변화시키는지를 묻는 것이다. 좋은 물음들은, 정중한 질문
> 자에게만, 특히 한 마리의 찌르레기에 의해 촉발되는 정중한 질문자에게
> 만 다가온다. 질문들이 좋으면, 특히, 실수들이나 오해들조차도 흥미로
> 워질 수 있다.[54]

데스프레의 현장 연구 중 하나는 이스라엘 네게브 사막에서 꼬리치레새
를 연구하는 이스라엘 조류학자 아모츠 자하비[Amotz Zahavi]의 연구 현장에
관한 것이다. 자하비가 보고하는 이 새들은 아침 해가 뜰 때 함께 춤추고,
서로에게 열렬히 선물을 제공하고, 서로의 새끼들을 돌봐주거나 위험에
처한 동료를 보호해주는 것을 자랑스러워했다. 새들의 상호적 관계는
신뢰에 의존하고 있었다. 혈연집단 내의 이타주의에 대해 집단유전학의
설명은 혈연선택설이다. 혈연선택설에 따르면 혈연집단 내의 이타주의는

●●
53. "방문하러 가기"는 해러웨이가 한나 아렌트에게서 차용한 것인데, 한나 아렌트는
   칸트의 정치철학 강의에서 "확장된 의식(mentality)으로 사고한다는 것이 의미하는
   것은 우리가 방문하러 가도록 우리의 상상력들을 훈련하는 것이다"라고 했다.
54. Donna Haraway, *Staying with the Trouble*, Duke University Press(2016), p. 127.

이기적 유전자의 책략이다. 유전자는 상대방의 몸속에 있는 자신의 유전자의 복제본이 얻을 이득까지를 포괄적으로 계산해서 이타주의적인 행동을 유발한다. 요컨대 나의 유전자를 가진 혈연을 잘 돌보면, 결과적으로 나의 유전자의 계속성이 높아진다. 하지만 자하비는 이들의 놀라운 이타주의 실천들이 혈연선택설로는 설명되지 않는다고 보고했다. 자하비에 따르면, 꼬리치레새들은 마치 자신의 품격을 유지하고 과시하기 위해 서로 경쟁하고 있는 것 같다는 것이다.

데스프레는 그 조류학자와 새들의 연구 관계를 관찰하면서, 새를 연구하는 자하비의 실천과 새들의 반응은 서로 무관하지 않다는 점을 보고한다. 현장 연구자들의 실천이 동물들의 반응에 영향을 준다. 자하비는 꼬리치레 새들에게 자신들에게 중요한 것은 무엇인지를 물었고 새들은 그의 물음에 품격을 경쟁하는 방식으로 응답했다. 데스프레는 이에 대해 "실제의 연구에서, 관찰자들과 새들은, 미리 존재하는 대본 속에 쓰여 있지 않고, 단지 보이는 것 이상으로 발명되고 촉발된 방식들로, 서로를 유능하게 만들어주었다"[55]고 보고하고 있다. 자하비 또한 로웰처럼 "정중함의 미덕"으로 꼬리치레새를 방문했다.

정중함의 미덕이 없었다면, 오직 먹이를 먹는 것에만 열중하는 양들과 정해진 시간에 자명종처럼 울어대는 꼬리치레새가 있을 뿐이지, 흥미로운 제안을 받은 양도, 이타주의를 실천하는 꼬리치레새도 없었을 것이다. 일상의 존재인 가축에 대한 질문도 마찬가지다. "정중함의 미덕"으로 방문하러 가지 않는다면, 우리는 그들을 종신형의 불쌍한 죄수이거나 오이디푸스적인 존재로만 파악할 뿐이지, 우리 자신이 그들과 함께 살고/죽고, 함께 일하고/노는 그들의 중요한 타자가 되지는 못할 것이다. 하지만

• •
55. 같은 책, p. 128.

그들은 우리에게 함께 살고/죽기를, 함께 일하고/놀기를, 거듭거듭 제안하고 있다.

9. "죽이지 말라"가 감추고 있는 것

우리는 길들이기를 일방적인 것이라 여기기에 가축과 인간의 일상의 관계를 노예와 주인의 관계로만 본다. 인간은 소나 돼지 등을 길들여서 사냥을 하지 않고도 고기를 얻고, 동물 실험을 통해 의약품 개발을 하고, 개를 길들여서 일을 시킨다. 이런 길들이기에서 인간과 가축 사이에는 힘의 비대칭성이 뚜렷하다. 그런데, 만약 인간이 동물들에게 더 이상 먹이를 대어주지 못하게 된다면, 동물은 그들의 가축이 되어주지 않는다. 인간이 쾌적한 환경을 제공하지 못하면, 동물은 그들에게 좋은 고기를 공급하는 것을 중단한다. 인간이 심혈을 기울여서 개가 원하는 것이 무엇인지를 살피지 않으면, 개는 그의 능숙한 작업 파트너가 되어주지 않는다. 인간이 실험동물을 정성껏 환자로서 돌보지 않으면, 실험동물은 신약 개발을 위한 좋은 데이터를 주지 않는다.[56] 권력의 비동등성을 부정할 수는 없지만, 인간이 그 자신의 목적을 이루기 위해서도 그 자신이 함께 길들여지지 않으면 안 된다.

이것이 공–산의 세속적이고, 현실적인 의미들이다. 가축과 인간이 오랜 세월 유대를 이어올 수 있었던 것은 서로가 서로에게 요구하는 것을 충실히 수행해왔기 때문이다. 동물이 좋은 가축이 되기 위해서는 인간은 그들의 좋은 사육자가 되어야 하고, 동물이 훌륭한 스포츠 선수가

● ●

56. Donna Haraway, *When Species Meet*, University of Minnesota Press(2008), p. 83, pp. 90–92.

되기 위해서는 인간이 그의 유능한 트레이너가 되어야 하고, 동물이 유용한 실험동물이 되기 위해서는 인간이 그들의 세심한 치료자가 되어야 한다. 누구도 혼자가 아니고, 길들이기는 일방적인 것이 아니다.

하지만 죽이기의 폭력을 생각하면, 죽이는 자와 죽는 자의 극단적인 권력의 불균형을 생각하면 '상호적 길들이기'라는 언설이야말로, 아큐의 "정신승리법"[57]이 아닌가 하는 생각이 드는 것도 사실이다. 동물권에 심신을 바치는 많은 활동가들이 죽이기에 대해 유보적인 해러웨이의 태도를 비판한다. 『반려종 선언』에서 해러웨이는 죽이기의 문제를 본격적으로 다루지 않았다. 게다가 그는 농축산 복합체의 죽이기에 대해 다소 무심하게 보이기도 했다. 이를테면, 자신의 대자 마코에게 크리스마스 선물로 개 훈련 연습을 시켜주기로 하면서 해러웨이는, 마코와 함께 "지구를 지탱하는 건강식품 만찬인 버거와 콜라와 감자튀김"[58]을 사들고 비영리 셸터로 훈련을 받으러 다녔다고 쓰기도 했다. 여기서 그는 패스트푸드산업을 비꼬고 있지만 패스트푸드의 재료가 되는 소와는 함께 하지 못하고 있었다. 이에 대해 해러웨이는 축산산업의 폭력적인 죽이기를 문제시하는 자신의 친구들로부터 호된 비판을 받았다고 고백한다.[59]

『종과 종이 만날 때』에서부터, 해러웨이는 죽기와 죽이기의 문제를 본격적으로 다룬다.[60] 해러웨이의 기본적인 생각은 누구도 죽이기에서 자유로울 수 없다는 것이기에, 이 문제를 동물권으로 접근하지 않는다. 그는 레비나스 윤리학의 제1 계율인 "죽이지 말라"에 반대하면서, 생명-우

• •

57. 루쉰의 소설 『아큐정전』에 나온 것으로 주인공 아큐가 동네 깡패에게 얻어맞고도 자신은 아들에게 맞은 격이고 그래서 싸울 필요가 없으니 정신적으로는 패배하지 않았다는 식으로 자위한 말이다.

58. Donna Haraway, *Companion Species Manifesto*, Prickly Paradigm Press(2003), p. 40.

59. Donna Haraway, *Manifestly Haraway*, Duke University Press(2016), pp. 230-232.

60. Donna Haraway, *When Species Meet*, University of Minnesota(2008), pp. 77-82.

선pro-Life은 박멸주의에 다름 아니라고까지 강하게 비판한다. 생명-우선주의는 어떤 것도 죽이지 않는 삶이 가능하기라도 한 것인 양, 누군가의 생명에 빚져서 살아야 하는 유한한 생의 조건을 은폐한다. 그래서 '죽이지 말라'는 계율은 인간이라는 특정 생명만을 위해서 죽여도 되는 생명을 전제할 수밖에 없다. 인간은 살해되는 일은 있어도 죽임을 당해서는 안 되는 존재이고, 동물은 살해되는 것이 아니라 다만 죽임을 당하는 것일 뿐이라는 희생제의 논리가 바로 그것이다. 인간이 음식을 위해 죽임을 당할 수는 없다. 인간을 함부로 죽이는 것은 제노사이드에 다름 아니다. 하지만 동물은 죽여도 된다고 여긴다. 이러한 희생의 논리에서 인간과 동물의 생명은 동일한 평면에 놓여 있지 않다. "죽이지 말라"는 계율의 깨끗한 영역에 인간이 거할 수 있게 되는 것은 그 대가를 동물이 고스란히 치르기 때문이다. '죽여도 되는'이라는 범주에 속하게 된 생명에게 그것은 무지막지한 일이다.

해러웨이를 인터뷰한 캐리 울프는 영화 〈양들의 침묵〉을 이런 계몽 담론 전체에 대한 깊은 불신으로 읽었다.[61] 정신병원에 결박당한 채 간혀 있는 정신과 의사인 렉터는 자신의 환자들을 죽이고 요리해서 먹었다. 희생의 대리를 믿지 않는 그의 논리는 이렇다; 나는 동물을 먹는다. 그러므로 인간도 먹는다. 렉터는 인간의 생명과 동물의 생명에 대한 분리, 깨끗한 인간의 양심을 모두 의심하면서 엽기적인 행각으로 그것의 허구성을 까발리고 조롱한다. 하지만 렉터가 조롱하는 것처럼, 우리에게 어떤 윤리도 불가능한 것은 아니다.

• •

61. Donna Haraway, *Manifestly Haraway*, Duke University Press(2016), pp. 230-232.

10. 공-산의 윤리: "죽여도 되는 걸로 만들지 말라"

해러웨이는 우리가 제1의 계율로 삼아야 할 것은 "죽이지 말라"가 아니라 "죽여도 되는 걸로 만들지 말라"여야 한다고 주장한다. 비슷한 말인 것 같지만 이 둘은 아주 다른 말이다. 전자의 계율은 죽이기를 은폐하지만 후자의 계율은 죽이기를 은폐할 수 없게 한다. 전자는 죽이기의 죄를 회피할 공간이 있지만, 후자는 그 공간이 없다. 〈양들의 침묵〉에서 렉터가 조롱한 것은 죄를 회피할 공간을 따로 마련해 놓은 위선적인 도덕률이다. 하지만 "죽여도 되는 걸로 만들지 말라"는 윤리의 불가능성으로 직행하게 하지 않는다.

왜냐하면 "죽일 수 있다고 여기지 말라"는 죽이기가 죄임을 깊이 인정하는 것이고, 죽이기에 관한 사유를 촉구하는 계율이고, 죽이기의 책임을 논의하기 위한 계율이기 때문이다. 생명에 대한 무비판적인 찬사는 죽기와 죽이기에 관한 사유를 막는다. 그래서 죽이기에 관해서는 단조로운 금지만 있고, 죽기에 관해서는 존엄사에 관한 논의가 그 최대치다. 삶의 존엄성이 유지되기 어려운 조건일 때 그 생을 끝낼 수 있게 하자는 존엄사의 문제는 중요하다. 하지만 존엄사의 논의에서 중요한 것은 개인의 존엄한 삶이지, 함께-사는 집합적 존재들의 죽기와 죽이기의 문제는 아니다.

이마무라 쇼헤이 감독의 〈나라야마 부시코〉는 함께-살기에서의 죽음, 즉 죽기와 죽이기의 문제를 정면으로 다룬 영화다. 에도시대 말기 일본 동북부지방의 척박한 산골마을에는 냉혹한 마을 규약이 있다. 이 규약은 식량 부족에 허덕이는 마을 사람들이 함께 살기 위해 무엇을 선택하고 무엇을 버릴 것인가를 정한다. 이 규약에 따르면, 집안에서는 장자만 결혼해서 아이를 낳을 수 있고, 식량을 훔쳤다가는 가차 없이 죽임을 당하고, 70세가 된 노인은 나라산에 죽음을 맞으러 가야 한다. 영화는 내년이면 나라산으로 가야하는 69세의 노파 오린과 어머니를 나라산에 버려야 하는 그의 슬픈 아들 다츠헤이의 이야기를 다룬다.

결말부터 말하자면, 오린은 70세가 되는 추운 겨울날 새벽에 아들 다츠헤이의 지게에 얹혀 나라산에 오른다. 오린은 죽음이 있어야 새로운 생명이 있다는 것을 깊이 이해하고 있기에 죽기의 책임을 다하고자 아들을 설득했다. 아들 다츠헤이는 나라산 꼭대기에서 죽으면 좋은 곳으로 간다는 전설을 믿기에 죽이기의 책임을 다하고자 어머니를 지게에 태운 채 험한 산길을 묵묵히 오른다. 영화는 나라산 정상까지 어머니를 지고 가는 다츠헤이의 여정을 길게 따라가면서 죽기와 죽이기의 무구하지 않은 책임을 이야기한다. 해골이 즐비한 산의 정상에서 어머니를 내려두고 차마 발길을 떼지 못하는 아들에게 오린은, 이곳 나라산에 수천 명이 왔듯이 나도 온 것이며 너도 올 것이라고 아들을 내려보낸다.

영화는 눈 쌓인 추운 겨울 논에 버려진 갓난아기의 시체를 비추면서 시작한다. 처음과 끝을 죽이기와 죽기로 채운 감독은 삶과 죽음이 서로에게 기대고 있음을 보이려고 한다. 삶과 죽음이 서로에게 의존할 때 반드시 문제가 되는 것은 누가 죽고 누가 사느냐이다. 오린의 손주인 게사키치의 아이를 임신한 마츠야의 가족은 마을 규약을 어기고 너무 많은 자식을 낳았다. 그들은 자신의 아기들을 버리지 않았던 거다. 당연히 이 가족은 식량이 부족하고, 다른 사람들의 식량을 훔쳐서 먹는다. 그들의 집 마루 밑에는 훔친 식량이 가득하다. 이를 알게 된 마을 사람들은 그들 모두를 생매장해 버린다. 한 겨울에 낳은 아기는 내다 버릴 수밖에 없을 정도로 궁핍한 마을에서 마츠야 가족이 훔친 식량은 누군가의 목숨이다. 이런 일이 용인되면 마을은 금방 살 수 없는 곳이 될 것이다. 이 척박한 산골마을은 냉혹하고 무구하지 않은 규약 덕분에 척박한 환경을 견디고 계속성을 이어간다. 〈양들의 침묵〉이 렉터의 엽기적인 행동을 통해 '죽이지 말라'라는 윤리를 조롱했다면, 이 영화는 죽기와 죽이기의 책임, 그것에 의존적인 무구하지 않은 삶을 담담히 그려낸다.

호주와 뉴질랜드에서는 야생고양이의 개체 수가 급격히 늘어나서 작은 동물들의 계속성이 심각하게 위협받고 있다. 현재의 삶이 심각하게 위협받는 상황에 놓인 자들은 누구/무엇을 죽이고 누구/무엇을 살릴 것인지를 결정해야 한다. 이때 해러웨이는 그 지역의 계속성을 보호하기 위해 죽이기를 지지한다.[62] 그러나 그의 선택은 호주 숲의 작은 동물들이 그 지역에 대한 권리를 가지고 있어서가 아니다. 생물은 심지어 식물조차도 나그네이고, 따지고 보면 결국은 모두 외래종인 셈이다. 그 지역에 대한 권리가 특정 생물종에게만 있을 리는 없다. 해러웨이가 그곳에 오랫동안 터 잡고 살고 있던 자들의 편을 드는 것은 외래종은 반드시 박멸되어야 해서가 아니다. 난데없이 나타난 포식자 때문에 오랫동안 그 숲에 터 잡고 살아온 많은 생물종들의 계속성이 위협받고 있기 때문이다. 그 상황 속에서 야생고양이 쪽보다는 계속성을 위협받고 있는 작은 동물의 편을 드는 것이다. 그것은 무구하지 않은 죽이기이지 외래종은 반드시 박멸되어야 하기 때문이 아니다.

이런 식의 박멸은 종종 생태계 침해종 제거, 혹은 종의 재배치라는 용어로 불리지만, 해러웨이는 이런 식의 명명법에 대해서 반대한다. 생태계 침해종 제거라는 말은 고양이를 죽어 마땅한 것으로 만드는 용어이고, 종의 재배치라는 말은 죽이기를 상당히 유화시킨 말이다. 그는 이런 식으로 죽이기를 정당화하거나 감추는 용어를 써서는 안 된다고 주장한다. 누구에게든 '죽이기'라는 말은 힘들고 고통스럽다. 그러나 힘들고 고통스런 말을 정면으로 하지 않으면, 그 죽이기의 행위는 더 이상 논쟁거리도 아니고 재고의 여지가

●　●
62. 같은 책, pp. 235-236.

없게 된다. 그래서 고양이 박멸은 고양이 박멸로 불러야 한다.

낙태에 대한 논쟁도 마찬가지다. 해러웨이는 낙태합법화를 찬성하지만 임신중단이라는 순화된 말에는 위화감을 가진다. 임신중단은 낙태합법화를 위한 전략상의 용어일 수 있다. 하지만 우리는 임신의 지속이 어려운 성인 여성의 삶과 태아의 삶 중에서 성인 여성의 삶을 선택한다고 분명하게 말하는 것이 좋았다는 것이다. 그렇지 않으면, 임신중단은 몇 개월 이하의 태아는 언제든 생이 중단 당해도 좋다는 의미가 되고, 임신을 개인의 문제로만 국한해서 생각하게 된다. 물론 우리는 법적인 문제에서 몇 개월 이하까지의 태아를 낙태시킬 수 있을지를 결정해야만 한다. 그러나 그러한 결정이 특정 개월 수 이하의 태아는 아직 생명이 아니라든지, 자신의 권리를 주장할 수 없기 때문이라든지 해서는 안 된다. 낙태에 대한 법적인 규정은 태아의 삶과 임신한 여성의 삶 중에서 어느 한쪽을 선택해야만 하는 무구하지 않은 규약이고, 살아 있는 것을 죽여야만 하는 일에 대한 사회와 공동체의 책임에 관한 규약이다.

많은 여성들이 태아와 자신의 삶 중에서 어느 하나를 결정해야만 하는 상황에 놓여 있다. 그 상황이란, 임신의 무게가 전적으로 여성에게만 지워지고, 비혼 여성의 임신이 지탄되고, 아기의 양육이 전적으로 개인의 책임으로 되어 있는… 이런 말도 안 되는 상황을 말한다. 이런 상황에 놓인 여성들이 자신의 삶을 위해 낙태합법화를 주장하는 것은 당연한 일이다. 그러나 그것이 개인의 권리문제로 귀착되어서는 안 된다. 그들이 임신을 지속할 수 없는 많은 이유들에 국가와 제도와 공동체가 깊숙이 연루되어 있지 않은가? 우리는 낙태합법화와 동시에 사회와 공동체가 임신한 여성의 삶과 태아와 함께하기를 주장해야 한다. 그들이 함께한다면 태아에게도 임신한 여성에게도 다른 가능성이 생길 수도 있다. 그런데 임신중단이라는 용어는 이런 가능성 모두를 닫아버리는 말이다.

함께-살기를 위한 죽기와 죽이기는 이것과의 상호적 길들이기를 위해 저것과의 관계를 끊는 것이고, 이 삶을 위해 저 삶을 죽이는 것이지 그 생물종이 죽어 마땅하거나 죽어도 되기 때문에 그런 것이 아니다. 그래서 그것을 어떤 다른 말로 유화시키지 않고 죽이기라고 말해야 그것의 책임을 함께 불러올 수 있다. 죽이기는 문제가 많은 논쟁적인 실천이기에 그 죽이기를 감추거나 부정하지 않고 계속 논쟁에 열려 있어야 한다.

그래봤자 결국은 죽이기 아닌가라고 반문할지도 모른다. 하지만 이것은 아주 다르다. '그래봤자 죽이기'라는 냉소적인 비판은 죽이기에 처해진 존재들에 대한 응답 가능성을 닫아버리고, 책임 있는 죽이기를 위해 헌신하는 많은 노력들을 맥 빠지게 한다. 우리는 종종 앞에 놓인 골치 아픈 문제를 하루빨리 치워버리고 싶은 유혹에 빠진다. '고양이 죽이기', '태아 죽이기'는 확실히 편치 않고, 죄책감을 유발하는 말이다. 그래서 이런 말이 아니라 생태계 침해종 박멸, 임신중단과 같은 용어로 그 행위가 주는 중압감을 떨쳐버리고 싶은 것이 사실이다. 그러나 앞에 놓인 문제를 치워버리지 않아야 거기에서부터 다른 이야기가 시도될 가능성이 열린다. 그것은 필시 다른 식의 사유를 요구하는 이야기일 것이다. 우리에게 필요한 건 "게임 끝"이라는 심판의 호각소리가 아니다. 우리는 더 나은 살기와 죽기의 가능성을 위해 다른 이야기에 열려야 한다.

11. 고통을 나눈다는 것

하지만 길들이기와 죽이기에 책임을 지는 것은 쉬운 문제가 아니다.

인간의 유방암 유전자를 이식해서 실험용 쥐로 태어난 앙코마우스^{TM}를 생각해보라. 그들은 오직 사용되기 위해 만들어진 생명이다. 이렇게 태어난 마우스들은 출고 전의 상품들이 품질 테스트를 받듯이, 태어나자마자 유방암 유전자가 있는지 없는지 테스트되고, 없으면 바로 폐기처분된다. 불량품이기 때문이다. 그들은 트레이드마크가 붙어 있는 상품이자, 유방암의 모델 시스템이자, 실험 도구다. 그러나 그들은 무엇보다 살아 있는 동물이다. 이런 식의 가혹한 길들이기는 애초에 없었어야 했던 것 아닐까?

「동물, 그러니까 나인 동물-계속」에서 자크 데리다는 지난 2세기 동안의 전례 없이 진행되고 있는 동물 죽이기를 비판했다. 그는, '동물'이라는 이름으로 그들에게 폭력을 휘두르고 그들의 감정마저도 박탈하는 자들과 동물들의 고통에 찬 얼굴에 연민을 품고 그 폭력을 그만둘 것을 호소하는 자들과의 전쟁이라고, 우리 모두는 이 폭력을 알고 있다고 쓴다. 데리다의 말대로 우리는 모두 그 폭력을 알고 있다. 동물이 고통을 겪고 있다는 것은 확실한 일이고 지난 2세기 동안 그것은 양적인 면이나 질적인 면에서 미친 듯이 증가했다. 어떻게 그것을 모를 수 있겠는가? 그러나 우리는 과연 이 전쟁의 어느 한 편에만 속할 수 있을까?

해러웨이는 낸시 파머$^{Nancy\ Farmer}$의 소설 『재앙이라는 이름의 소녀』에 나오는 한 에피소드로부터 이 문제를 생각해보려고 한다. 소설의 배경은 1980년경의 짐바브웨에 있는 수면병을 연구하는 실험실이다. 주인공인 쇼나족의 어린 소녀 나모는 부족의 친척들이 자신을 강제로 결혼을 시키려 하자 극적으로 탈출해서 짐바브웨의 과학자 집에 머물렀고, 어느 날 그의 실험실을 방문한다. 수면병은 체체파리가 가축과 인간에게 옮기는 병으로 아프리카에서는 매년 30만 명에서 50만 명이 수면병에 걸리고, 그중 약 10%가 사망에 이른다. 이 실험실에서는 체체파리 박멸을 위한 프로젝트를 수행하고 있고, 조셉이라는 이름의 노인이 기니피그를 사육하고 기초적인 실험 보조 활동을 하고 있다.

　조셉 노인은 실험실을 방문한 나모에게 실험실과 자신의 일을 보여준다. 실험실에서는 기니피그가 좁은 사육바구니에 놓여 있고 털이 말끔히 면도된 기니피그들의 피부에는 체체파리 원충들과 그것들을 퇴치할 독성 약품이 듬뿍 칠해져 있다. 조셉 노인이 체체파리가 든 통을 기니피그의 사육바구니 위에 올리자 체체파리들은 기니피그의 피를 양껏 빨았다. 조셉 노인은 지켜보는 나모에게 이렇게 말한다. "확실히 잔혹한 일이지요. … 그러나 여기서 배우고 있는 것 덕분에 언젠가는 가축이 죽는 것을 막을 수 있게 될 겁니다." 조셉 노인은 자신이 잔혹한 짓을 하고 있다는 것을 알지만, 그 덕분에 가축이 더 이상 죽지 않아도 될 수 있다는 것을 또한 안다. 조셉 노인은 데리다가 말한 전쟁에서 어느 한쪽에 깔끔하게 위치해 있을 수 없었다.

　나모에게 자신의 일을 보여준 조셉 노인은 체체파리의 통 속에 자신의 팔을 넣었다. 체체파리들은 노인의 살갗에 몰려들었고, 그의 팔에서는 피가 튀었다. 비명이 터져 나오려는 것을 가까스로 삼키고 있는 나모에게 조셉 노인이 이렇게 말한다. "나는 이렇게 해서 기니피그들의 고통을 알고 싶어요. 고통을 준다는 것은 확실히 악의가 있는 일이지요. 그렇지만 그 고통을 나눈다면 신은 나를 용서해주시겠지요." 조셉 노인은 아프리카계 기독교회의 한 종파, 바포스토리에 속해 있는데, 이 종파의 사람들은 자신들을 위한 일체의 의료 행위를 거부하는 것으로 알려져 있다. 그런 그가 가축이 더 이상 죽지 않도록 체체파리를 박멸하는 약을 개발하는 실험에 참여하고 있는 것이다. 조셉 노인은 그 실험이 꼭 필요한 일이지만, 자신이 기니피그에게 고통을 주고 있고 그것이 자신이 믿는 신을 향한 죄임을 알고 있다. 조셉 노인은 기니피그를 희생양이라고 생각하지 않았고, 동물의 고통을 이해하려는 자신의 행위로 악의가 사라진다고도 하지 않았다. 무엇보다 그는 자신을 기니피그의 고통을 대신하는 대속자로서 위치시키지도 않았다. 조셉 노인은 자기가 할 수 있는 방식으로 고통을 알고자 했고, 그것을 나누고자 했다. 고통을 나누는 건 그의 고통을 대신하는 구원자가 되는 게 아니라, 그의 고통을 알고 최선을 다해 그 고통에 대처하고자 하는 것이다.

과학실험실에서 연구를 하지 않는다거나 도구적인 관계에서 일절 손을 떼는 것으로 고통을 나눌 수는 없다. 조셉 노인은 자신의 지식 활동이 자신의 신에게 죄를 짓는 것임을 알지만, 그 지식 활동이 꼭 필요한 활동이라는 점도 이해하고 있다. 그 딜레마 속에서 그는 최선을 다해 응답하는 책임을 떠맡았다. 그러나 그 응답은 실험동물의 고통과 대칭적이지 않다. 그 응답으로 상대의 고통이 완전히 없어지는 것도 아니고, 자신의 죄가 없어지는 것도 아니다. 어떤 응답을 하더라도 인간의 이득을 위해 동물이 고통 받는다는 사실 자체가 변하지는 않는다. 죽어도 되는 생명은 어디에도 없다. 하지만 우리는 세속적인 이유 때문에 동물을 죽인다. 이를테면, 국립암센터의 암 등록 통계에 따르면 2018년 현재 우리나라 사망 원인의 1위는 암이고 여성 암환자의 20%가 유방암 환자다. 다른 암들과 달리 유방암의 발병률은 계속 높아지고 있고, 특히 젊은 유방암 환자가 증가하고 있다. 이런 세속적인 이유 때문에 앙코마우스에게 신세를 지는 것이지 앙코마우스가 죽어도 괜찮은 생명체이기 때문이 아니다. 그래서 해러웨이는 우리가 실험동물을 도구로 사용할 권리라도 획득한 것인 양 그것을 당연시하고 상품으로 취급하는 것에 대해서는 단호히 반대한다.

나는 우리가 이런 식으로 살아 있는 존재들을 사용하는 죄에 대해 책임을 져야 하며, 우리가 앙코마우스™나 다른 종류의 실험동물들을 단순히 테스트 시스템, 도구, 더 똑똑한 포유동물을 위한 수단과 상품인 것처럼 말하거나 글을 쓰는 행동을 해서는 안 된다고 믿는다.[63]

　의학계에서는 희생의 논리로 "살아 있는 존재들을 사용하는 죄에 대한 책임"을 모면하려고 한다. 린 랜돌프는 자신의 유화 〈실험실, 혹은 앙코마우스의 수난〉에서 가시면류관을 쓴 앙코마우스를 그려서 이를 풍자했다. 첨단의 유전공학기술은 실험동물들을 희생양으로 바치고, 질병으로부터 우리를 구원할 것을 약속한다. 이 구원의 서사 앞에서 실험동물은 불쌍한, 혹은 성스러운 희생양이다. 구원과 희생의 서사는 실험동물의 사용을 정당화하기 위한 것이다. 동물 실험이 정당성을 획득하면, "살아 있는 존재들을 사용하는 죄에 대한 책임" 의무는 사라진다.

　『동물해방』[64]을 쓴 피터 싱어는 동물 실험의 문제를 공리주의적으로 접근하는 대표적인 학자다. 싱어의 이 책은 동물의 사용에 대해서 무조건적으로 반대하지 않으면서도 육식과 동물 실험의 문제를 효과적으로 이야기해서 많은 지지를 받았다. 싱어에 따르면, 인간뿐만 아니라 어떤 동물도 자신의 이익을 추구할 권리를 가지기에 누구도 자신의 이익을 위해 다른 동물의 이익을 침해할 권리는 없다. 하지만 그것이 불가피할 때는 이익을 따져서 권리의 기준을 정해야 한다고 주장한다. 이 기준이 죽이기를 정당화하는 근거가 된다.

　해러웨이는 이익을 따지기 위한 계산이야 우리가 할 수밖에 없는 일이지만, 그것은 전적으로 세속적인 이유이지 정당성의 근거가 되는 일은 아님을 강조한다. 동물 실험에 원천적인 반대를 하지 않는다는 점에서

● ●
63. 다나 해러웨이, 『겸손한_목격자@제2의_천년. 여성인간©_앙코마우스™를_만나다』, 민경숙 역, 갈무리(2006), p. 179.
64. 피터싱어, 『동물해방』, 김성한 역, 연암서가(2012).

해러웨이의 논의가 공리주의자들의 그것과 비슷해 보이기도 하지만 이 둘의 차이는 중요하다. 세속적인 이유는 정당성과는 무관한 일이고, 무구함과도 무관한 일이고, 바뀔 수도 있는 일이다. 세속적인 일이란 좋은 의도를 가지고 했지만 결과적으로 더 나쁜 결과를 초래하기도 하는 취약한 일이고, 상황이 바뀌면 셈법이 달라지는 일이기도 하다. 공리주의자들은 정당성의 기준을 정하고자 하지만, 죽이기는 정당화될 수 있는 성질의 문제가 아니다. 그러므로 세속적인 이유는 도덕적으로 안전한 일이 아니다. 우리에게 필요한 것은 도덕적 안도감을 주는 어떤 정당성의 기준이 아니라 죽이기의 책임과 윤리다. 그것은 해결 가능성이 없어 보이는 복잡한 상황을 마주하고, "무엇이 진행되고 있는지를 기억하고 감지할 근본적인 능력을 함양하는 것이고, 현실적으로 응답할 수 있도록, 인식론적이고 감정적이고 기술적인 작업을 수행하는 것이다."[65]

동물 실험을 위한 윤리와 책임은 실험실 외부의 생명윤리학자들의 가이드라인이 아니라 실험실 내부의 작업 속에서 함양되어야 할 일이다. 가령, 복제견 메이가 만들어진 사역견 복제를 위한 국책 과제를 보자. 프로젝트의 목적은 사역견 훈련비용 대비 복제견 생산의 비용효율성 제고였다. 이익이 문제인 이 셈법에서 실험 대상이 되는 개들의 고통은 고려 대상이 아니다. 개는 오직 비용으로만 셈해질 뿐이다. 그렇다고 이익을 목적으로 하지 않는 복제견 프로젝트가 더 나은 것도 아니다. 자식 같던 개가 죽었을 때 그 상실감을 견디지 못한 견주들이 죽은 개의 복제를 의뢰한다. 그런데 복제되는 생명은 질병에 시달리다가 대개 단명한다. 복제 과정에는 제어될 수 없는 여러 요인이 있고, 그것들이 질병을 초래하기 때문이다. 복제의 성공률 또한 높지 않은 편이어서, 복제견

• •

65. Donna Haraway, *When Species Meet*, University of Minnesota(2008), p. 75.

프로젝트는 직·간접적인 많은 죽음들이 요구되는 작업이다. 그것이 정말 사랑일까? 생명윤리는 신의 영역에 도전해도 좋은지 아닌지를 묻는 질문이 아니다. 실험 노동에 종사하는 동물의 노동이 이대로 좋은지, 그 결과는 수용할 만한지 등의 구체적이고 기술적인 작업 속에 생명윤리가 있어야 한다.

특정한 세속적 긴급성 때문에 생명 복제 연구가 이루어질 수도 있다. 그러나 이 세속적인 계산에서 실험동물들의 고통과 복제된 생명이 겪을 고통도 중요하게 계산되어야 한다. 그것은 생명윤리학자들이 일반적인 원리로 다룰 수 있는 문제가 아니다. 그것은 실험 중에, 실험의 결과로 야기되는 일이기에 그 실험에 종사하는 자들, 그 프로젝트를 기획하는 과학기술 관료들, 연구 결과와 과정을 검증하는 학술지의 에디터들이 해야만 하는 일이다. 해러웨이는 실험동물을 실험 대상이 아니라 노동하는 주체로 다룰 것을 주장한다. 연구자들이 노동자인 것처럼, 동물도 노동자라면 그리고 그들이 함께 그들의 노동환경을 문제시 할 수 있다면, 실질적인 실험노동환경의 개선을 이루어낼 수 있다고 여기기 때문이다. 해러웨이 말대로 생물/의학 실험실에는 동물계의 맑스가 절실하다.

제3장

인류세의 그늘 속에서: "트러블과 함께하기"

1. 인류세의 그늘

오늘날의 기후 급변과 생태학적 위기를 명명하는 용어인 인류세Anthro pocene는 미시간대학의 생태학자이자 담수 분야의 전문가인 유진 스토머 Eugene Stoermer에 의해 1980년대에 만들어진 말이다. 그는 인간의 행위들이 지구에 끼치는 변형효과가 급격히 증대하고 있다는 것을 보여주기 위해 이 용어를 제안했지만 당시에는 큰 반향을 얻지 못했다. 하지만 2000년부 터 상황은 급변했다. 노벨상 수상자이자 대기 화학자인 폴 크루첸Paul Crutzen이 스토머의 제안에 동조하고 나섰기 때문이다. 이들은 지금의 지질 학적 시대를 인류세로 부를 것을 제안했다. 약 1만 년 전부터 시작된 홀로세가 인류세로 전환되었다는 것이다. 인류세를 새로운 지질학적 시대 로 채택할 것인가는 아직 논란 중이다.[66] 하지만 이 용어는 이미 과학

* *

66. 2016년 8월 케이프타운에서 열린 제35차 세계지질과학총의의 인류세 워킹그룹의 투표에서 인류세라는 용어의 사용이 30:3의 비율로 통과되었다. 앞으로 층서소위원

담론뿐 아니라, 예술, 사회과학, 인문학 담론들에서 핵심적인 위치를 차지하고 있다.

인류세는 그 지질학적인 엄밀성은 차치하고, 그 용어의 정치적인 함의 때문에 찬반양론이 팽팽하다. 캐리 울프가 전하는 바에 의하면,[67] 이 용어에 찬성하는 쪽의 절반 정도는 인류세는 인간중심주의가 끼친 폐해를 웅변적으로 지적하는 말이라 여긴다. 그래서 이 용어를 통해 인간중심주의 이후Post-Humanity를 위한 탈출구를 만들어보자는 논의들이 있다. 하지만 이 용어에 찬성하는 나머지 절반은 독립적이고 자율적인 특별한 생물종인 호모사피엔스의 행위가 지층에 새겨진 것으로 보고 있다. 이러한 지질학적인 증거들은 호모사피엔스가 이 지구에서 얼마나 독보적인 생물종인가를 드러낸다. 이들에게 지금의 기후 위기나 생태 위기는 큰 문젯거리가 아니다. 발전하고 있는 테크노사이언스가 이런 위기들을 해결하지 못할 리 없다고 믿기 때문이다.

해러웨이는 인류세라는 용어에 반대하는 입장이다.[68] 그 용어는 정치적으로 옳지 않을 뿐만 아니라 실제로 일어난 일을 지극히 단순화하기 때문이다. 호모사피엔스종 일반의 행위로 이 원인을 돌려버리면 실제 벌어지고 있는 많은 일들이 쉽게 감추어진다. 이를테면 화석연료 채굴에서 막대한 이익을 남기는 에너지 기업들과 국가자본의 행위가 인간의 이름

• •

회 등 많은 전문위원회와 총회의 투표를 통과해야 하기에 이 용어가 공식화되기까지는 많은 시간이 소요될 것으로 예상되고, 결국 통과되지 않을 수도 있다.

67. Donna Haraway, *Manifestly Haraway*, Minnesota University Press(2016), p. 238; 캐리 울프는 해러웨이의 인터뷰에서 베를린에서 열린 인류세 컨퍼런스에서 인류세라는 용어의 문제에 관해 토론했던 이야기를 해러웨이에게 전했다.

68. Donna Haraway, *Staying with the Trouble*, Duke University Press(2016), pp. 30–57; 이하의 *Staying with the Trouble*의 인용은 본문에서 모두 괄호 속에 페이지로만 표시함.

뒤에 숨는다. 엄청난 에너지를 소비하는 도시민들에게 전기를 공급하기 위해 시골마을에 핵발전소가 지어지고, 나바호의 토착민들은 석탄 채굴이 야기한 대수층 고갈로 물 부족에 시달린다. 하지만 인류세는 호모사피엔스의 행위라는 일반화된 이름으로 이 불평등을 숨긴다.

「제3의 탄소시대」라는 의미심장한 제목의 환경 관련 보고서는, 마지막 남은 한 방울의 화석연료까지 남김없이 추출하기 위해 세계 각국의 정부와 유수의 기업들이 얼마나 각축을 벌이는지를 자세히 보고하고 있다. 이 보고서에 의하면, 탄소연료의 시대는 저물어가는 것이 아니라 새로운 국면을 맞고 있다. 많은 국가와 기업들은 재생가능 에너지에 막대한 투자를 한다. 거기에도 나름의 상당한 이익이 있기 때문이다. 하지만 그렇다고 탄소연료를 포기한 것이 아니다. 이들은 아직도 남아 있는 화석연료를 서로 차지하기 위해 치열하게 각축을 벌이고, 어떤 극단적인 방법도 서슴지 않는다.

일례로 새로운 화석연료로 각광받는 셰일가스의 추출을 들 수 있을 것이다. 수압파쇄fracking라 불리는 이 공법은 암석 사이사이 스미어 있는 셰일가스를 추출하기 위해 고압의 액체를 지하 깊숙이 분사해서 심층의 광물들을 깨트린다. 그런데 지하에는 셰일가스만 있는 것이 아니라 지하수가 흐르고, 그 지표에는 사람과 동물이 산다. 고압으로 분사되는 액체는 심층의 지층을 붕괴시켜서 지반 침식을 일으키면서 지하수를 오염시키고 그 물을 마신 가축과 사람들은 병이 들거나 죽는다. 수천 년 혹은 수백 년 살아온 동물들과 사람들의 삶이 수압파쇄라는 무지막지한 채굴 앞에서 무너지고 있다. 여기서 누가 이익을 얻고, 누가 피해를 당하는가? 인류세라는 일반화된 용어는 이런 질문을 숨긴다. 해러웨이는 이러한 파괴를 지칭할 수 있는 말은 인류세가 아니라 당연히 자본세Capitalocene여야 한다고 주장한다.

자본세를 주장하는 많은 사회학자들은 18세기 산업혁명을 그 시작의 시기로 삼는다. 이때 이산화탄소의 농도가 증가했기 때문이다. 하지만 자본주의가 야기한 변화는 단지 탄소연료만이 아니다. 주목할 만한 것 중 하나는 무역을 통한 미생물, 식물, 동물, 광물, 인간들의 광범위한 재배치다. 이는 아주 일찍부터 시작되었는데, 1200년경 인도양을 중심으로 중국에서 아랍까지 활발했던 해상무역과 1400년에서 1800년까지의 유럽에서 아메리카 대륙으로 이어지는 글로벌 무역을 들 수 있을 것이다. 바다로 가로막힌 대륙들 사이의 빈번한 무역들은 그것이 아니었으면 결코 없었을 많은 종류의 살기와 죽기를 만들어냈다. 그러한 변화들이 지층에 자국을 남겼다.

　해러웨이는 자본주의가 야기한 이런 변화와 더불어 대규모의 플랜테이션 농업이 야기한 변화 또한 주목되어야 한다고 말한다. 18세기 카리브해 연안에 있었던 노예제 하의 사탕수수농장과 21세기 인도네시아에서 대규모로 경작되는 팜농장을 빼놓을 수 없다. 산업화된 농업은 비단 사탕수수와 팜나무만이 아니다. 거의 대부분의 식물이 다국적 종자회사의 씨앗으로부터 나온다. 이 씨앗들은 대부분 불임으로 조작되어 있고, 종자회사가 생산하는 제초제에 강한 내성을 가지고 있다. 이러한 플랜테이션 농업은 이익을 위해 생태계를 지극히 단순하게 만든다. 돈이 되는 작물 외에 다른 모든 것들은 모두 제거되고 있는데, 거기에는 다양한 삶의 방식을 가진 토착민들도 포함된다. 아마존의 토착민 중 카리푸나족은 이제 부족이 59명뿐이고, 그 부족의 땅 절반 이상을 불법적인 벌목꾼들에게 빼앗긴 상태다. 토착민들에게 강제로 빼앗은 땅은 브라질의 급성장하는 소고기 무역을 위해서 목장으로 만들어지거나 가축사료용 콩을 심는 농장이 된다. 이런 파괴의 시대를 지칭하는 이름은 플랜테이션세Plantationocene여야 할 것이다.(p. 99)

1945년 2차 세계대전 이후부터 지금까지의 시기는 지구 시스템적으로 그리고 사회경제적으로 급격한 변화가 일어나고 있어서 대가속greate accel-eration의 시대라고 불린다. 전후부터 지금까지 지구 시스템적인, 그리고 사회경제적인 측면의 중요 지표들의 변화율이 급격하게 변했다. 지구 시스템의 변화로는 이산화탄소, 산화질소, 메탄가스, 지표면의 온도, 바다의 산성화 등의 지수가 급격하게 증가가 있고, 사회경제적인 면으로는 인구, 도시화, 비료의 소비, 에너지 사용량, 여행 등의 급격한 증가가 있다. 지구 시스템적인 지표들과 사회경제적인 지표들은 밀접히 연결되어 있는 것으로 나타났다. 전후부터 지금까지 인간, 가축, 곡식 등 많은 것들이 새로 태어났고 많은 것들이 멸종했다. 복수종의 살기와 죽기의 결과가 지구 시스템의 변화로 나타난 것이다. 인류세 담론을 이끌고 있는 지구 온난화, 기후 급변과 같은 지구 시스템의 현상들은 복수종들의 관계 변화의 결과이지 원인이 아니다.

해러웨이는 2012년 미국 지구물리협회의 학술대회에서 있었던 한 연설에 주목한다. 복잡계의 엔지니어인 브레드 베르너Brad Werner는 자본에 의한 무차별적인 자원 고갈로 '지구-인간'이라는 시스템 자체가 위기에 처했다고 보고했다. 그가 주장하는 가장 과학적인 해결책은 놀랍게도 "저항하라!Revolt!"(p. 47)였다. "저항"은 더 이상 낯선 말도 아니지만 학술 발표에서 과학적인 해결책으로 "저항하라"라가 제시된 것은 이례적인 일이다. 그만큼 위급성이 고조되고 있는 형편이다. 하지만 인류세라는 용어로는 무엇에 저항할지, 어떻게 저항할지가 불분명하다.

인류세라는 용어를 지나치게 인간중심주의적인 발상이라고 비판하는 것에 대해, 철학자들의 무책임한 말장난이라는 비난도 있다.[69] 결국은

⬤ ⬤
69. 클라이브 해밀턴, 『인류세』, 정서진 역, 이상북스(2018).

이 위기를 타개할 주체는 인간이고, 인류세는 그 인간의 책임을 촉구하기 위한 말인데 거기에 대고 인간중심주의 운운하는 것은 철학자들의 한가로운 사변이라는 비판이다. 하지만 이 위기가 '인간들이여 지구에 대해 책임감을 가지자'라는 슬로건으로 해결될 문제일까? 인류세라는 용어만으로는 자본주의가 만든 인간과 식물, 동물, 미생물들의 이동과 재배치가 무엇을 야기했는지를 물을 수 없다. 이 용어만으로는 복수종의 무엇이 죽고 무엇이 살았는지, 그리고 그것이 무엇을 야기했는지를 묻지 못한다. 우리에게 필요한 것은 이런 물음들이고, 이런 물음들을 통해서만 복구의 시대를 열 수 있을 것이다. 인간이 중요한 역할을 했을지라도 혼자서 이 모든 변화를 야기한 것이 아니다. 그러므로 복수종의 관계가 바뀌지 않고 인간만의 노력, 가령 과학적인 해법으로 이 위기를 빠져나올 수는 없을 것이다. 지금의 위기에는 많은 이유들이 있었다. 그 모든 것을 인류세라는 단 하나의 용어에 쓸어 담아서는 위기에 대한 응답을 불러일으킬 수 없다.

인류세라는 용어의 또 다른 문제는, 이 용어가 우리로 하여금 꼭 필요한 복구를 위해 힘을 쓰게 하기보다는 이미 정해진 결말을 위해 힘을 허비하게 한다는 점이다. 인류세의 이름으로 진행되는 그 많은 프로젝트의 결론은 이미 정해져 있다; 모든 것은 지구에 인간종이 생겨난 때문이고 (혹은 산업혁명 때문이고), 그로 인한 글로벌 환경 위기 때문이다. 해러웨이는 인류세라는 이름 하에서는 예정된 결론의 보고서를 쓰느라 정작 필요한 일은 하지 못한다는 점을 개탄한다. 인류세의 이름을 단 많은 프로젝트들이 관료주의적으로 흐르고 있다. 이 때문에, 에너지기업들의 강력한 로비를 받고 있는 보수 진영의 정치인들이 기후 위기는 지나치게 부풀려진 문제라고 반격한다.

인류세라는 용어에 대해 해러웨이가 지적하는 또 하나의 중요한 문제는 이 용어가 지나치게 종말론적이라는 것이다. 많은 생물종 중에 유독 호모사피엔스만 그의 존재 자체가 지구에 해를 입힌다는 것은 좀 이상한 구도 아닌가? 경작을 시작한 것 혹은 증기기관을 만든 것이 종말로 향하는 시위를 당겼다는 구도는 기독교적인 종말론의 냄새를 풍긴다. 호모사피엔스는 지구의 암이라는 종말론적인 구도는 아무리 반성의 의미가 있다고 해도 심각한 냉소주의를 불러온다. 이런 냉소적인 태도는 냉소로 끝나는 것이 아니라, 부활을 위해 고군분투하는 노력들, 그 협력적인 실천 능력들을 잠식한다. 우리에게 필요한 것은 냉소나 비난이 아니다. 미래는 결정되어 있지 않기 때문이다. 우리는 아직도 가능할지 모르는 부활을 위해 복수종들의 협력적인 실천을 육성해야 한다.

2. 트러블과 함께하기

해러웨이는 2016년에 『트러블과 함께하기*Staying with the Trouble*』라는 제목의 책을 발표했다. 위기의 시대를 살고 있는 우리가, 어떻게 하면 서로에게 즉각적으로 응답할 수 있을지를 모색하려는 글들을 엮은 것이다. 지금 우리 앞에 벌어지고 있는 일들은 기후 변화와 여섯 번째 대멸종이라는 생태적인 위기가 전부가 아니다. 갈 곳 없는 난민이 넘쳐나는 정치적인 위기, 그리고 거의 한계에 다다른 자본주의 경제의 위기 등이 인류세라 불리는 위기와 복잡하게 얽혀 있다. 이 위급한 시기에 해러웨이의 새로운 슬로건은 "트러블과 함께하라!"이다.

영어 트러블trouble은 13세기 불어에서 온 것으로 그것의 어원은 "불러일으키다", "애매하게 만들다", "방해하다"라는 뜻을 가지고 있다.(p. 1) '트러블'은 우리에게도 꽤 익숙한 외래어인데, 국립국어원의 〈우리말

샘〉에는 문제를 일으키는 사람을 뜻하는 트러블메이커를 비롯하여 11개의 관련 용어가 등록되어 있다. 이 용어들은 대부분 관계 사이에서 생긴 곤란한 일이나, 고장이 생겼을 때에 관한 것이 대부분이다. 현대 영어에서 트러블의 용례는 통상적인 것과는 다른 곤란한 뭔가가 일어난 것이고, 별로 좋지 않은 일이라는 함의가 강하다. 문제problem라는 말과 비교해 보면, 문제는 해결책solution과 단단히 연결되어 있는 반면 트러블은 그 정도가 좀 약하다. 문제 해결의 통상적인 방법은 원인들을 인과 관계 순으로 말끔히 정리하여 하나씩 제거해나가는 방식이다. 모든 일들의 인과 관계를 일렬로 줄 세울 수 있다면 해결하지 못할 일은 아마도 없을 것이다. 그러나 현실에서 벌어지는 일들은 하나의 원인으로 환원되지도 않고 깔끔하게 정리되지도 않는다.

가령 아프리카 숲의 화재는 아마존에 비하면 거의 주목받지 못하고 있지만 아마존보다 더 빈번하다. 화재의 일차적인 원인은 아마존처럼 화전이다. 아프리카의 숲을 화재로부터 보호하기 위해 취할 수 있는 가장 단순한 방법은 화전 금지일 것이다. 하지만 가난한 아프리카 농민들은 농기계도 없고, 사람 대신 땅을 갈아줄 가축도 거의 없다. 가축에게 치명적인 질병을 옮기는 체체파리가 기승을 부리기 때문이다. 게다가 화전은 수천 년 이상을 그들이 해오던 대표적인 농법이고, 숲의 생태 사이클의 일부이기도 하다. 따라서 무조건 화전을 금지시키면, 그들은 계속 살아갈 수가 없다. 오랜 세월 지속된 화전이 이렇게 문제가 된 것은 화전을 하는 인구가 너무 많이 늘어났기 때문이다. 도시에서의 삶에 실패한 사람들이 숲으로 몰려든 결과다. 이는 서유럽의 식민주의와 독립 이후 정치의 실패와도 무관하지 않다. 이처럼 아프리카 숲의 화재는 만만찮은 역사의 그물망이 복잡하게 얽혀 있는 트러블이다.

해러웨이가 불어 어원까지 끌어들여서 이야기하려고 하는 트러블의 의미는, 문제를 쉽게 해소해버리기보다는 더욱 곤란하게 만드는 것이고, 문제 해결을 위해 상황을 잘 정리하기보다는 더욱 뒤섞어버리는 것이고, 무언가를 불러일으키는 것이다. 트러블과 함께 한다는 의미는 쉬운 해결책을 찾고 그것을 눈앞에서 치워버리는 것이 아니라, 그 트러블과 마주하면서 지금 당장 가능한 응답을 모색하는 것이다. 현실의 트러블들을 하나의 원인으로 환원하고 그 문제를 해소해버리려 한다면, 많은 문제들이 감추어진다. 하지만 복잡하고, 해결이 어렵다는 이유로 아무 일도 하지 않거나 냉소적인 태도를 취하는 것은 더욱 해로운 일이다. 트러블과 함께 한다는 것은 지나치게 단순하게 접근하는 것을 방해하는 것임과 동시에 아무것도 할 수 없다는 냉소와 무능과도 싸우는 것이다. 트러블과 함께하기는 '근본적인 해결책'이라는 결코 실현되지 않을 미래를 기다리는 것이 아니라, 지금 당장 가능한 응답들을 불러일으키는 것이고, 그것으로부터 응답 능력을 키우는 것이다.

〈2019 UN 기후행동정상회의〉에서 전 세계 정상들을 향해 기후 변화에 대한 즉각적인 행동을 촉구했던 그레타 툰베리는 스웨덴에서 '기후 변화를 위한 학교파업'을 이끌고 있다. 매주 금요일 툰베리와 친구들은 학교에 결석하고 의회 앞에 가서 기후 변화에 성실히 대처할 것을 촉구하는 시위를 한다. 그는 한 언론사와의 인터뷰에서 투표권이 없는 10대인 자신이 지금 당장 행동할 수 있는 일은 '결석투쟁'을 조직하는 것이었다고 말했다. 툰베리는 즉각적으로 행동한다는 것이 무엇인지를 우리에게 가르쳐주고 있다. 그는 자신이 할 수 있는 방식으로 점점 뜨거워지는 지구에 대해 즉각적인 응답을 했다. 그의 창의적이고 용감한 행동은 전 세계 많은 학생들의 응답을 불러일으키고 있다. 툰베리와 그와 연대하는 많은 친구들은, 기후 문제는 어른들의 일이라든지, 과학이 모든 것을 해결해줄 것이라든지, 경제가 우선이라든지, 심지어 지구 온난화는 음모라든지

하는 식의 정치인들의 발뺌에 트러블을 일으키면서, 기후 문제에 응답한다. 이처럼, 트러블과 함께하기는 현재에 임한다는 것이 무엇인지를 배우는 것이다.

3. 촉수적인 사유

'땅에 붙박인 자Earth Bound, 브뤼노 라투르의 용어'(p. 41)들은 저 하늘의 은혜로운 구원을 기다리지 않고, 풀숲은 헤치고, 진구렁은 돌아가면서 앞에 놓인 일상과 씨름해야만 한다. 이것이 현재에 임한다는 것의 의미다. '땅에 붙박인 자'가 저 높은 곳에서 세상을 굽어볼 수 있을 리 없다. 하지만 이 조건이, 무엇을 하고 무엇을 하지 않을지, 무엇에 책임을 요구하고 무엇을 책임질지를 판단하고 행동하지 못하는 약점이거나 무능력의 조건이 되지는 않는다. 현재에 임한다는 것은 자신이 놓인 무구하지 않은 상황을 감추거나 정당화하지 않으면서, 무엇을 할 것인지 그리고 그 행위에 어떤 책임을 질 것인지를 생각하고 행동하는 것이다. 그것은 난감한 문제를 치워버리려는 시도에 트러블을 만드는 일이기도 하다. 트러블과 함께 해야 하는 "우리의 과제는 거친 파도를 헤쳐나가고 평화로운 장소를 다시 구축하는 것뿐만 아니라, 트러블을 만들고 파괴적인 사건들에 대해 강력한 응답을 불러일으키는 것이다."(p. 1)

해러웨이는 우리에게 트러블과 함께하기 위해 사유할 것을 촉구한다. 한나 아렌트Hannah Arendt가 분석한 나치 전범 아돌프 아이히만Adolf Eichmann의 '사유의 무능력'에 관한 글을 참조하면서 해러웨이는, 지금 우리가 아이히만과 같은 사유의 무능력에 빠져 있는 것이 아닌가를 묻는다. 아렌트는 아이히만에게 결여되어 있던 것은 연민이나 정서가 아니라,

사유였음을 분석하고 이를 "악의 평범성"이라고 했다. 아렌트에 따르면, 아이히만에게 결여되었던 사유는 "정보와 주장을 평가하기 위한 과정도 아니고, 정답과 오답을 위한 것도 아니고, 자신과 타자들이 진리 속에 있는지, 오류 속에 있는지를 판단하기 위한 것도 아니다."(p. 36) 아이히만은 오히려 이런 것들에 푹 빠져 있었다. 그는 자신이 하고 있는 일이 무엇인지 자신에게 제시하지 못했고, 그래서 그 결과에 무감각했다. 아렌트가 보기에 그것은 불가해한 괴물성보다 더 끔찍했다. 아렌트의 이런 분석을 이어받아서 해러웨이는 "여기 무감각한 한 인간이 있었다"(p. 36)고 쓴다. 아렌트가 "사유의 무능력"이라고 아이히만을 분석했던 것을 해러웨이는 '감각의 무능력'과 연결한다. 감각적 무능력이 아이히만의 사유를 막은 것이다. 아이히만은 느끼기를 거부한 자다. 정보를 분석하고, 적을 찾아내는 자신의 바쁜 일에 빠져서 이전에 이웃이었던 사람들의 비명과 울음에는 눈길을 주지 않는 자, 이웃 사람들이 안타깝게 내미는 손을 뿌리친 자였다.

우리 역시 아이히만처럼 바쁜 일에 쫓긴다. 이익을 계산하느라 바쁘고, 넘쳐나는 정보를 해독하느라 바쁘다. 그래서 해마다 어마무시한 규모로 살처분을 당하는 가축들에 대해 무감각하고, 정박할 곳을 찾지 못하는 피난선의 난민들에게 무감각하고, 뱃속에 플라스틱이 가득 차 있는 고래에게 무감각하다. 해러웨이는 이를 아이히만과 같은 사고의 무능력이라고, 전례 없는 눈길 회피의 시대라고 부른다. 경쟁하는 것을 제외하고는 감각하기를 거부하는 시대, 무감각의 시대다. 우리는 경쟁을 위해서, 시장을 위해서, 엄청난 정신 활동을 하고 살지만 제대로 감각하지 않는다. 감각하지 않는 것이 아니라 정해진 대로만 감각한다는 것이 맞는 말일 것이다.

정해진 대로만 감각하게 하는 데 결정적인 역할을 하는 감각기관은 주로 눈이다. 눈은 상대가 사랑의 대상인가 배제의 대상인가를 자신이 가지고 있는 개념적인 틀을 통해 재빨리 결정하게 하는 감각기관이기 때문이다. 동물의 감각기관인 눈의 이런 특성은 생존을 위해서다. 눈은 대충 보고도 도망갈 것인가 덮칠 것인가를 즉각적으로 결정하게 해준다. 이처럼 눈은 유용한 감각기관이기는 하지만 정해진 대로만 감각하고 인식하게 만들기에 흥미로운 일이 일어나는 것을 차단하는 감각기관이기도 하다.

해러웨이가 주목하는 감각기관은 촉수다. 눈은 대상과 신체적으로 직접 연결되지는 않는 감각기관인 반면, 촉수는 신체와 직접 연결되는 감각기관이다. 페미니스트들에게 눈은 상대를 대상화하기 쉬운 감각기관이자 남성적인 감각기관으로 받아들여졌다. 그래서 주체와 대상의 구분을 문제시했던 페미니스트들은 시각 대신 신체와 신체가 접촉하는 촉각을 중시했다. 촉각적인 느낌은 상대를 대상화하지 않고 합일로 이끌어준다고 여겼기 때문이다.[70] 그러나 해러웨이가 말하는 촉수는 합일을 의미하지 않는다.

영어의 촉수tentacle는 라틴어 tentare에서 유래했고, 그 의미는 "더듬다", "시도하다"이다.(p. 31) 촉수를 가진 것들은 해파리와 같은 자포동물은 물론이고, 인간이나 너구리처럼 손가락이 있는 것들, 여러 개의 다리를 가진 오징어와 문어, 신경망, 편모나 섬모, 근육을 이루는 섬유다발, 서로 엉겨 붙어서 펠트처럼 보이는 미생물, 진균류 균사들, 식물의 넝쿨손들, 땅 속의 뿌리들이 있고, 심지어 컴퓨터들이 연결된 인터넷 망도 촉수라고 할 수 있다. 이 촉수들이 상대를 감각하고 인식한다.

해러웨이가 "촉수적인 사유tentacular thinking"라고 부르는 것에 아이디어

• •
70. 페미니스트 인식론의 자세한 논의는 5장에서 다룬다.

를 제공한 것은 '피모아 쏠루Pimoa Chthulu'라는 이름을 가진 한 마리의 거미다. 이 거미는 여덟 개의 긴 다리를 촉수로 가지고 있다. 촉수는 외부로 뻗고, 어떤 상대를 자신과 연결한다. 신체와 신체의 접촉을 만드는 촉수는 때로 눈이 판단한 것을 무화시키고, 그것으로부터 벗어나게 하기도 한다. 보기에는 낯설고, 심지어 끔찍해 보이는 것일지라도 부드럽고 따뜻한 촉수적인 느낌이 시각적인 인식을 애매하게 만들 수 있기 때문이다.

촉수는 외부로 뻗어나가지만 몸에서 떨어지지 않는다. '피모아 쏠루'라는 이름의 거미는 캘리포니아 중북부 삼나무 숲에서 사는 것처럼 촉수는 몸이라는 특정한 상황 속에 산다. 그래서 촉수적인 인식은 저 하늘에서 굽어봐야 비로소 얻을 수 있는 보편적이고, 총체적이고, 중립적인 인식을 주장할 수 없다. 누구도 모든 곳에 살 수 없기 때문이다. '땅에 붙박인 자'들은 어떤 곳에 살지 모든 곳에 살지 않는다. 그러므로 '땅에 붙박인 자'들의 인식이 중립적이거나 보편적이거나 총체적인 것일 수는 없다. 인식은 언제나 특정한 상황 속의 인식이다.

하지만 촉수적인 사유가 주관적이라거나 판단이 불가능함을 의미하지 않는다. 상황 속에 있는 자들은 혼자가 아니고, 절대적인 진리가 없다고 일상의 문제에 대처하지 못하는 것도 아니다. 해러웨이를 포함한 페미니스트 인식론자들은 중립성과 보편성을 무기로 가진 과학도 사실은 특정한 상황 속의 인식임을 주장해왔다. 이 연구들에 따르면 과학연구들 속에는 상당한 정도의 권력적인 이해가 반영되어 있고, 그것은 불가피한 것이다. 과학자들 역시 땅에 붙박인 자들이기 때문이다. 그러므로 해러웨이는 가장 객관적인 인식은 중립성을 가장하는 것이 아니라 그 인식이 처한 특정한 상황을 드러내는 것임을 주장한다. 촉수적인 사유는 이를 위한 형상이다.

거미는 단지 8개의 촉수를 가지고 있지 무한개의 촉수를 가지고 있지 않다. 그는 단지 8개의 촉수로, 그러니까 한정된 개수의 촉수로, 한정된 연결을 만들 뿐이다. 모두가 촉수로 연결되어 있다면 궁극적으로는 모든 것이 모든 것과 연결되어 있을 것이다. 하지만 모두가 직접적으로 연결되어 있는 것은 아니다. 직접적인 연결 관계의 수는 촉수의 수만큼 한정적이다. 그래서 한정된 촉수로 다른 연결을 만들기 위해서는 기존의 연결을 반드시 끊어야 한다. 그러므로 촉수적인 사유는 무엇과 연결하고 무엇과 단절할 것인가를 사유하게 해준다. 촉수의 탈착과 부착이 차이를 만든다.

거미의 촉수는 또한 다리이기도 하다. 피모아 쑬루는 특정한 지역의 숲에 살지만 다리가 있어서 다른 지역으로도 여행한다. 여행은 언제나 누구 혹은 무언가를 만나는 것이고, 그 우발적인 만남이 새로운 이야기를 만든다. 촉수적인 사유는 특정한 상황 속의 인식을 바탕으로 하지만, 그 속에만 국한되는 것이 아니다. 이곳저곳을 여행하는 거미처럼, 촉수적 사유는 저 멀리 떨어져 있는 것들을 이어 붙여서 있을 법하지 않은 연결들을 만들어낸다.

과학소설, 혹은 과학 판타지 소설은 있을 법하지 않는 이야기들이 주를 이룬다는 면에서 촉수적 사유의 글쓰기다. 과학소설 작가들은 우리에게 익숙한 연결들을 끊어내어 버리고, 그 자리에 아주 엉뚱한 연결을 만들어낸다. 그것은 예기치 않은 새로운 이야기를 만든다. 마지 피어시 Marge Piercy, 어슐러 K. 르 귄Ursula Kroeber Le Guin, 옥타비아 버틀러Octavia Estelle Butler 등의 페미니스트 SF작가들이 그려내는 다른 세계들을 생각해보라. 가령 피어시의 『시간의 경계에 선 여자』에서 복제인간의 이야기는 통념적인 이야기와는 아주 상이하게 펼쳐진다. 소설의 배경이 되는 2137년의 메타포이세트라는 이상적인 마을에서 여성들은 출산을 하지 않기로 했다. 이들의 결정은 양성적인 평등을 이루기 위해서다.

그건 바로 생산의 원천인 출산의 권력이었어요. 생물학적으로 속박되어 있는 한 우리는 절대로 동등해질 수 없어요. 그리고 남성들도 결코 다정하게 사랑을 베푸는 인간으로 교화될 리 없고요. 그래서 우린 누구나 어머니가 될 수 있게 하기로 했어요. 아이들은 전부 어머니가 셋이에요. 지나치게 긴밀한 유대감을 깨뜨리기 위해서죠.[71]

메타포이세트 사람들은 여성의 출산은 권력으로도 속박으로도 작동할 수 있다고 보았다. 그래서 이성애 생식을 중단한다. 하지만 아이에게 젖을 먹여서 양육하는 경험은 성과 관계없이 누릴 수 있게 했다. 인공적으로 태어나는 아이들은 세 명의 남녀 엄마에 의해 정성껏 길러진다. 엄마가 되기를 원하는 남성들도 호르몬 조절을 통해 젖을 먹일 수 있다. 이때 엄마는 출산을 하는 자가 아니라 아이를 직접 돌보는 자로 바뀌고, 그것을 할 수 있는 자는 여성에 국한되지 않는다. 혈연 중심의 관계와는 단호히 단절하지만 친척들 간의 유대와 돌봄이 사라지는 것이 아니다. 출산과는 무관한 세 사람의 남녀 엄마가 속박이 아닌 사랑으로 아이를 친밀하게 양육한다. 촉수적 사유는 이처럼 있을 법하지 않은 연결을 과감하게 시도하게 한다.

4. 자식이 아니라 친척을 만들자!

위급한 시대에 사는 우리에게 가장 필요한 것은 현재를 외삽하는 예측이 아니라 과감한 촉수적인 사유로 있을 법하지 않은 연결을 만들어내는

● ●

71. 마지 피어시, 『시간의 경계에 선 여자』, 변용란 역, 민음사(2010), p. 164.

일이다. 이를 위해 해러웨이가 제시하는 슬로건은 "자식이 아니라 친척을 만들라!Make Kin Not Babies!"(p. 102)이다. 2019년 현재 세계 인구는 77억이 넘는 것으로 추산된다. 1960년에서 지금까지 거의 10년당 10억 명의 인구가 증가했다. 1804년에 10억 명이던 세계 인구는 200여 년 사이에 7배 이상의 증가세를 보였다. 너무 많은 인간의 수가 많은 생물종들을 위기에 몰아넣고 있다. 이것을 생각하면 지금의 위기에 "인류세Anthropocene" 라는 이름이 붙을 만도 하다. 이처럼 많은 수의 인간은, 우리에게도 복수종 의 생물들에게도 대단한 트러블이다. 이 트러블과 함께하기 위한 해러웨이 의 처방은 급진적이다. 그는 자식 대신 창의적인 방식으로 친척을 만들자고 촉구한다. 해러웨이가 말하는 친척은 혈연과는 무관하고, "최선을 다해 길들이려는 대략적인 범주"(p. 2)다.

페미니스트들은 "혈통과 친척, 친척과 종 양쪽 모두의 매듭을 풀기 위해 창의력과 이론과 행동에서 리더십을 발휘"(p. 102)해왔다. 가령 1970 년대 페미니즘운동은 레즈비어니즘을 전경화시켰던 결혼중단이라는 정 치운동을 전개했다. 당시는 결혼을 하지 않는다는 것은 자식을 낳지 않는다는 것을 의미했다. 게일 루빈Gayle S. Rubin, 애드리언 리치Adrienne Rich, 그리고 모니크 위티그Monique Wittig에 의해 각기 다른 식으로 이론화된 '결혼중단'이라는 정치운동은 여성들로 하여금 남성 중심의 가족 체계를 재생산하는 행위와 절연할 것을 요구했다.[72] "자식이 아니라 친척을 만들

72. Donna Haraway, *Simians, Cyborgs, and Women*, Free Association Book(1991), pp. 137-138; 게일 루빈은 남성들이 통제하는 혈연관계 자체가 여성을 교환하는 교환체 제임을 이론화했다. 루빈에 따르면, 의무적 이성애는 여성 교환체계의 깊은 욕망의 구조를 충족하기 위한 것이다. 애드리언 리치는 여성 억압의 뿌리가 강박적인 이성애에 있음을 이론화하고, 인종, 계급, 민족을 횡단하는 새로운 자매관계로서 레즈비언 연속체를 주장했다. 모니크 위티그는 여성들은 성차의 위계질서를 생산하 는 사회관계에 의해 만들어진 계급이라고 주장하면서 페미니스트들은 이 계급이

라!"는 슬로건은 인종, 민족, 계급을 뛰어넘는 자매의 연대를 구축하자고 했던 페미니즘 운동의 창의적인 계승이다. 그러나 이번에는 인간여성들만 자매가 되는 것이 아니다. 해러웨이는 여성들만이 아니라 위기에 처한 생명/비생명들과 친척을 만들자고 제안한다. 이는 자식을 낳는 결혼제도에 트러블을 불러일으킨다.

해러웨이가 말하는 친척 만들기는 친척이 기원이나 혈통 그 이상의 무엇을 의미하도록 만든다. 무엇보다 그것은 직접적인 관계로 얽히게 됨을 의미하는 것이고, 이 친척관계가 저 친척관계와 얽히는 방식으로 집합적인 관계를 만드는 것이다. 창의적인 연결이 생존을 위한 의외의 가능성을 만들어낼 수 있다. 가령, 프렌치 불도그의 경우는 19세기 말 프랑스 파리 뒷골목의 클럽에 모여 들었던 레즈비언들과 떼어 놓고 생각할 수 없다. 프렌치 불도그와 레즈비언 모두 규범적인 미적 기준에는 반하는 자들이다. 프렌치 불도그는 근육이 심하게 발달된 몰로시아견에서 나온 소형견이다. 이 견종은 쭈글쭈글한 얼굴에 소형견에는 어울리지 않는 기형적인 근육을 가졌다. 레즈비언도 이성애적인 미적 기준을 거부하는 남자 같은 여성의 외모를 가진 자들이다. 레즈비언 예술가들은 자연히 프렌치 불도그를 선호했고 애호가그룹을 만들었다. 그 덕분에 이 견종은 번창할 수 있었다. 프렌치 불도그와 레즈비언의 관계는 기원이나 혈통과는 일절 상관이 없다. 하지만 정성을 다해 직접적으로 돌보는 관계인, '친척'이다.

바르셀로나 현대미술관과 파리에서 젠더 테크놀로지와 퀴어 이론을 가르치고 있으며, 프렌치 불도그 애호가이기도 한 베아트리즈 프레시아도 Beatriz Preciado는 프렌치 불도그와 레즈비언과의 관계를 이렇게 말한다.

● ●
사라지도록 투쟁하는 자임을 주장했다.

"이 둘은 동시에 살아남는 방법을 발명하고, 인간-동물의 생의 미학을 창조한다. 홍등가로부터 예술촌으로 그리고 더 나아가서는 텔레비전으로까지 이동하면서, 함께 종의 산을 쌓아 올렸다. 이것은 상호 승인, 변이, 이동, 그리고 퀴어한 사랑의 역사이다."(p. 303)

이러한 낯선 연결들을 우정의 연대로서 친구 만들기라고 해도 되었을 것이다. 하지만 해러웨이가 굳이 친척 만들기라고 한 이유는 혈연중심의 '친척'이라는 의미에 트러블을 일으키고자 하기 때문이다. 생물학자, 린 마굴리스에 따르면 "지구에 사는 모든 것들은 가장 깊은 의미에서 친척"(p. 103)이다. 우리 공동의 조상들은 진화의 가지에서 가지로 유전물질이 이동함으로써 생겨난 흥미로운 이방인이다. 우리는 복수종의 생물들과 기원에서부터 공통의 세포들을 공유하고 있다. 가족 간의 유대를 끔찍이 생각하는 부계혈통 중심의 문화에서 친척은 숨 막히는 길들이기를 의미한다. 하지만 친척의 재발명된 의미는 혈통과는 무관하다. 게다가 모든 가족이 서로에게 친밀한 것도 아니다. 가족이 아니어도 그에 못지않은 친밀감과 유대가 인간과 인간 사이, 인간과 비인간 사이에 있어 왔고, 그 덕분에 함께 번창할 수 있었다. 해러웨이가 보기에, 인류세라 불리는 이 거친 파도를 헤쳐나가는 것은 인간 혼자서는 어림없는 일이다. 우리는 모래알 같은 개인들이 되어서는 안 되고, 창의적 친척 관계를 다시 복구해야 한다.

그런데 여섯 번째 대멸종이 진행 중이고, 기후의 급격한 변화들이 암울한 미래를 전망하는 가운데, "자식이 아니라 친척을 만들라"는 슬로건은 급진적이기는 하지만, 위급한 상황에 대한 대처로는 부적합하다고 여길 수도 있다. 툰베리가 세계 정상들이나 정치인들에게 요청한 것처럼, 긴급한 기후 문제는 세계를 움직이는 큰손들의 행동에 달린 문제가 아닌가 하기 때문이다. 화석연료 사용을 대폭적으로 감축하고, 사육 가축의 수를 획기적으로 감축하고, 거대한 탄소 포집장치를 개발하는 등의 굵직굵직한 대책은 그들만이 주도할 수 있는 것이다. 하지만 기술이 모든 것을 해결할 수 있으리라고 여기는 건 너무 순진한 생각이다. 또한, 이해관계가 복잡하게 얽혀 있는 국제정세를 감안하면, 이들이 진정으로 이 문제에 신경을 쓰게 되었을 때는 이미 때가 늦을지도 모른다. 그러니 저들에게 맡겨둘 수만은 없는 일이다.

5. 쑬루세: 피난처를 회복하기

인류세라는 용어에 반대하는 애나 칭Anna Tsing은 오늘날의 생태적 위기를 레퓨지아refugia의 붕괴로 진단한다. 레퓨지아는 기후 변화를 비롯한 극심한 환경 변화가 비켜간 지역들을 가리키는 지질학적 용어다. 다른 곳에서는 멸종된 생물들이 특정지역에서는 살아남을 수 있었기에 레퓨지아는 지질학적인 피난처를 의미하는 용어다. 칭에 따르면, 레퓨지아는 어떤 극심한 환경 변화의 시기에도 지구 곳곳에 풍성하게 남아 있었다. 가령, 약 6,600만 년 전의 K-Pg 대멸종기에는 공룡을 포함해서 육상생물의 75%가 멸종했지만, 다시 복수종 생물이 번창할 수 있었던 것은 레퓨지아가 남아 있었기 때문이었다. 약 1만 년 전부터 시작된 지금의 홀로세에도 풍성한 레퓨지아가 곳곳에 있었다. 그래서 환경의 변화들에도 생물 다양성이 풍성하게 유지될 수 있었다. 지구 곳곳에 있던 레퓨지아는 국소적인 멸절이 멸종으로 이어지지 않도록 하는 역할을 한다. 많은 곳에서 특정한 생물종이 멸절되어도, 살아남은 곳이 몇 곳만 있으면 다시 번창할 수 있기 때문이다. 하지만 지금은 국소적인 개체군의 멸절이 곧바로 멸종으로 이어진다. 레퓨지아가 사라져버렸기 때문이다. 이는 국소적인 개체군의 죽음이 종의 죽음으로 이어지는 "이중의 죽음"이다.

피난처가 붕괴되는 현실은 인간도 예외가 아니다. 역사상 전쟁과 기아와 역병이 없었던 적은 한 번도 없었다. 정치는 매번 실패했고 그때마다 무고한 사람들이 죽음으로 내몰렸다. 그럼에도 불구하고 지금까지 인간이 번창할 수 있었던 것은 곳곳에 있었던 피난처 덕분이었다. 근대국가 이전에는 어느 나라에도 속하지 않은 가장자리 지역이 널려 있었고, 사람들은 전쟁을 피해, 지배자의 수탈을 피해, 가장자리 지역에서 임시로 몸을 숨길 수 있었다. 하지만 지금은 사정이 다르다. 가장자리는 거의 남지 않았고, 그나마 강고한 국경이 그 이동을 차단한다. 이는 실질적인 피난처의 파괴다. "바로 지금, 지구는 인간이든 아니든 피난처 없는 난민들로 가득하다."(p. 100)

해러웨이는 인간을 주인공으로 하는 인류세와 같은 용어로는 피난처를 회복하기는 어렵다고 생각한다. 피난처를 복구하는 것은 복수종의 상호 의존적인 연결 관계들을 회복하는 일이지, 무턱대고 자연보호구역을 설정하는 일이 아니다. 자식 대신 친척을 만들자는 그의 슬로건은 파괴된 관계를 회복시키고, 창의적으로 새로운 관계들을 만들자는 것이다. 이는 온실가스 감축을 위한 탄소거래제 도입이나, 대규모 탄소 포집장치의 개발, 신재생에너지 개발 등과는 아주 다른 해법이다. 기술적인 해법들은 물론 중요하다. 하지만 기후 문제는 결과이지 원인이 아니다. 지금의 파괴적 사태는 너무 많은 인간의 수와 생물종의 재배치, 그리고 자본의 탐욕적인 활동들이 복수종 생물들의 상호 의존적인 관계들을 체계적으로 파괴한 결과다. 따라서 파괴된 관계를 복원하려는 노력 없이 기술적인 해법이나 시장 기반의 정책들로 이 난국을 헤쳐나갈 수는 없을 것이다.

해러웨이를 비롯한 일군의 학자들은 인류세라 부르는 지금의 파괴적인 시대를 새로운 지질학적인 시대가 아니라 다른 시대로 넘어가는 경계적 사태로 보고 있다. K-Pg 경계에서 엄청난 멸종이 일어났고, 이 멸종 사태를 경계로 중생대와 신생대가 나뉘었다. K-Pg 멸종의 원인으로는 대규모 운석의 충돌, 기후 변화, 해수면 상승 등이 거론되고 있다. 칭이 주장하듯이 지금 일어나고 있는 대량 멸종의 사태가 레퓨지아의 파괴와 관련이 있다면, 우리의 시급한 과제는 피난처를 복원하는 일이다. 이 멸종의 시기가 끝나면 새로운 지질학적 시대가 도래할 것이다. 그 새로운 시대에는 복수종의 생물들이 다시 공-산의 작업들을 시작할 것이고, 생물종들의 창의적인 연결들이 번창할 것이다. 모든 생물들은 본질적으로 공-산의 존재이기 때문이다. 우리 앞에 놓인 문제는 인간들과 우리와 연계된 포유류 생물들이 이 공-산의 연결망에서 끼일 수 있느냐 없느냐에 있다. 지금으로서는 전망이 그리 밝지는 않다. 우리가 피난처를 회복하지 못한다면 말이다. 지금은 피난처를 회복하는 것이 급선무다. 그래서 해러웨이는 자식 대신 친척을 만들자고, 포유류 친척으로서 우리의 할 일을 하자고 호소하고 있다.

해러웨이는 우리가 이 파괴의 시대를 빠져나올 수 있도록 안내해줄 새로운 이름을 제안한다. 그 이름은 '쑬루세Chthulucene'다. 발음도 어려운 쑬루chthulu라는 이 낯선 말은 해러웨이에게 촉수적인 사유를 가르쳐준 '피모아 쑬루Pimoa Chthulu'라는 거미에게서 왔다. 해러웨이는 촉수적인 연결성을 회복하는 것만이 공-산의 존재들이 다시 번성할 희망이라고 믿는다.

이 거미의 공식 학명은 피모아 크툴루Pimoa Cthulhu다. 피모아는 고슈트족의 언어에서 왔는데 긴 다리라는 의미이고, 크툴루는 미국의 호러 SF작가 러브 크래프트H. P. Love Craft의 소설에 나오는 괴물, 크툴루cthulhu에서 왔다. 소설 속의 크툴루들은 여성혐오주의자이자 인종주의자인 괴물들이다. 이에 해러웨이는 이 거미의 학명을 철자를 조금 바꾸어서 피모아 쑬루Pimoa Chthulu로 재명명한다. 새로운 시대의 이름에 여성혐오와 인종주의가 묻어서는 결코 안 되기 때문이다. 물론 이 새로운 이름은 공식적인 학명이 아니다. 크툴루의 그리스 어원은 쏘닉[chthonic]으로, 땅 밑의 수많은 존재자들을 뜻한다. 그래서 해러웨이는 크툴루 대신 쏘닉으로부터 쏠루라고 다시 작명을 했다.[73] 해러웨이가 제안하는 새로운 시대의 이름은 거미의 새로운 이름을 따서 '쏠루세'다. 그런데 자세히 보면 크툴루[cthulhu]의 철자에는 루[lhu]에 'h'가 있지만 쏠루[chthulu]에서는 그냥 루[lu]다. 그리스 문법으로는 'chthulhu'라고 쓰는 것이 맞지만, 이 문제적 그리스 어원을 그대로 갖다 쓰기에는 아무래도 심사가 편치 않았던 게다. 그래서 해러웨이는 h를 빼버리면서 기어코 그리스어의 오염을 감행한다. 이는 어쩔 수 없을 때는 한번 더럽히기라도 하자는 해러웨이식의 메타플라즘이다.

쏠루세[chthulucene]의 영어접미사 "~cene"은 카이노스[kainos]에서 왔다. 카이노스는 '지금', 혹은 '시작'을 뜻하는 말이다. 우리는 '시작'이라는 말에서 과거와의 단절을 쉽게 떠올린다. 괴로운 과거일수록 빨리 털어버리고 새 출발을 하고 싶기 때문이다. 과거를 털어버리고, 처음부터 다시 시작하겠다는 욕망은, 괴로운 과거를 망각 속에 봉인하게 한다. 괴로운 과거가 현재로 불려나와 예측 가능한 미래를 엉망진창으로 만들까 두렵기 때문이다. 과거를 털어버리려는 욕망은 미래의 발목을 잡을지도 모르는 위험 혹은 예측 불가능성을 치워버리려는 욕망이다. 이것이 얼마나 반동적인 것인지는 괴롭고 고통스런 과거를 다 지워버리고 오직 미래만 보자고 하는 자들이 누구인가를 떠올려보면 금방 알 수 있다. 하지만 과거는 아무리 단절하려고 해도 현재로 불려나오기 마련이다. 대개 괴로운 과거는 증상으로 불려 나와서 현재의 삶을 과거로 끌고 들어가고, 빛나는 과거는

---

73. chthulucene를 한글로 '크툴루세'라고 읽는 문헌이 심심찮게 보인다. 하지만 해러웨이 가 러브 크래프트의 '크툴루(cthulhu)'와 구별하기 위해서 '쏠루(chthulu)'로 지었으니, 쏠루세로 읽어주시라.

변화를 거부하기 위해 혹은 현재의 쇠락에 대한 위안으로서 "아 옛날이여"라고 하면서 불려 나온다. 이는 과거를 동일하게 반복하려는 욕망이다.

과거와 대면하기 자체를 거부하거나 동일하게 반복할 것을 고집하는 것이 관습적인 과거, 현재, 미래의 의미를 만든다. 이때 과거는 변화가 불가능한 이미 지나간 일이고, 미래는 과거의 외삽이 되고, 현재는 과거와 미래를 연결하는 순간이다. 그런데 만일 우리가 과거를 거부하거나 혹은 동일하게 반복하려 하지 않으면서, 과거와 다시 만나고 그것을 이야기한다면 어떻게 될까? 카이노스는 이미 지나간 과거, 그리고 과거의 외삽으로서의 미래, 그리고 아무것도 할 수 없는 순간으로서 현재를 의미하지 않는다.

카이노스는 기억들로 가득하고, 도래할 것들로 가득하다. 해러웨이는 "카이노스라는 말을, 모든 종류의 시간성과 물질성이 균사에 의해 주입되는 두꺼운, 진행 중의 현존이라는 의미로 받아들인다."(p. 2) 우리는 지나간 것들과 다시 만난다. 과거의 실천들, 과거의 관계들을 기억하고, 그것으로부터 배운다. 어떤 삶을 원하는가에 의해 무엇을 계승하고 무엇을 배울지가 결정되고 그것이 우리의 삶을 만든다. 이때 과거는 이미 지나가버린 무엇이 아니라 우리의 현재이자 도래할 미래다. 그러므로 쑬루세의 시간은 예측의 시간이 아니라 과거의 많은 이야기들을 현재 속으로 불러들여서 기억하고 배우는 두꺼운 현존의 시간이다. 우리는 순간을 사는 것이 아니라, '두꺼운 현재'를 산다. 두꺼운 현재는, 그러므로, 예측의 시간이 아니라 촉수적인 사유의 시간이다. 예측은 논리적인 틀 속에서 그것을 확장하는 것이지만, 촉수적인 사유는 이 연결이 아니라 저 연결이라면 하고 생각하는 사고 실험이다. 그 사고 실험에 자양분을 주는 것이 도처에 있는 살고, 죽기, 협력하기에 관한 과거의 이야기들이다.

6. 기억

2003년에 프랑스의 비둘기 애호가들과 코드리 공원의 의뢰를 받고 예술가 마탈리 크라세Matali Crasse는 공원에 비둘기 집을 만들었다. 그것은 비둘기와 인간의 오랜 공–산적인 활동을 기념하는 것이었다. 유럽으로 이주한 무슬림들은 지금도 비둘기 레이싱에 열광한다. 이 비둘기 레이싱은 특정한 곳에 비둘기를 놓아두고 가장 정확하고 빨리 집으로 찾아오게 하는 게임이다. 비둘기들은 지형지물을 이용해서 길을 찾는 데 능숙하다. 비둘기 레이싱에 빠진 무슬림 소년들과 남자들은 비둘기를 선별적으로 사육하고 아주 정교하게 키워서 비둘기의 레이싱 능력을 향상시킨다. 그리고 비둘기는 이 무슬림 남자들이 훌륭한 사육기술을 얻도록 이끈다. 동물들을 훈련시키는 것은 일방적인 것이 아니다. 인간은 비둘기를 사육하고 훈련시키지만, 인간을 그런 활동으로 이끄는 것은 귀소본능을 가진 비둘기다. 무슬림 남자들이 비둘기를 사육하고 훈련시키며, 레이싱 게임을 하는 이야기에서 비둘기의 능동적인 활동을 지워버린다면, 전혀 다른 이야기가 되어버릴 것이다.

비둘기가 인간에게 사육되면서 함께 산 시간은 이미 수천 년이다. 비둘기의 종류는 크게 사육 비둘기와 야생 비둘기로 나뉘지만, 사육의 역사를 감안하면 야생 비둘기라고 해도 사육 비둘기에서 분화된 것이라 봐야 하고, 함께 한 그 긴 역사 덕분에 비둘기의 종류는 엄청나게 많다. 이들 비둘기들은 때론 제국의 식민자들과 함께 그 지역의 생태를 초토화시키기도 했고, 스파이 노릇을 하기도 했고, 일과 놀이의 반려가 되기도 했고, 음식재료, 병원균의 매개체, 사육과 증식의 표적이 되기도 했다. 인간의 삶 곳곳에는 비둘기와 인간의 공–산의 결과가 스며 있다. 비둘기와 인간의 공-산에는 선택을 통한 죽이기가 있고, 훈련의 고된 노동이 있었지만 그에 못지않게 놀이의 기쁨과 성취의 기쁨이 있고, 배움이 있었다. 코드리 공원의 비둘기 집은 비둘기와 인간이 서로를 유능하게 만들었던 협동적인 활동들을 기억하는 기념비다.

동물 사육에 대한 민속지학을 연구하는 벨기에의 철학자 벵시안 데스프레Vinciane Despret는 코드리 공원의 비둘기 집에 대해 이렇게 썼다.

> 그러나 비둘기 애호가가 없으면, 사람들과 새들에 관한 지식과 노하우가 없으면, 선택, 도제살이, 견습 기간이 없으면, 실천들의 전달이 없으면, 그러면 남아 있는 것은 비둘기이지, 귀소본능이 있는 비둘기는 아닐 것이고, 숙련된 뱃사공은 아닐 것이다. 그렇다면, 기념되는 것은 동물만도 아니고, 실천만도 아니고, 프로젝트의 기원 속으로 명백하게 기록되는 둘 모두의 "함께-되기"의 활성화다. 달리 말하면, 나타나는 것은, 그것으로 비둘기들이 사람들을 재능 있는 비둘기 애호가들로 변화시키고, 애호가들은 이 비둘기들을 믿음직한 경주 비둘기로 변화시키는 관계들이다. 이것이 이 작업이 어떻게 기념하는지를 보여준다. 그것은 성취를 현재 속으로 연장시킨다는 의미에서 기억을 만들면서 스스로에게 일을 부과한다. 이것은 일종의 반복이다.(p. 25)

비둘기가 귀소본능이 탁월한 종으로 만들어지고, 평범한 사내아이가 비둘기의 숙련된 트레이너로 만들어지기까지, 비둘기에게는 선택을 위한 도태가 있었고, 인간에게는 힘겨운 도제살이가 필요했다. 서로를 유능하게 만들기 위한 실천들은 때로 잔인하고, 가혹했다. 유능하게 된다는 것은, 그리하여 번창한다는 것은 결코 무구한 일이 아니다. 무구하지 않은 실천들이 유능한 비둘기와 숙련된 뱃사공을 만들었다. 그래서 데스프레는 코드리 공원의 비둘기 집은 유능한 비둘기와 숙련된 인간 조련사의 빛나는 실천만이 아니라, 서로를 유능하게 만들었던 이 둘 사이의 무구하지만은 않은 실천들을 기념하는 것이라고 말한다. 코드리 공원의 비둘기 집은 우리가 공-산의 존재임을 기억하도록 요청한다.

이 기억하기는 지나가버린 과거에서 성취만을 선별적으로 기억하는 재현으로서의 그것이 아니다. 데스프레가 포착한 코드리 공원의 비둘기 집은 비둘기와 인간이 서로를 유능하게 만들었던 지식과 노하우만이 아니라 잔인한 선택과 힘겨운 도제살이도 함께 기억한다. 코드리 공원의 비둘기 집은 비둘기와 인간이 서로를 만들었던 역동적인 관계를 현재로 데려오면서, 곧 사라져버릴지도 모를 이종 간의 협동적인 관계를 다시 활성화하도록 의무를 부여한다. 그것은 '차이 나는 반복'을 위한 도래할 미래의 기념비이자, 그것을 현재의 실천 속으로 가져오는 '두꺼운 현재'의 기념비이다.

해러웨이는 데스프레의 이 글에서 "기억하다$^{\text{Re-member}}$"를 "다시-멤버가 되는" 것으로, "기념하다$^{\text{com-memorate}}$"는 "함께-기억하다"로 읽었다. 기억한다는 것은 "파트너들의 적극적인 상호 관계가 없었으면 사라졌을 무엇인가를 육체적인 현재 속으로 유인하고 연장"(p. 25)해서 다시 멤버가 되는 것이고, 오랜 협동의 기쁨과 놀이 그리고 그것의 폭력마저 함께 기억하고 그것으로부터 새로운 시작을 여는 것이다.

7. 애도

그런데 서로의 삶에 결정적으로 뛰어들었던 파트너가 이 세상에서 영원히 사라져버린다면 어떻게 될까? 다시 멤버가 되려고 해도 파트너가 남아 있지 않다면… 이미 여섯 번째 대멸종이 진행되고 있는 이 지구에서 이것은 우리가 당면하고 있는 물음이자 즉각적인 응답을 요구하는 물음이다. 해러웨이는 이 물음에 대한 하나의 응답을 xkcd의 웹툰, 꿀벌난초Bee Orchid[74]에서 발견한다. 꿀벌의 성기를 꼭 닮은 오프리스 아피페라ophrys apifera라는 난초의 꿀벌 파트너들은 오래 전에 멸종했다. 파트너 없이 지금은 자가수분을 하는 이 난초들 역시 멸종위기에 처해 있다. 이 웹툰에서 꿀벌의 성기를 꼭 닮은 난초의 모습은 멸종해버린 꿀벌 파트너에 대한 난초의 번역이지 꿀벌의 재현이 아니다. 꿀벌난초는 그 자신의 모습으로 자신들의 파트너였던 그 꿀벌이 존재했음을 기억한다. 꿀벌의 몸이 없어졌다고 그들의 존재마저 사라져버린 것이 아님을, 죽어가는 꿀벌난초는 그 자신의 몸으로 그려 보여주고 있다. 그래서 꿀벌난초는 멸종해버린 꿀벌의 살아 있는 화석이고, 멸종한 꿀벌에 관한 유일한 기억이다.

애도는 이렇게 죽은 자를 기억하는 것이고, 죽은 자의 존재를 지금 여기로 가져오는 것이고, 죽은 자의 존재가 삭제되지 않도록 저지하는 것이고, 죽음 또한 존재의 일부임을 가르치는 것이다. 웹툰에 나오는 인간 주인공들은 멸종의 위기에 내몰려 있는 꿀벌난초에게 약속한다. "난초야, 내가 너의 꿀벌을 기억할게, 내가 너를 기억할게."(p. 70)

생태철학자 쏨 반 듀렌Thom van Dooren은 멸종 언저리에 있는 하와이언 까마귀의 애도에 대해 썼다. 하와이언 까마귀들은 주요한 생활터전을 잃었고 짝을 잃었고 친구를 잃었다. 이들은 자신들의 짝과 친구의 상실을 슬퍼한다. 듀렌에 따르면, 이것은 관찰자의 감정이입이 아니라, 동물행동학 연구 결과다. 애도는 인간의 전유물이 아니다. 어쩌면 인간은, 손상된

● ●
74. xkcd, Bee Orchid, https://xkcd.com/1259/, or, Donna Haraway, *Staying with the Trouble*, Duke University Press(2016), p. 70.

지구를 복구하기 위해, 그리고 종 간의 상호 의존성을 다시 배우기 위해, 까마귀로부터 애도를 배워야 할지 모른다. 애도는 죽은 자들의 존재를 삭제하지 않고, 그 상실을 현재로 불러들이는 것이고, 죽은 자들과 함께 했던 일과 놀이의 즐거움뿐만 아니라, 폭력과 죽이기를 함께 기억하는 것이다. 반 두렌은 까마귀의 애도에서 배운 바를 이렇게 쓴다.

애도란 상실과 함께 사는 것이고, 상실이 의미하는 것과 세계가 어떻게 변했는지, 그리고 우리가 이 지점으로부터 앞을 향해 움직여야 한다면, 어떻게 우리 자신이 변해야 하고, 우리의 관계들을 새롭게 해야 하는지를 잘 인식하게 되는 것에 관한 것이다. 이 맥락에서 볼 때, 진실한 애도는 멸종의 가장자리로 내몰린 저 무수히 많은 존재자들에 대한 우리의 의존과 그들과의 관계에 대한 자각 속으로 우리를 향하게 해야 한다.(pp. 38-39)

애도는 상실을 슬퍼하는 것이고, 산 자들의 존재가 죽은 자들의 존재에 빚지고 있음을 배우는 것이다. 귀소본능이 있는 비둘기와 그들의 숙련된 조련사들은 도태와 선택으로 죽은 비둘기들에게 빚지고 있음을 기억해야 한다. 단백질이 풍성한 식탁은 많은 가축의 죽음에 빚지고 있음을 기억해야 한다. 막대한 연료로 지탱되는 도시의 쾌적한 생활은, 많은 생물들을 삶의 벼랑에 내몰면서 유지되고 있음을 기억해야 한다. 애도는 어떤 것의 생을 위해 비명非命에 가는 많은 생명들을 기억하는 것이고, 그들에 대한 우리의 의존성을 생각하는 것이다. 그리고 그것으로부터 우리의 삶을 어떻게 바꿀지를 배우는 것이다. 또한 애도는 상실을 슬퍼하는 것이지만 상실이 삶과 함께 있음을 기억하는 것이다. 상실과 함께 산다는 것은 생이 의존하는 죽음을 생각하는 것이고, 그 죽음에서 인간도 예외가 아님을 배우는 것이다. 그러므로 진실한 애도를 위해서 죽이기의 책임과 죽음의 책임을 배워야 한다. 그것을 배우지 못한다면, 이 파괴의 시대에 우리는 복수종의 생물들과 "다시-멤버"가 될 수도, "함께-기억com-memorate"할 수도 없을 것이다. 그래서 트러블과 함께하기는 애도에서 시작해야 한다.

8. 복구를 위한 SF — 카밀 이야기

해러웨이는 『트러블과 함께하기』의 마지막을 「카밀 이야기」[75]라는 과학소설science fiction로 마무리한다. 알다시피 과학소설은 있을 법하지 않은 연결을 감행하는 것이고, 지금 이 관계가 아니라 다른 관계를 희망하는 것이고, 그것이 진실인 줄 아직은 알지 못하는 진실에 관한 이야기다. 창의적인 과학소설로부터, 응답-능력을 배양하는 실천을 배울 수 있다. 「카밀 이야기」는 자본세라 불리는 극심한 파괴의 와중에 지구 곳곳에서 복구를 위한 창의적인 공동체들이 생겨나고 있다는 설정으로 시작한다.

살던 지역이 파괴되거나 살기 어려워지면 그곳을 버리고 신천지를 찾아 떠나는 것이 통례다. 그런데 이런 시도는 대개 식민주의적인 개척이기 십상이다. 아메리카 대륙이 유럽인들의 신천지가 되기 위해서 수천, 수백 년을 그곳에 살고 있던 토착민족들이 제거되어야 했다. 그러나 이 공동체들

• •

75. 이 SF의 기초가 된 건, 2013년 이자벨 스탕제르가 프랑스 쓰히시(Cerisy)에서 개최한 "사변적 제스처들(*gestes speculatifs*)"이라는 제목의 콜로키움에서 진행된 글쓰기 워크숍인 사변적 이야기(Narration Speculative)다. 이들에게 제시된 과제는 인류세와 자본세라는 이름으로 종들의 죽음이 넘쳐나는 시대에, 어떤 아기를 설정하고, 어떻게든 5세대까지는 이어지게 하는 우화를 만드는 것이다. 해러웨이가 참여한 팀의 멤버들은 이탈리아 영화 제작자 파브리지오 테라노바(Fabrizio Terranova)와 심리학자, 철학자, 그리고 동물행동학자인 뱅시안 데스프레(Vinciane Despret)였다.

은 오히려 폐허가 된 곳으로 자발적으로 이동했고, 그 장소의 치유를 위해 인간, 비인간 파트너들을 다시 엮는다. 그래서 이들은 스스로를 "퇴비 공동체"라고 부른다. 퇴비는 농사를 짓기 위해 볏짚 등을 쌓아 올려서 발효시킨 것으로 퇴비 속의 미생물들은 죽은 식물성 유기물들을 먹고 배설한다. 미생물들의 배설물인 퇴비는 과도한 경작으로 헐벗은 토양을 다시 비옥하게 살린다. 퇴비 만들기에는 죽음과 먹기와 배설하기가 복잡하게 얽혀 있다. 퇴비 공동체 사람들은 황폐화된 땅을 찾아들어가 그 땅을 되살리는 퇴비가 되고자 했다.

이 이야기를 이끌어가는 주인공은 카밀이다. 카밀은 1세대에서 5세대까지 지속된다. 2020년 카밀 공동체는 100명의 어린이를 포함하여 4가지 주요 젠더를 가진 200명의 성인들로 구성된 집단이었다. 이들이 웨스트버지니아에 마을을 만들었다. 자본세라고 불리는 파괴의 중요한 원인 중의 하나는 너무 많은 인간의 수였다. 카밀 공동체는 처음 3세대 동안은 새로운 아이의 출생을 제한하고, 외부로부터의 전입을 강조했다. 통상 새로 만들어진 공동체는 내부의 강력한 결속을 강조하기 마련이지만, 이들은 처음부터 외부성을 확대하려 했다. 이는 토니 모리슨의 소설, 『파라다이스』[76]에 나오는 흑인 공동체, "루비"와는 정반대의 모습이다. 루비의 흑인들은 각고의 노력으로 자신들만의 풍요로운 공동체를 다시 일구는 데 성공한다. 하지만 이들은 자신들의 정체성을 지키기 위해서 자신들의 동질성을 해치는 어떤 기도도 용서치 않았다. 루비의 동질성을 유지하는 것만이 천신만고 끝에 얻은 자신들의 온전한 삶을 지킬 수 있다고 믿었기 때문이다. 하지만 퇴비 공동체는 정반대로 했다.

공동체로 들어오기를 원하는 사람들은 공동체의 기본적인 실천들을

●　●

76. 토니 모리슨, 『파라다이스』, 김선형 역, 들녘(2001).

수용하면 기본적으로 환대받았다. 처음에는 전입자들의 대부분은 파괴된 지역에서 이주해온 난민들이었다. 이 방문자들의 체류는 왕왕 공동체의 분열을 조장하기도 했고, 심각한 문제를 야기하기도 했다. 절망적인 상황을 겪었던 사람들이 공동체로 들어올 때 그들의 트라우마도 함께 가져오기 때문이다. 하지만 공동체는 늘 열려 있었다. 공동체의 리더들은, 외부에서 들어오는 이들이 트라우마만 가져오는 것이 아니라, 절망적 상황에 대한 특별한 통찰력과 그것을 헤쳐나갈 기술들도 함께 가져올 수 있다는 것을 알았기 때문이다.

주인공인 카밀은 왕나비의 유전자가 이식된 공생체다. 카밀 공동체는 이성애적인 생식보다 위기에 처한 동물들의 유전자를 이식하는 방식을 취하기로 했다. 이들은 동물과의 공생체를 만들기 위해 오랫동안 준비했다. 카밀1은 공생 1세대다. 왕나비는 전 지구적으로는 멸종의 위기에 놓인 것은 아니지만 카밀이 사는 지역에서는 위기에 처한 종이다. 왕나비들은 계절을 따라 캐나다에서 멕시코까지, 혹은 워싱턴에서 캘리포니아까지 이동하는데, 한 번에 이동하지 못하고 무려 4세대에 걸친 대장정을 한다. 이동 경로 동안 이들은 독성이 강한 식물인 박주가리에 알을 슬고, 애벌레들은 그 잎을 먹고 자란다. 왕나비가 위기에 처한 건 그들의 이동 경로가 석탄광의 개발로 오염되었고 그 여파로 그들의 먹이인 박주가리들이 사라졌기 때문이다.

동물과 인간의 첫 번째 공생체들의 탄생은 공동체 내에서 여러 가지 문제를 야기했다. 공생체로 태어나지 않은 자들에게는 동물과의 공생체들이 기괴함으로 다가왔다. 반면, 공생체로 태어난 자들은 그들대로 자신들의 특권성을 주장하는 경향이 있었다. 이는 카밀 공동체에게는 심각한 도전이었다. 카밀 공동체의 어른들은 아이들을 가르치기 위해서는 옛이야기를 들려주는 것이 가장 효과적임을 알았다. 이야기에는 현실의 복잡한 문제들이 녹아 있는 경우가 많기 때문이다.

카밀1이 가장 좋아한 이야기는 미야자키 하야오 감독의 일본 애니메이션 〈바람계곡의 나우시카〉였다. 이것은 지구가 대참사를 겪은 후에 독성이 가득한 숲에 살아남은 자들의 이야기다. 카밀1이 〈바람계곡의 나우시카〉를 좋아한 이유는 숲의 공주인 나우시카가 독성이 있고 사람들을 위협하기도 하는 흉측한 괴물, 오무를 적으로 여기지 않고 사랑하기 때문이다. 오무에 대한 나우시카의 사랑과 경의가 나우시카와 오무를 친척으로 엮었다. 카밀1은 자신이 해야만 하는 복구의 실천을 나우시카에게 배웠다. 성장한 카밀1은 왕나비들의 이동 경로를 따라 그 장소와 결부된 비인간 크리터들과 협동했고, 이들 비인간 크리터들과 함께 작업하는 예술가를 비롯한 과학자, 농장주 등의 다양한 직업의 사람들과 함께 일하고, 놀면서 자신의 공생체인 왕나비들의 이동 경로를 복원하는 일에 헌신했다.

카밀들은 5세대까지 이어지면서 복구를 위한 창의적인 실천들을 했다. 지구 파괴의 가장 큰 원인 중의 하나였던 인구는 카밀2가 태어났을 때 95억으로 정점을 찍었다. 곳곳에서 생겨난 퇴비 공동체들의 창의적인 노력으로 점차 인구수는 줄어들었다. 동물들과 생물학적인 공생체가 된 카밀의 공동체에는 많은 사람들이 떠나고 또 들어왔다. 하지만, 공생을 택하는 비율만은 점점 증가했다. 그러나 왕나비의 이동 경로를 복구하기 위한 카밀들의 노력은 카밀4에 이르러 시련을 맞이한다. 바이러스가 갑자기 창궐해서 박주가리들이 병충해에 시달렸고, 먹이를 잃은 왕나비는 멸종될지도 몰랐다. 여러 세대에 걸친 카밀들의 노력이 많은 성과를 내는 듯했지만 갑자기 창궐한 바이러스는 이들의 노력을 무색하게 했다.

어떤 종의 멸종은 반드시 결정되어 있는 것은 아니지만 느닷없이 찾아오는 것일 수도 있다. 해러웨이는 복구의 노력이 반드시 성공하는 것이 아니고, 과학기술이 이 모든 것을 해결할 수 있으리라고 보지 않는다.

현재는 늘 우발성에 열려 있기 때문이다. 그래서 우리가 육성해야 할 능력은 문제없이 사는 것이 아니라, 트러블과 함께 사는 방법이다. 그런데 왕나비가 사라져버린다면 그들의 삶에 뛰어들었던 카밀 공동체에는 어떤 일이 발생할까? 어쩌면 카밀들도 더 이상 세대를 이어가지 못할지도 모른다. 그리고 카밀들이 사라지면, 박주가리와 왕나비의 상호 의존성과 왕나비와 인간의 협동적인 실천의 기억도 함께 사라질 것이다.

그래서 카밀4는 카밀5에게 기억하기를 가르친다. 기억하기re-member는 다시 멤버가 되는 것이기 때문이다. 카밀5에게 이를 가르치기 위해 카밀4가 도움을 청한 사람은 이누크족 "쓰로트 노래throat singing"[77] 가수 타나 타가크다. 타가크는 2014년, 애니미즘Animism이라는 앨범을 발표해서 폴라리스 음악상[78]을 받았다. 이 앨범에서 타가크는 이누크족이 개와 해왔던 순록 사냥과 물개 사냥을 노래하고, 사냥으로 죽은 동물들의 영혼을 불러들여서 그들에 대한 자신들의 의존성을 노래했다. 특히 그 앨범의 마지막 트랙에서 타가크는 셰일가스를 추출하기 위해 알래스카에서 행해지는 무차별적인 채굴과, 그 때문에 계속성이 위협받는 이누크족과 그들의 동물들을 노래했다. 또한 타가크는 폴라리스상 수상 기념 공연에서 그동안 살해당한 원주민 여성들의 이름을 자신의 무대 배경에 스크롤시키면서 그들을 기억했다.

공연에서 타가크는 물개 가죽으로 만든 커프스를 착용했다. 이는 자신들 부족의 전통적인 생활방식인 물개 사냥을 비난하는 서구 환경단체의

• •

77. 쓰로트 노래(throat singing), 혹은 오버톤 노래(overtone chanting)라 불리는 이 노래는 폐와 성대를 통과하는 공기의 공명을 입술로 조절하면서 멜로디를 만들어내는 노래다. 쓰로트 노래는 이누크족뿐 아니라 티벳, 몽고, 카자흐스탄, 사르디니아 등지에서 발견되는 전통 노래 스타일이다.

78. 폴라리스 음악상은 캐나다 최대, 최고의 음악상으로 장르나 앨범 판매 실적 등과 무관하게 예술성만으로 앨범을 평가해서 매년 수여된다.

식민주의에 대한 비판의 표현이다. 국제 환경단체들과 EU는 물개를 보호 동물로 지정하고 사냥과 물개 가죽의 무역을 금지시켰다. 그 바람에, 사냥이 전통적인 생활방식인 이누크족의 생존이 크게 위협당하고 있다. 해러웨이는 자신들 부족의 계속성을 위해 싸우는 타가크가 애도로부터 시작하고 있음을 주목한다. 타가크의 노래는 자신들 부족이 물개와 순록들을 죽일 권리가 있다고 말하지 않는다. 그의 노래는 동물들과 이누크족의 무구하지 않은 함께-살기, 함께-움직이기, 함께-놀기를 기억하고, 살기와 죽기는 서로 기대고 있음을 기억하고, 그 죽음들을 애도한다.

이누크족의 전통적인 생활방식도 그들의 동물들도 곧, 혹은 언젠가는 사라져버릴지 모른다. 그래서 타가크의 앨범이 시도한 기억하기는 중요하다. 그것은 협동적인 살기와 죽기에 대한 기억이고, 비명에 죽은 자들에 대한 애도이다. 타가크는 이 기억을 현재화시키고 반복가능하게 만들기 위해서, 일렉트릭 사운드 밴드와 협업했다. 현대 문명의 음악인 일렉트릭 사운드와 수천 년 전통의 토착음악인 쓰로트 노래와의 협업은, 다시-멤버가 되는 것을 육성하는 예술적인 실천이다. 그는 공연으로, 그리고 앨범으로 그들 부족과 동물들의 협동적인 실천을 현재로 데려오고, 그것을 기념한다. 그것은 무구하지 않은 살기와 죽기를 기억하는 것이고, 그것의 기쁨과 슬픔을 배우는 것이고, 그 협동의 일과 놀이를 현재화하면서 반복하는 것이다. 이것은 손상된 세계를 복구하기 위해서 "세계에 씨를 뿌리는"(p. 117) 일이다.

왕나비가 사라져버렸을 때, 왕나비의 삶에 뛰어들었던 카밀들이 해야 하는 일 역시 타가크와 같은 일이다. 카밀5는 파트너의 상실을 슬퍼하고 그들에 대한 애도를 통해, 그들과 자신들의 협동의 실천들을 기억해야만 한다. 자신들의 파트너가 사라져버렸기에 카밀들이 더 이상 왕나비들과의 협동의 실천을 이어가지 못할지라도 그들이 했던 종 간의 의존과 상호 협동적인 일과 놀이, 그리고 살기와 죽기를 기억하고 이야기한다면, 그것은 또 다른 협동의 "세계에 씨를 뿌리는 일"이 될 것이다.

지금은 불필요한 죽음들이 폭발적으로 증가하는 끔찍한 시대다. 우리는 어떻게든 이 파괴의 행렬을 멈추고, 재생성의 벡터를 만들어내야만 한다. 그러나 재생성의 벡터는 과학기술에 의해 만들어지는 것도 아니고, 이 지구의 주인으로서 독립적이고 자율적인 인간이 자신의 책임을 다함으로써 만들어지는 것도 아니다. '가이아 이론'을 만든 제임스 러브록이 포착했던 것처럼, 대기의 조성과 같은 지구과학적인 문제는 그 땅의 생물종의 삶과 단단히 얽힌 문제이지 별개의 문제가 아니다.[79] 하지만 인류세에 대한 많은 접근들이 지구 시스템적인 문제로만 이 문제를 다룬다. 그러나 해러웨이는 종 간의 상호 의존적이고 생성적인 관계를 회복하지 않는다면, 재생성의 벡터를 만들어내는 일은 불가능할 것이라고 여긴다. 그래서 해러웨이는 인류세를 벗어나기 위해 혼종적인 결합을 통해 자식이 아니라 창의적인 친척을 만들 것을 제안한다. 그러기 위해 우리가 가장 먼저 해야 할 일은 독립적이고 자율적인 인간이라는 관념을 퇴비 속에 던져 넣는 일일 것이다. 이를 위해 해러웨이의 친구이자 에코섹슈얼 아티스트인 베스 스테판Beth Stephens과 애니 스프링클Annie Sprinkle[80]은 "퇴비 만들기는 끝내줘요!Composting is so hot!"라는 범퍼 스티커를 만들어주었다.

• •

79. 제임스 러브록, 『가이아』, 홍욱희 역, 갈라파고스(2018).

80. 에코섹슈얼 아티스트인 이들은 지구는 어머니가 아니라 연인이라고 하면서 연인을 대하듯이 지구를 사랑할 것을 주장한다.

제4장

사이보그, 혹은 집적회로 속의 여성들

1. 모독

도나 해러웨이를 일약 주목받는 사상가로 만든 「사이보그 선언A Cyborg Manifesto」은 좌파 지식인들의 학술지 *Socialist Review*가 요청한 글로 1985년에 발표되었다. 레이건과 대처가 집권하던 당시의 세계정세는 노조가 파괴되고, 복지가 대폭적으로 축소되었을 뿐 아니라 미소 간의 대륙간 탄도미사일 개발과 "스타워즈"라는 가공할 규모의 군사 대항 프로젝트가 가동되던 신냉전의 시기였다. *Socialist Review* 측은 해러웨이에게 사회주의 페미니스트로서 당시의 정세를 어떻게 보고 있으며 앞으로의 전망은 무엇인가에 대해 짧은 글을 써달라고 요청했다.

그런데 정작 해러웨이의 글이 제출되자 편집자들 사이에서 이 글의 게재에 대해 반대 의견이 비등했다. 「사이보그 선언」은 당시 진보 진영이 취하고 있었던 반-테크노사이언스[81]의 입장에 대해서 분명하게 거부를 선언했기 때문이었다. 우여곡절 끝에 글이 발표되었고, 선언의 반향은 대단했다. 해러웨이를 인터뷰한 캐리 울프^{Cary Wolfe}의 표현을 빌자면, 단 한 편의 논문으로 학계 내/외부를 막론하고, 그렇게나 많은 사람들에게 다양한 반향을 불러일으킨 글은 없었다.[82] 하지만 이건 의도치 않은 논란이 아니었고, 해러웨이는 처음부터 논란을 일으킬 요량으로 이 글을 썼다. 이 문제적인 글의 시작은 이렇다.

> 이 장은 페미니즘, 사회주의, 유물론에 충실한 아이러니컬한 정치신
> 화를 세우려는 노력의 일환이다. 존경에 찬 숭배와 동일시로서 충실하기
> 보다는 아마도 모독으로서 더 충실할 것이다.[83]

이는 사회주의 페미니스트로서 자신이 기대고 있는 사회주의와 페미니즘을 갱신함으로써 레이건과 대처 시대를 돌파하겠다는 의지의 표현이다. 사회주의와 페미니즘이 표명하고 있었던 테크노사이언스에 대한 단순 반대는 그것이 야기한 문제들에 대해 직접적인 응답이 되지 못한다고 여겼기 때문이다. 테크노사이언스는 이미 삶을 구성하는 중요한 조건이 되었는데 단순한 흑백논리로만 논쟁이 전개된다면, 정작 필요한 비판들이 논쟁의 내부로 들어가지도 못하는 무력한 결과를 초래한다. 이는 테크노사이언스 만능을 외치는 자들이 가장 바라는 구도일 것이다.

과학과 좌파 지식인들과의 관계는 역사적 시기에 따라 조금씩 달랐다.[84]

<hr />

81. 테크놀로지(technology)와 사이언스(science)의 합성어인 테크노사이언스(technoscience)는 벨기에 철학자 질베르 오투아(Gilbert Hottois)가 과학과 기술이 긴밀히 연계되어 있음을 나타내기 위해 1970년대 후반에 제안한 용어다.
82. Donna Haraway, *Manifestly Haraway*, Minnesota University Press(2016), p. 206.
83. 다나 해러웨이, 「사이보그 선언」, 『유인원, 사이보그, 그리고 여자』, 민경숙 역, 동문선(2002), p. 265; 이후 이 장에서 「사이보그 선언」의 인용은 본문에서 페이지로 만 표시한다.

1930년대 말 40년대 초, 영국의 존 버널 등이 주도한 급진적 과학운동은
과학을 본성상 사회주의와 동맹세력으로 보았으며, 자본주의로부터 인민
을 해방시키는 것이 과학의 주요 임무라고 역설했다.[85] 그러나 세계대전에
서 과학이 무기 개발에 앞장서는 등 전쟁에 복무하자 과학의 긍정적
기능을 역설하던 이들의 주장은 금방 힘을 잃었다. 파괴적 과학에 대해
비판적인 분위기가 고조되었던 것이다. 하지만 한편으로는 과학자들에게
정치권력으로부터의 독립성을 보장해주어야 한다는 요구들도 제기되었
다. 정치권력으로부터 오염되지만 않으면, 과학은 제 역할을 다할 수
있다는 믿음이 있었기 때문이다. 헝가리 출신 영국 화학자이자 철학자인
마이클 폴라니Michael Polanyi가 대표적이다. 폴라니는 1962년에 「과학공화
국」이라는 교조적인 논문에서 과학의 치외법권을 주장했다.[86]

같은 해 미국에서는 과학사학자인 토마스 쿤Thomas S. Kuhn이 『과학혁명
의 구조』[87]를 발표해서 큰 반향을 불러일으켰다. 쿤 역시 과학자 집단의
자율성을 주장했다. "패러다임paradigm"이라는 말로 유명한 쿤은, 과학사
연구를 통해서 과학이 고독한 개인의 지적 성취물이라기보다는 과학자
공동체의 집단적인 작업임을 주장했다. 과학은, 과학자 자신들이 속한
과학 공동체, 즉 쿤이 "패러다임"이라 부르는 주어진 문제 영역이 작동하는
집단 안에서 자신들의 당면한 작업을 문제 풀이를 하듯이 수행함으로써
발전해나간다. 과학을 정치권력으로부터 독립시키고 그들 공동체 내부의
자율성을 보장한다면 과학은 패러다임의 교체를 반복하면서 자율적으로

- -

84. Isabelle Stengers, *The Invention of Modern Science*, University of Minnesota Press(2000),
   pp. 3-14.
85. 1939년에 발표한 존 버널의 논문, 「과학의 사회적 기능」이 대표적이다.
86. Isabelle Stengers, 같은 책, p. 7.
87. 토마스 쿤, 『과학혁명의 구조』, 김명자 역, 까치(2011).

발전해나간다는 것이다.

과학자 출신의 철학자인 폴라니나 학부와 대학원에서 물리학을 전공했던 과학사학자 쿤의 이러한 주장은 과학계 내부의 위기감이 어느 정도 반영되어 있는 것이었다. 당시는 원자폭탄의 파괴적 위력과 그것의 개발에 복무했던 과학계에 대한 비판 여론이 높았고, 심지어 우수한 학생들이 물리학과 진학을 기피하는 지경까지 이르렀기 때문이다. 쿤의 이 같은 논의에 과학철학자들은 격분했지만[88] 과학자들은 자신들의 작업을 정말 자세히 들여다본 작업이라고 환영했다. 과학의 자율성에 대한 주장은 과학이 다시 대중적인 지지를 확보하는 밑거름이 되었고, 과학 지식의 특권화를 공고히 하는 데 일조했다.

한편 페미니즘 진영에서는 2차 대전 후 진행된 여성해방운동의 맥락에서 과학이 진지하게 검토되기 시작했다. 이들은 과학의 중립성을 철저하게 의문에 붙임으로써 그것의 남성성에 맞서고자 했다. 에코페미니즘과 래디컬페미니즘은 과학의 폭력성에 비판의 날을 세웠다. 이들 페미니스트들은 과학이 자연을 도구화한다고 강력하게 비판했다. 사회주의페미니즘은

• •

88. 이 당시 과학철학계는 무엇이 과학을 과학이게 하느냐에 따라 여러 입장으로 나뉘고 있었다. 비엔나 학파의 입증주의자들은 과학은 우선 가설을 세우고 실험을 통해서 그 같은 가설을 입증하는 것이라 이해하면서 과학은 자신의 주장을 입증하지 못하는 형이상학보다 우월한 것이라고 했다. 그러나 입증의 방식은 귀납의 문제를 지적한 러셀의 역설에 반론 당했다. 매일 아침 정해진 시간에 먹이를 주러 오는 농부의 발자국소리에 칠면조는 신이 난다. 하지만 부활절 전날 같은 시간에 찾아온 농부는 부활절 음식 장만을 위해 칠면조를 죽인다. 오늘까지 해가 동쪽에서 떴다고 내일도 동쪽에서 해가 뜨리라는 보장이 있는 것은 아니다. 비엔나 학파의 입증주의에 반대해서 칼 포퍼는 반증주의를 주장했다. 포퍼는 과학자가 자신의 이론이 어떤 경우에 반박당하는지를 제시할 수 있는, "반증가능성"의 제시 여부에 따라 과학인가 사이비-과학인가를 판별할 수 있다고 주장했다. 쿤은 이 두 이론을 모두 기각하는 것이었다.

과학이 지배 이데올로기에 복무하고 있다는 점을 비판했다. 하지만 과학에 대한 대중적인 신뢰는 강고했다. 과학자들에게 자율성만 보장된다면 과학은 인류의 복리증진에 복무할 수 있을 것이라는 믿음이 팽배했던 것이다. 그런데 1980년대 신냉전의 여파로 핵전쟁의 위협이 고조되고, 무분별한 개발로 생태계의 위기도 가중되자 다시 분위기가 반전되었다. 과학과 기술에 대한 대중적인 비판의식이 고조되기 시작했던 것이다. 해러웨이는 이때야말로 테크노사이언스를 제대로 비판할 수 있는 절호의 기회라고 여겼다. 하지만 테크노사이언스에 대한 좌파들의 비판은 전쟁 직후의 담론에서 한 발자국도 나가지 못한 단순한 이분법에 머물러 있었다.

> 나의 전제들 중 하나는 대부분의 미국 사회주의자들과 페미니스트들이 사회적 관습, 상징적 공식화, 그리고 '하이 테크놀로지' 및 과학적 문화와 결합된 물리적 인공물 속에서 정신과 육체, 동물과 기계, 관념론과 유물론 등의 더 심화된 이원론을 본다는 것이다. … 진보주의자들이 개발한 분석 자원들은 공학의 필연적인 지배를 주장하였고, 이에 대한 저항을 통합하기 위해 상상된 유기적 몸을 상기하도록 요구했다. 나의 전제들 중 또 하나는, 지배의 전 세계적인 강화에 저항하려고 노력하는 사람들의 단결 욕구가 이보다 더 날카로웠던 적이 없었다는 것이다.(p. 276)

해러웨이는 당시의 정세를 두 가지로 분석했다. 진보진영의 반테크노사이언스에 대한 주장들이 여전히 이분법에 의존하고 오히려 이분법적인 구도를 더욱 강화시키고 있다는 것이 하나이고, 테크노사이언스에 대한 저항적인 분위기가 어느 때보다 높다는 것이 다른 하나다. 대중들이 테크노사이언스에 대해 문제의식을 느끼고 있는 지금이야말로 그것에 대한 진지하고 구체적인 비판이 필요한 시점이지만, 진보진영의 담론들은 여전히 안일함에 머물러 있었던 것이다. 울프와의 대담에서 해러웨이는 「사이보그 선언」은 분노로 쓴 글이라고 고백하기도 했다. 「사이보그 선언」은 그 비판들의 면전에서 "대놓고 의도적으로 NO를 말하는 것이었고 그것은 처음부터 논란을 야기했다."[89]

2. 새로운 체현의 여성들

「사이보그 선언」이 나오게 된 또 하나의 정황은 테크노사이언스와 결부된 새로운 형태의 직업군들이 생겼다는 것이다. 1980년대 당시는 정보통신기술에 힘입어서 산업이 자본 집약적인 형태로 재편되고 있었다. 이때 여성노동자를 겨냥한 간호직, 사무직, 반도체공장의 생산직 등의 직종이 새로 생겼다. 그뿐만 아니라, 해러웨이처럼 테크노사이언스에 종사하는 전문직 여성의 수도 증가했다. 해러웨이는 이러한 새로운 유형의 직업에 종사하는 여성들을 "집적회로 속의 여성"(p. 265)들이라 부른다. "집적회로 속의 여성들"이라는 이미지는 레이첼 그로스맨의 「집적회로 속의 여성들의 자리」라는 보고서에서 따온 것인데, 이 보고서는 말레이시아 전자공장 여성노동자들을 관리하기 위해 특별하게 제작된 직원 관리방안에 관한 연구다. 그로스맨에 따르면, 이들이 남성들을 대신해서 공장에 고용된 이유는 힘이 약하고, 규정을 더 잘 따르고, 통제하기 쉽기 때문이었다.[90] 식민화된 제3세계 출신의 여성들은 자국에 진출한 다국적기업에서 일하거나 노동이민을 통해서 전자부품공장에

89. Donna Haraway, *Manifestly Haraway*, University of Minnesota Press(2000), p. 211.
90. Rachel Grossman, "Women's place in the Integrated Circuit", *Radical America* 14(1), pp. 29-50.

유입되었다. 사회적인 노동에 참여하게 된 이들의 삶은 전통적인 관습이 여성에게 요구하는 삶과는 다소 어긋난다. 가령, 해러웨이 자신의 삶도 당시 전통적인 백인여성과는 달랐다. 그는 가톨릭 집안에서 모태신앙으로 자랐다. 만일 그가 군산복합체가 장악한 대학교에서 미래의 과학자를 육성하는 장학금 혜택을 받지 못했다면, 아이를 열 명쯤 낳고 열렬한 낙태 반대 운동가가 되었을지도 모른다.[91]

새로운 유형의 여성들, 해러웨이식으로 말하면 "새로운 체현"의 여성들이 급증했지만 당시의 페미니즘 진영은 이들에게 제대로 응답할 수 없었다. 당시 페미니즘의 중요한 두 분파인 래디컬페미니즘과 사회주의페미니즘이 말하는 여성성의 규범에는 집적회로 속의 여성들이 포함되지 않았고, 심지어 대립했기 때문이다. 래디컬페미니즘 진영은 어머니 자연을 여성권력의 원천으로 포착했다. 이들에게 진정한 여성은 어머니여야 했다. 사회주의페미니즘의 경우는 출산과 양육을 포함한 여성의 가사노동을 재생산으로 파악하고, 평가절하된 가사노동의 가치를 전통적인 노동만큼 격상시켰다. 그러나 사회주의페미니스트들의 오류는 그 노동이 여성의 일임을 자연스럽게 여긴 것이었다. 여성의 고유한 힘과 능력을 포착하려는 페미니즘의 이러한 경향들은 아이를 낳고 기르며 일상생활을 부양하는 것이야말로 '진정한 여성'이라는 새로운 도덕규범을 강요하는 셈이었다.

최근에 페미니스트들은 여성들이 일상성에 전념하며, 남성들보다 일상생활을 더 많이 부양하므로 잠재적으로 특권적인 인식론적 위치를 갖는다고 주장했다. 이런 주장에는 한 가지 강요적인 양상이 들어 있는데, 이 양상은 그동안 가치를 인정받지 못했던 여성 활동을 가시화하

91. Donna Haraway, *Manifestly Haraway*, University of Minnesota Press(2000), p. 283.

고, 그것을 삶의 기초라고 명명한다. 그러나 삶의 기초라고? 여성들의 모든 무지와 지식과 기능면에서 당하는 배제와 실패들은 어떻게 할 것인가? 남자들이 일상적인 능력에 쉽게 접근하고, 사물을 세우고, 떼어놓고, 유희하는 방법을 쉽게 알 수 있다는 사실은 어떻게 할 것인가? 다른 체현들은 어떻게 하나?(p. 323)

무엇을 여성의 경험으로 간주할 것인가 하는 문제는 이미 이데올로기가 담겨 있는 물음이다. 페미니스트들이 일상적 노동의 가치를 주장하는 것은 그간 보이지 않았던 여성의 노동을 가시화시키는 의미 있는 일이지만, 그 일이 여성들의 본래적인 특성인가는 더 따져봐야 했었다. 여성들이 그 칭찬할 만한 일상성의 능력을 발휘하느라 배우지 못하는 사이에, 남성들은 여성의 노동을 발판 삼아 과학과 기술을 장악하면서 온갖 삶의 능력을 획득했고, 그것은 그들 권력의 원천이었다. 이런 현실적 조건 속에서도 페미니즘은 숭고한 어머니 타령만 늘어놓고 있을 것인가?

더욱이 새로운 체현인 "집적회로 속의 여성들"에게 테크노사이언스를 적으로 돌리는 페미니즘은 과연 어떤 응답을 할 수 있는가? 이 여성들은 자신의 신체를 자본에 전용당하는 희생자인가? 아니면 전쟁무기의 핵심부품을 생산하거나 개발하는 어머니 자연의 배신자인가? 희생자의 논리는 이들을 무능력자로 만들고, 배신자의 논리는 이들이 처한 현실을 거의 설명하지 않는다. 인류 진보라는 남권적인 신화 속에 "집적회로 속의 여성들"이 차지할 자리는 거의 없다. 하지만 이 여성들은 테크노사이언스에 대해 잘 안다. 이런 정황이야말로 "집적회로 속의 여성들"에게 기대를 걸만 하지 않은가? 이것이 해러웨이가 작심하고 「사이보그 선언」을 쓴 배경이다.

해러웨이는 비판을 위해 아이러니와 유머를 사용한다. 아이러니와 유머는 웃음이지만 도덕법칙을 전복시키는 강력한 힘을 가진다. 『차이와 반복』에서 질 들뢰즈는 아이러니와 유머를 구분했다.[92] 아이러니가 "원리들로 향하는 상승의 길"을 택하면서 도덕법칙을 전복시키는 것이라면, 유머는 "과도할 정도의 세심함을 기울인 복종"을 통해 "하강의 길"을 택하면서 그렇게 한다. 「사이보그 선언」의 경우, 아이러니와 유머의 수사가 모두 사용되는데, 사회주의와 페미니즘을 모독할 때 구사되는 수사는 아이러니인 반면, 남권적인 정복 신화로서의 테크노사이언스를 조롱할 때는 유머가 사용된다. 아이러니이든 유머이든 도덕법칙을 전복하는 그 중심에 사이보그가 있다.

> 아이러니는 변증술을 통한다 해도 더 큰 전체 속으로 용해되어 들어가지 못하는 모순에 관한 것이며, 양립될 수 없는 것들이 둘 다 혹은 전부 필요하고 진실하기 때문에, 이것들을 함께 주장하는 긴장에 관한 것이다. 아이러니는 유머와 심각한 유희에 관한 것이다. 아이러니는 또한 수사학적 전략이고, 정치적인 방법이며, 내가 사회주의페미니즘 내에서 더 존경되기를 바라는 방법이기도 하다. 나의 아이러니컬한 믿음, 즉 나의 모독의 중심에는 사이보그의 이미지가 있다.(pp. 266-267)

3. 아이러니, "나는 여성이 아닌가요?"

19세기 흑인 페미니스트이자, 노예 폐지론자이고, 그 자신이 노예 출신이기도 했던 소저너 트루스Sojourner Truth는 "오하이오 여성권 집회"에서

92. 질 들뢰즈, 『차이와 반복』, 김상환 역, 민음사(2012), p. 33.

"나는 여성이 아닌가요?"라는 유명한 연설을 했다.

저기 저 남성이 말하는군요. 여성은 탈것으로 모셔드려야 하고, 도랑
은 안아서 건너드려야 하고, 어디에서나 최고 좋은 자리를 드려야
한다고. 아무도 내게는 그런 적 없어요. 나는 탈것으로 모셔진 적도,
진흙구덩이를 지나도록 도움을 받은 적도, 무슨 좋은 자리를 받아본
적도 없어요. 그렇다면 나는 여성이 아닌가요? 날 봐요! 내 팔을 보라구
요! 나는 땅을 갈고, 곡식을 심고, 수확을 해왔어요. 그리고 어떤 남성도
날 앞서지 못했어요. 그래서 나는 여성이 아닌가요? 나는 남성만큼
일할 수 있었고, 먹을 게 있을 땐 남성만큼 먹을 수 있었어요. 남성만큼이
나 채찍질을 견뎌내기도 했어요. 그래서 나는 여성이 아닌가요? 난
13명의 아이를 낳았고, 그 아이들 대부분 노예로 팔리는 걸 지켜봤어요.
내가 어미의 슬픔으로 울부짖을 때 그리스도 말고는 아무도 내 말을
들어주지 않았어요. 그래서 나는 여성이 아닌가요?[93]

소저너 트루스의 연설은 여성은 유리그릇처럼 보호받고 대접받아야
한다는 남성들의 도덕법칙을 겨누고 있다. 백인여성들에게 적용되는 이
도덕법칙은 흑인여성노예들에게는 엄격하게 금지되어 있는 것이었다.
"나는 여성이 아닌가요?"라는 그의 반복되는 물음은 흑인여성에게 가해지
는 부조리한 처사에 대한 항변임과 동시에 백인 부르주아들이 말하는
여성성이라는 규범을 모독하는 아이러니다.
　해러웨이는 "집적회로 속의 여성들"을 내세워서 소저너 트루스의 물음,
"나는 여성이 아닌가요?"를 복창한다. 당시 미국의 유색여성들 대부분은

● ●
93. 위키피디아, https://ko.wikipedia.org/wiki/소저너_트루스.

생계를 위해 전자공장, 병원, 슈퍼마켓의 노동자 혹은 백인 가정의 가정부로 일하느라 가족을 돌보는 일에 전념할 여유조차 없었다. 유색여성들에게 사회주의와 페미니즘이 말하는 진정한 여성성은 남의 나라 이야기였던 셈이다. 사회주의페미니즘은 전통적인 백인여성의 경험만을 분석의 대상으로 삼음으로써 새로운 체현의 여성들을 배제하는 실수를 하고 있었다. 해러웨이가 보기에 이들은 무엇이 여성의 경험인가라는 물음 자체를 문제의 장으로 삼지 못하고, 자연적인 것으로 간주해버린 것이다. 그것은 사회주의페미니즘의 무능이었다. 하지만 해러웨이의 모독은 사회주의페미니즘과의 결별이 아니다. "집적회로 속의 여성들"에게는 여전히 사회주의와 페미니즘이 필요하기 때문이다. 그래서 그는 "내부의 도덕적 다수로부터 한 사람을 보호하는 반면에 여전히 공동체의 필요성을 주장한다."(p. 266)

　"집적회로 속의 여성들"의 최종적인 아이러니는 이들이 어머니 자연의 딸임과 동시에 군산복합체가 낳은 사생아라는 점이다. 이들은 물질적으로도 이데올로기적으로도 심하게 오염된 잡종이다. 자연-인공, 여성-남성, 인간-동물, 유기체-기계, 생산-파괴 등의 카테고리의 구획선을 지키려는 도덕적 다수에게 잡종은 언제나 배제나 축출의 대상이 되어왔다. 카테고리를 지키기 위해 그들이 잡종을 다루는 방식은, 희생자의 논리로 정화해서 카테고리로 다시 복원시키거나, 배신자의 논리로 부정하여 카테고리에서 축출하거나이다. 그러나 정화와 부정을 통해서도 새로운 체현인 "집적회로 속의 여성들"의 출현을 어쩌지는 못한다. 20세기 말의 기계들은 IC집적회로가 장착된 똑똑한 기계들이고, 이 기계들은 유기체와의 접속 능력이 탁월하기 때문이다.

4. 불안하게 활발한 20세기 말의 기계들

20세기 말의 기계들과 전통적인 기계들 사이에는 현격한 차이가 있다. 무엇보다 기술력이 고도화되었는데, 그것은 양적인 진전에 의해서라기보다 기술에 대한 도식 자체가 달라지는 질적인 변화에 의해서다. 질베르 시몽동Gilbert Simondong은 전통적인 기계와 새로운 기계의 기술적인 도식을 '데카르트적인 도식'과 '사이버네틱스 도식'으로 구분했다.[94] 데카르트적인 도식은 기계들을 일종의 전달 시스템으로 간주하는 전통적인 도식으로 17세기 기계론자들의 논리추론과 유사하다. 이는 컴퓨터 프로그래밍을 할 때 연산처리의 순서도를 작성하는 것을 떠올리면 쉽게 이해할 수 있다. 이 도식에 따르면, 기계는 (고장이 아니라면) 정해진 결말을 향해 단계를 밟아나간다. 물론 이 결말은 인간이 미리 설정한 것이다. 이 때문에 기계가 제아무리 복잡한 일, 혹은 어려운 일을 처리하더라도 고작 인간이 정해 놓은 대로 작동할 뿐인 노예라고 생각하게 된다. 기계는 주어진 알고리즘대로 명령을 전달할 뿐이다. 기계가 유기체와 뚜렷이 구별되는 인공물이라는 우리의 익숙한 관념은 바로 데카르트적인 도식에 근거한 것이다.

하지만 20세기 말의 기계는 더 이상 데카르트적인 도식에 머물러 있지 않다. 새로운 기술적인 도식이 출현했기 때문이다. 하지만 우리는 여전히 전통적 기계의 관점으로 20세기 말 이후의 기계를 보기에, "우리의 기계들은 불안하게 활발하지만, 우리들 자신은 놀라울 정도로 둔하다."(p. 272) 20세기 말 이후의 기계들은 정보에 대한 판단 능력을 갖추고 스스로 조절하기 시작했다. 기계의 이러한 진화는 1940년대 말에 출현한

94. Gilbert Simondon, "Technical Mentality", *Gilbert Simondong: Being and Technology*, EDINBURGH University Press(2014), p. 69.

새로운 지적 흐름인 사이버네틱스의 영향이다. 사이버네틱스는 결정론적인 결말을 가정하는 데카르트적인 도식과는 뚜렷이 구별되는 도식을 가진다. 데카르트적인 인지 도식이 미리 프로그래밍된 결정론적인 결말을 가정할 수 있었던 것은 손실 없는 명령의 전달을 가정할 수 있었기 때문이다. 가령 증기기관이나 자동차는 연료를 계속 공급해줌으로써 정해진 작동을 할 수 있었다. 풍차를 돌리기 위해 증기기관이 발생시킨 에너지는 물론 상당 부분 손실된다. 하지만 지속적인 연료의 공급은 에너지 손실을 벌충해주기 때문에 풍차에 가해지는 명령은 일정하게 유지될 수 있다.[95]

그러나 20세기 초에 전기신호를 명령으로 사용하는 기계가 출현하자 이야기가 달라졌다. 이제 기계가 전달하는 명령은 전기신호의 패턴이다. 한번 발생된 전기신호의 패턴은 그것을 실어 나르는 기계에서 발생하는 잡음에 의해 변형되고, 심지어 인위적인 변조를 거치지 않으면 전달이 불가능하기도 하다. 명령은 에너지 양으로 조절되는 것에서 신호의 패턴으로 형태가 바뀌었고, 신호 패턴의 원형보존은 불가능해졌다.

사이버네틱스는 명령의 손실에도 불구하고 어떻게 기계를 성공적으로 작동시킬 것인가라는 실천적인 지식에서 출발했다. 가령 비행 중인 항공기를 활주로까지 인도한다고 해보자. 비행 항로는 기차의 레일처럼 고정되어 있지 않다. 기류가 수시로 바뀔뿐더러 레이더에 수신되는 항공기의 위치 데이터에는 많은 잡음이 내포되어 있어서 그것의 위치는 겨우 확률론적으로 포착될 뿐이었다. 사이버네틱스 이론가들의 통찰은 명령의 손실 가능성

• •

95. 증기기관을 움직이는 연료는 석탄인데, 석탄의 전량이 기관차의 동력으로 사용되는 것이 아니라 외부와의 접촉면에서 많은 열손실이 발생한다. 하지만 이 손실분은 연료를 계속적으로 공급하는 것에 의해서 벌충되기 때문에 가시적으로 잘 드러나지 않는다.

이 본질적인 문제라는 것을 간파한 데 있다. 이러한 통찰로부터 초기 사이버네틱스 이론가들 중 한 사람인 클로드 섀넌Claude Shannon은 정보를 확률로 정의했다.

섀넌의 정보는 명령의 내용과는 무관한 형태화in-formation에 관한 것이다. 섀넌은 기계를 통과하는 명령의 내용이 금방 잡음과 섞여버릴지라도 그것의 형태를 식별할 수 있는 형식적인 특성을 수학화하고 그것을 정보량이라고 했다. 그의 정보 이론 도식은 정보 전달 장치를 통해 정보를 반복적으로 전달함으로써 정보량의 일치를 확인하는 것이다. 정보 이론은 군사용어에서 차용한 명령command, 제어control, 소통communication, 그리고 정보intelligence, 즉 C3I 체계에 기반을 둔다. C3I의 체계가 구성될 수 있기만 하면, 유기물질로 구성된 살아 있는 유기체와 무기물로 구성된 작동 중인 기계 사이의 질료적 차이는 하나의 정보 시스템을 구성하는 데 문제가 아니라는 점은 사이버네틱스 이론의 중요한 통찰이다. 이 통찰은 유기체와 기계 사이에 있었던 전통적인 위계를 위험하게 한다. 이것이 해러웨이가 사이보그를 주목하게 된 첫 번째 이유다.

5. "집적회로 속의 여성들", 테크노사이언스의 유머

사이보그라는 용어는 사이버네틱스Cybernetics와 유기체Organism가 합쳐진 말로 1960년대 뉴욕의 록랜드 주립병원의 과학자였던 맨프레드 클라인즈Manfred Clynes와, 병원장이자 정신과 의사인 네이선 클라인Nathan Kline이 앞으로의 우주 정복에 적합한 우주 전사를 지칭한 것이 그 시초다. 이들은 사이버네틱스를 열렬히 지지하면서 우주의 극한 환경에도 끄떡없는 강건한 신체를 위해 유기체와 기계의 접합을 기획했다.

서양 인본주의의 기원 설화에서 인간(남성)에게 부여된 임무는 자연으로부터의 분리다. 이때 자연은 땅이자, 여성이자, 환희이자, 공포로 표상된다. 이 분리는 한 사람의 인간(남성)으로서 발달의 임무이기도 하고, 역사의 임무이기도 하다. 우리는 전자를 성장이라고 하고 후자를 진보라고 한다. 어머니로부터 분리되지 않으면 인간으로 성장하지 못하고, 자연으로부터 분리되지 않으면 문명을 이루지 못한다. 그래서 분리의 정도가 성장과 문화의 척도가 된다. 우주전사를 상상한 클라인즈과 클라인의 사이보그는 우주 개척을 통해 이러한 분리의 임무를 극한으로 밀고 가려는 신화의 결과물이다.

이때의 사이보그는 서양 창조신화의 되풀이다. 신이 전능한 능력으로 그 자신과 닮은 인간(남성)을 만든 것처럼, 남성은 (여성 없이) 전능한 과학의 힘으로 자기 자신을 거듭 완성해나간다. 우주 전사 사이보그는 위대한 남성의 창조물이자 그들 자신이다. 진보에 대한 이러한 형상은 스탠리 큐브릭Stanley Kubrick의 1968년 영화 〈2001: 스페이스 오디세이〉에 잘 구현되어 있다. 이 영화에서 돌도끼를 휘두르던 유인원의 여정은 우주를 향해 고속으로 돌진하는 인간 태아로 마무리되었다.

클라인즈와 클라인이 고안한 최초의 사이보그는 꼬리에 삼투펌프를 장착한 쥐였다. 이는 우주 전사 사이보그의 일종의 프로토타입이라 할 수 있다. 쥐는 꼬리가 제거되고 대신 삼투펌프가 장착되었는데, 그 펌프를 통해 각종 화학약품이 쥐에게 주입되었다. 이때 삼투펌프는 쥐의 생체막과 같은 역할을 할 수 있도록 조절되었다. 클라인즈와 클라인의 의도와는 달리 이 사이보그 쥐에서 우리는 위대한 인간(남성)의 자기출산 신화를 조롱하는 유머를 읽어낼 수 있다. "모든 의존으로부터 풀려난 궁극적인 자아"인 위대한 우주 전사가 기껏 생쥐라니! 해러웨이는 서양 기술과학의 거대한 여행 서사에서 미답의 지역에 가장 먼저 들어갔던 개척자들은 언제나 쥐들이었음을 상기시킨다.[96] 위대한 인간의 발자국이 아니라 위대한 쥐의 발자국이다.

> 우리는, 아이러니하게도, 동물 및 기계와의 융합을 통해 서구 로고스의 체현인 인간(남성)이 되지 않는 방법을 배울 수 있을지도 모른다.(p. 69)

해러웨이는 자연으로 돌아가는 것 대신, 동물-기계 사이보그에게 기대를 건다. 동물-기계 사이보그는 우주 전사의 프로토타입이 아니다. 그들은 위대하지 않다. 해러웨이는 바로 이 점에 기대를 건다. 마찬가지로 집적회로 속의 여성들도 문자 그대로 사이보그이지만 위대하지 않다. 해러웨이는 사이버네틱스의 원리를 역이용해서 기술지상주의자들이 꿈도 꾸지 못할 새로운 사이보그 이미지를 내어놓았다. 그는 여성-기계, 여성-동물-기계의 퀴어한 조합을 통해 우주전사의 "스타워즈"[97] 프로젝트를 전복할 수 있기를 희망한다. 하지만 해러웨이의 이 기획이 모두에게 잘 이해되었던 것은 아니다.

『테크노페미니즘』을 쓴 주디 와이즈만Judy Wajcman은 "잘 다듬어진 기계와 같은 사이보그 신체는 제조 공업 자본주의의 초남성적 노동자를 연상시킨다"[98]고 하면서 해러웨이의 사이보그페미니즘을 비판했다. 그러나 이는 해러웨이의 사이보그를 옳게 이해한 비판이 아니다. 테크노사이언스의 동시대적 내파라는 해러웨이의 기획은 우주 전사가 아니라 새로운 형상의 사이보그를 제시하는 것에서 시작한다. 게다가 더욱 난감한 것은 와이즈만

• •

96. 다나 해러웨이, 『겸손한 목격자』, 민경숙 역, 갈무리(2007), p. 125.
97. 레이건이 소련의 대륙간 탄도미사일에 대항해서 만든 무기 개발 프로젝트의 이름.
98. 주디 와이즈만, 『테크노페미니즘』, 박진희, 이현숙 역, 궁리(2009), p. 153.

의 비판에 개진된 잡종에 대한 노골적인 폄하다. "아이러니컬하게도, 포스트모던 잡종은 풍요로운 상상을 산출해내지만, 모든 과학자들이 알고 있듯이, 이종교배로 태어난 잡종자손은 번식력을 갖지 못한다."[99] 와이즈만은 해러웨이의 기획을 포스트모던 상대주의로 오독한 것으로 보인다. 하지만 해러웨이의 기획은 상대주의가 아니다. 심지어 상대주의를 비판하고자 해도, 그것을 위해 근본주의자가 되어야 하는 것은 아니다.

6. "우리들은 다르다"

「사이보그 선언」을 불러낸 또 다른 정황은 1968년을 기점으로 시작된 미국 페미니즘의 끝없는 분열이었다. 시몬 드 보부아르의 유명한 테제, "여성은 태어나는 것이 아니라 만들어지는 것이다"라는 전후 페미니즘의 제2 물결의 시대를 열었고, 정체성을 주장하는 수많은 페미니즘들이 대두되었다. 정체성이 강력하게 주장될수록 그것 이외의 다른 것들에 대한 배제는 더욱 강해지기 마련이다. 해러웨이는 당시의 맑스주의페미니즘, 래디컬페미니즘, 사회주의페미니즘을 분석하면서 그들의 문제들을 비판한다. 맑스주의페미니즘은 여성 억압의 근원을 경제적 불평등에서 찾았다. 여성이 오랫동안 가사노동에 종사해왔지만 그 가치를 제대로 평가받지 못했던 것은 경제 구조가 남성에 의존하고 있었기 때문이다. 그래서 이들의 해방 전략은 가사노동의 사회화 혹은 모든 여성 노동을 임노동으로 완벽하게 통합하는 데 있었다. 하지만 맑스주의페미니즘은 성차별을 계급차별의 부차적인 문제로 간주했다.

● ●
99. 같은 책, p. 150.

래디컬페미니즘은 이와는 정반대 방향이다. 그들은 가부장제가 원초적 모순이라고 보았고, 일부에서는 생물학적인 성차에서 불평등의 근원을 찾기도 했다. 『성의 변증법』을 쓴 슐라미스 파이어스톤Shulamith Firestone이 대표적이다. 그는 임신, 출산과 같은 성적인 분업이 성차별의 근원이라고 보고 임신 출산에서 해방되기 위한 기술의 적극적인 활용을 옹호했다.[100] 하지만 파이어스톤의 이 주장은 여성의 생식 능력이 남성 중심적인 기술에 의해 장악되고 착취될 수 있다는 또 다른 계열의 래디컬페미니스트들에 의해 곧장 반박되었다. 「사이보그 선언」에서 해러웨이가 비판하는 래디컬 페미니스트는 캐서린 맥키넌Catharine Mackinnon이다. 맥키넌은 1980년대 미국에서 포르노그래피 반대 운동을 이끌었고, 포르노그래피가 여성들에 대한 폭력과 시민권 침해라고 규정함으로써 포르노그래피 반대 운동의 정치적 논점을 제공했다. 맥키넌은 맑시즘의 영향 하에 있었지만 맑시즘에 대한 해석들이 여성의 통일성을 수립하기에는 부족하다고 비판하면서 맑시즘의 노동소외론을 성욕의 소외로 확장했다.

> 성욕과 페미니즘의 관계는 노동과 맑시즘의 관계와 같다: 대부분 자신만의 것이지만, 대부분 **빼앗긴다.** … 성욕은 욕망을 창조하고, 조직하고, 표현하고, 지도하는 그런 사회적 과정이다. 여성과 남성 간의 관계들이 사회를 창조하듯이 성욕은 우리가 여성과 남성으로 아는 그 사회적 존재들을 창조한다. … 타자들의 이익을 위해 일부 사람들의 노동을 조직적으로 몰수하는 것이 하나의 계급 — 노동자들 — 을 정의하듯이, 타자의 사용을 위해 일부 사람들의 성욕을 조직적으로 몰수하는 것이 성, 즉 여성을 정의한다.[101]

● ●
100. 슐라미스 파이어스톤, 『성의 변증법』, 김민예숙, 유숙렬 역, 꾸리에(2016).
101. 다나 해러웨이, 『유인원, 사이보그, 그리고 여성』, 민경숙 역, 동문선(2002), pp.

노동자가 자신의 생산물에서 소외되는 것처럼 여성은 자신의 성욕으로부터 소외된다는 논리를 폈던 맥키넌은 성적 대상화의 경험을 여성의 본질적인 동일성으로 내세웠다. 맥키넌에 따르면, 생물학적 성별과 무관하게 성적 대상이 되는 자는 젠더로서의 '여성'으로, 그것을 전용하는 자인 젠더로서의 '남성'과 구분된다. 그는 모든 지배 구조에서 성적 대상화의 문제가 1차적임을 의식할 것을 주장했고, 그것을 외면하는 다른 주장들을 허위의식이라고 비판했다. 맥키넌이 보기에 성적 관계는 상호적인 것이 아니라 주체와 대상의 비대칭적인 관계다. 그래서 욕망하는 자와 욕망의 대상이 되는 자가 나뉘고, 대상이 되는 자는 언제나 자신의 욕망에서 소외된다.

가령 포르노배우는 성적 대상의 전형이다. 성적 관계에 놓인 여성은, 성적 욕망의 대상일 뿐이다. 그래서 그가 욕망의 대상인 한 그의 존재는 남성의 성적 전용에 빚져서야 겨우 존재하게 된다. 그는 있으되 존재하지 않는 자, 비존재가 되는 것이다. 이에 대해 해러웨이는 자신의 욕망마저 빼앗겨버린 자가 어떻게 해방의 주체가 될 수 있겠는가라고 반문한다. 무엇보다 맥키넌의 주장은 너무 권위적이었다. 성적 대상화가 모든 차별에 우선한다는 그의 주장은 여성들의 모든 차이를 삭제하고 다른 정치적인 목소리들을 의도적으로 침묵시키는 것이 되기 때문이다.

김경묵 감독의 다큐멘터리 〈유예기간〉은 이 강요된 침묵을 잘 보여주는 영화다. 이 영화는 환경정비를 위해, (사실은 새로 들어선 백화점의 환경조성을 위해) 철거에 내몰린 집창촌 여성들의 투쟁을 다뤘다. 생존권이 달린 문제임에도 이들의 투쟁에는 아무도 연대하지 않았다. 김감독은

• •

252-253에서 재인용.

그것이 너무 이상해서 카메라를 들게 되었다고 했다. 여성의 복리를 위한다는 여성가족부는 좀처럼 이 여성들을 만나주지 않고, 사회운동 세력들도 이들을 외면했다. 이 여성들은 자신들이 비존재라며 하얀 소복을 입은 귀신으로 분장하고, 성노동자로서의 자신들의 권리를 주장하는 시위를 했다. 맥키넌처럼 성적 대상화가 모든 차별에 우선한다고 여기면, 집창촌 여성들은 허위의식에 사로잡혀 있는 무식한 허깨비가 된다. 이들의 시위에 페미니스트들이 연대하지 않은 배경에는 이런 인식이 깔려 있었을 것이다. 이 여성들은 페미니스트들을 향해 이렇게 물었다. "우리는 여성이 아닌가요?", "우리는 노동자가 아닌가요?"

사회주의페미니즘은 맑스주의페미니즘의 계급 우선성과 래디컬페미니즘의 성^{sex} 우선성을 동시에 비판하면서 이들의 주장을 종합하려는 시도로 등장했다. 노동을 특권화하는 맑스주의의 전통에 따라 사회주의 페미니스트들은 여성의 재생산 노동으로까지 '신성한' 노동의 범위를 확장했다. 이는 그동안 비가시적이었던 여성의 임신, 출산, 돌봄 노동을 긍정하는 것이기는 하지만 여성의 가사노동은 특권화된다. 사회주의페미니즘은 이성애를 당연시 여겼고, 가사노동과 재생산 노동을 여성의 진정한 일로 간주하는 귀결을 낳았다. 사회주의페미니즘 역시 여성들 사이의 문화적이고 경제적이고 인종적인 차이들을 삭제해버리는 우를 범했던 것이다.

이런 이유들로, 여성, 퀴어, 유색인종, 계급의 정체성들이 서로 교차하는 가운데 70-80년대 미국 페미니즘 진영은 극심한 분열을 겪었다. 계급, 젠더, 인종이라는 정체성은 오랫동안의 사회운동을 통해서 성취된 것이다. 하지만 그것이 일종의 지배이데올로기로 작동하는 순간, 다른 차이들은 부적절한 것으로 취급되었다. 페미니즘 진영의 분열은 일군의 페미니스트들이 자신들의 차이를 부적절한 것으로 취급하는 기존의 운동조직에 문제의식을 느끼고, 자신들의 활동 공간을 맹렬히 확장해 나간 때문이기도 했다.

베트남계 미국인이자 페미니스트인 영화제작자 트린 민-하$^{Trinh\ T.}$ $_{Minh-Ha}$는 이를 "부적절한/마음대로 전용할 수 없는$^{inappropriate/d}$ 타자"라는 말로 적확하게 표현하고 있다. 트린은 제3세계에서 이주한 여성들의 차이들이 대문자 타자성에 의해 삭제되고 있는 것을 비판하면서 이 표현을 썼다. 트린은 "부적절한/마음대로 전용할 수 없는"이라는 표현을 동시에 쓰는데, 첫 번째 의미의 타자는 철학적이고 정치적인 주류 담론의 타자로 다루기에는 부적절함을 표현한 말이고, 두 번째 의미는 이런 카테고리에 임의로 쑤셔박힐 만큼 만만한 자들이 아니라는 의미다.[102]

60년대 말 페미니즘 운동에 나선 흑인여성들의 문제의식도 트린과 유사하다. 흑인 페미니즘 운동가이자 시인이자 레즈비언인 오드리 로드는 자신들이 처한 상황을 이렇게 썼다.

> 함께 여성들이 되는 것으로는 충분치 않다. 우리들은 다르다.
> 함께 게이 소녀가 되는 것으로는 충분치 않다. 우리들은 다르다.
> 함께 흑인이 되는 것으로는 충분치 않다. 우리들은 다르다.
> 함께 흑인여성이 되는 것으로는 충분치 않다. 우리들은 다르다.
> 함께 흑인 레즈비언이 되는 것으로는 충분치 않다, 우리들은 다르다.
> …
> 한참 뒤에야 비로소 우리들은 우리들의 장소가 어떤 하나의 특정한

102. Trinh T. Minh-ha, "She, the Inappropriate/d Other", Discourse, 8(1986-7); 도나 해러웨이는 「사이보그 선언」이 실린 『유인원, 사이보그, 여성』에서 선언이 실린 챕터의 제목을 "부적절한/마음대로 전용할 수 없는 타자들을 위한 미분적인 정치학"이라고 썼다.

차이에 대한 보장이라기보다, 바로 그 차이의 집이라고 깨닫게 되었다.(pp. 248-249)

미국의 유색 페미니스트들은 무엇으로도 환원될 수 없는 자신들의 차이에 대해 적극적으로 개념화하고자 했다. 오늘날의 페미니즘 지형에서는 교차성 이론이 차이에 관해 적극적인 개념화를 시도하고 있다. 교차성 이론은 흑인 페미니스트 법학자인 킴벌리 크렌쇼가 1989년과 1991년에 발표한 논문에서 "교차intersection"와 "교차성intersectionality"이라는 개념을 잇달아 발표하면서 부상한 개념이다. 그런데 이 개념의 싹들은 이미 1960년대 말부터 유색 페미니스트들의 운동 속에 광범위하게 녹아 있었다.

7. 미분적인 의식

여성의 정체성을 의문시하는 도전들이 곧바로 페미니스트 정치의 포기를 의미하지 않는다. 대항해야 할 세계가 사라진 것이 아닌데, 어떻게 포기하겠는가. 하지만 정치투쟁이란 함께 할 '우리'를 구성하는 것으로부터 시작하는 것일 터, "차이의 집"으로부터 어떻게 '우리'를 구성할 것인가라는 문제가 남는다. 해러웨이의 문제의식은 '우리'를 어떤 정체성으로 가두지 않으면서도, 어떻게 페미니스트 정치를 개념화할 것인가에 있었다. 그는 자신이 논문을 지도하기도 했던 치카나[103] 페미니스트 첼라 샌도벌Chela Sandoval이 말한 "대항의식oppositional consciousness"의 지형학[104]이라는 개념

• •

103. 멕시코계 미국인을 칭하는 말로 남성은 치카노(chicano), 여성은 치카나(chicana)라 불린다.

을 가지고 온다.

샌도벌은 미국 내 정치 운동권에서 제3세계 출신의 여성운동가들이 대체로 조직에 충성심이 없고, 배신을 잘하고, 이리저리 잘 옮겨 다닌다고 평가되는 것에 주목했다. 그의 연구는 그것이 부당한 평가라는 항변이 아니라 이들은 왜 그럴 수밖에 없는 조건인가를 검토한 것이다. 샌도벌은 정치투쟁이 일어나는 "대항의식oppositional consciousness"의 지형을 정체성과 이데올로기에 의거한 4가지의 지형으로 분류하고, 그러한 정체성과 이데올로기에 포섭되지 않는 하나의 지형으로 "미분적differential 의식"의 지형을 추가했다. 정체성과 이데올로기에 관련된 4개의 지형은, "평등권equal rights", "혁명적revolutionary", "지상주의자supremacist", "분리주의자separatist" 지형들이다.

"평등권" 지형은 피부색깔, 인종들의 표면적인 차이에 의해 차별을 받는 것에 항거하는 지형으로 2차 대전 이후 미국을 휩쓸었던 자유주의 운동이 그것인데, 마틴 루터 킹 목사가 이끌던 시민권 운동이 대표적이다. "혁명적" 지형의 운동은 법적인 권리보장 같은 형식적인 차별 배제로는 부족하다고 보고, 사회 전체 시스템의 변혁을 요구하는 정치운동이다. 맑시즘과 사회주의 진영의 정치운동, 블랙팬더, 아메리컨 인디언 운동 등이 여기에 속한다. "지상주의자" 지형은 자신들이 진화적으로 더 우월하다고 주장하는 진영이다. 당장 나치를 떠올리겠지만 나치만이 아니다. 가령 생식의 능력이 생산의 능력보다 우월하다고 보는 페미니즘 진영, 대지와 더 가깝기 때문에 자신들이 서양인보다 더 도덕적이라고 주장하는 아프리카 근본주의 진영 등 대부분의 근본주의 진영이 여기에 속한다. "분리주의자" 지형은 자신들의 고유성을 보호하기 위해서 다른 사회체제와는 분리되기를 원하는 진영이다. 주로 유토피아주의자들인데, 아즈텍이

• •
104. Chela Sandoval, "Methodology of Oppressed", *Theory out of Bound* vol. 18, University of Minnesota Press(2000).

나 아마존 네이션 운동이 여기에 속한다.

정체성에 기반하는 이러한 지형들에서 제3세계 페미니스트들의 운동의 형식은 유동적이었다. 제3세계 여성들은 어떤 정체성, 어떤 이데올로기에도 머무를 수 없을 만큼 중층적인 억압의 상황에 있었기에 정치운동의 지형에서 어느 한 형태, 어느 한 조직에만 충성하기는 어려웠던 까닭이다. 가령 치카나와 치카노로서 반식민 투쟁은 함께 하지만 그들 사이의 성차별의 문제는 별개다. 치카나들은 가부장적인 치카노에 대항해서도 싸움을 멈추지 않아야 했다. 그러나 이 싸움은 치카노/치카나 공동체에 대한 배신이 아니다. 제3세계 여성들의 끊임없는 유동성은 비난받아야 할 일이 아니라 오히려 멈추지 않는 이들 여성 정치운동의 역동성을 의미한다. 이에 샌도벌은 운동의 유동성 그 자체를 긍정하는 "미분적differential" 의식의 지형학을 대항의식의 지형에 추가했다.

미분적인 의식은, 정체성에 기반하는 대항의식에 머무르지 않고, 그것을 끊임없이 넘어서는 새로운 대항의식을 만들어내는 제3세계 페미니스트들의 능력이다. 샌도벌은 유색여성 집단에 대한 정의가 언제나 부정의 방식으로 이루어져 왔음을 포착하고, 유색여성을 규정하는 어떤 본질적인 기준도 없음을 강조한다. 가령 멕시코계 미국 여성은 여성도 아니고, 흑인도 아니고, 멕시코계 미국인에도 전적으로 속하지 않는다. 미국 유색여성들 사이에는 카테고리에서 삐져나오는 미소한 차이들만 있었고, 그것은 결핍이 아니다. 샌도벌이 보기에, 이런 미분적 차이들은 오히려 의식적인 제휴나 연대, 정치적 혈연관계에 입각해서 행동할 수 있는 자기 의식적인 공간을 설계하게 한다. 가령 유색인 차별 철폐를 위한 운동을 할 때는 광범위한 유색인들의 연대를 만들어낼 수 있고, 성적 차별에 대한 운동을 할 때는 수많은 종류의 페미니스트들과 연대하고 행동하는 공간을 만들어낼 수 있다는 것이다. 이를 위해 요구되는 것이 미분적인 의식이다.

미분적 의식은 품위grace와 유연성flexibility과 능력strength을 요구한다: 잘 규정된 정체성에 확신을 갖고 한 시간, 하루, 한 달, 일 년 동안 전념할 수 있기에 충분한 능력; 권력의 형성을 읽어내는 데 그것이 요구된다면, 다른 대항적 이데올로기 전술의 필요조건에 따라 그 정체성을 스스로 의식적으로 바꾸기에 충분한 유연성; 권력을 읽는 데 대안적인 대항적 입장이 요구될 경우, 평등주의적 사회관계와 인종, 젠더, 그리고 계급 정의justice에 전념하는 다른 자들과의 동맹을 인정하기에 충분한 품위…. 자동차의 클러치가 운전자에게 기어를 바꿀 수 있는 능력을 부여하는 것처럼, 미분적 의식은 실천가가 전술적인 입장을 선택하도록 허용하는 것이다. 즉 이데올로기와의 관계들을 스스로 의식적으로 파괴하고 쇄신하는 것이고, 이는 차이들을 횡단하여 연대를 달성하는 것을 허용하는 심리적인 실천들과 정치적인 실천들에 필수적인 행위들이다.[105]

정치투쟁에서 선명한 '우리'를 구성하는 것은 필수적이다. 하지만 다층적인 억압의 구조에 있는 자들은 어떤 '우리'로도 환원될 수 없기에, 어떻게 호명이 되더라도 매번 그것에 위화감을 느낄 수밖에 없다. 능력이 요구되는 지점은 바로 여기일 것이다. 인종차별은 흑인여성들의 종속된 삶을 야기하는 중요한 원인이기는 하지만 인종차별이 철폐된다고 흑인여성들이 해방적인 삶을 살 수 있는 것은 아니다. 또한 성적 착취가 여성들의 삶을 옥죄는 중요한 원인이긴 하지만 성적 착취가 사라진다고 노동자계급의 여성들에게 해방이 찾아오는 것도 아니다. 다층의 억압 구조에 있는

105. 같은 책, p. 60.

자들은 매번 다른 정치적 정체성을 구성해서 싸우고 또 싸워야 할 처지이지 모든 억압을 풀 수 있는 단 하나의 벼리는 존재하지 않는다. 샌도벌은 매번 다른 '우리'를 구성하는 능력을 자동차의 클러치를 밟는 것에 비유했다. 클러치를 밟아야 기어를 변속할 수 있고, 그것이 미분적 의식이 요구하는 능력이다.

샌도벌의 이러한 시도는 "인종, 성, 또는 계층의 사회적 범주들 속에서 안정된 구성원이 되기를 거부하는 사람들의 권력의 그물망을 읽는 기술들로 태어났다."(p. 279) 해러웨이는 이를 코요테의 '교활함'으로 비유한다. 인디언 설화의 코요테는 신을 속여먹는 사기꾼이다. 신이 원하는 세상은 모든 것이 제자리에 코드화되어 있는 조화로운 세상이지만, 코요테는 그것에 재를 뿌리는 자이다. 해러웨이는 코요테의 교활함을 자신의 약점을 강점으로 바꿀 수 있는 능력으로 재의미화한다. 이를테면 흑인-여성-레즈비언-노동자는 어떤 안정적인 카테고리에도 부적합한 소수자 중의 소수자로 여겨지는 것이 보통이다. 하지만 소수자성으로 자신을 정체화하는 것은 지나치게 약점에 몰두하는 것이다. 흑인-여성-레즈비언-노동자라는 다층적인 정체성은 어디에서도 배제되는 약점이라기보다는 어느 때는 여성으로, 어느 때는 흑인으로, 또 어느 때는 노동자로 또 어느 때는 성소수자로 정치적 연대의 조건에 맞게 수많은 "우리"를 구성할 수 있는 능력이 될 수도 있다는 것이다. 이것이 코요테의 교활함이고, 그것의 힘은 연대의 능력에서 나온다. 유색여성들, 집적회로 속의 여성들에게 필요한 것은 순수한 소수자성이 아니라 교활함이다. 해러웨이의 새로운 사이보그 이미지는 자신의 잡종성을 강점으로 바꿀 수 있는 교활함의 표현이기도 하다.

8. "현실적 생존을 위해 사이보그를"[106]

정치적인 문제뿐 아니라 경제적으로도 "여성들의 실제 상황은 생산/재생산의 글로벌 체계, 그리고 지배의 정보과학이라고 불리는 커뮤니케이션의 글로벌 체계 속으로 통합/착취되는 것"(p. 292)이었다. 신자유주의가 전개한 복지프로그램의 대폭적인 축소와 가장 취약한 사람들의 생존 네트워크인 공동체의 파괴는 여성을 자본주의적이고 군사적인 경제 시스템과 강하게 결속시켰다. 흑인여성들은 말단 사무직에 진출했고, 제3세계의 소녀들은 전자공장에 취직했다. 하지만 그들은 여전히 가난했다. 그들의 아버지나 남편이 실직했기 때문이다. 여성들은 자신과 가족의 일상을 부양하기 위해 가정 밖에서 저임금의 노동을 해야 했다. 해러웨이는 이를 "가사경제"라고 부른다.

"가사경제"는 단순히 여성노동자의 증가를 의미하는 것이 아니고, 노동의 여성화를 의미하는데, "여성화된다는 것은 지극히 취약해진다는 것을 의미한다."(p. 297) 즉, 고용안정성이 보장되지 않았을 뿐 아니라, 노동시간과 임금도 열악해졌던 것이다. 이러한 현상은 기존의 노동이 정보화되면서 탈기능화된 때문도 있지만, 여성의 노동력을 필요로 하는 새로운 분야의 노동이 생겨났기 때문이기도 하다. 해러웨이는 테크노사이언스가 이러한 가사경제를 야기하지는 않았지만 가능하게는 만들었다고 지적한다.(p. 298) 가사경제는 테크노사이언스 혼자 만든 것이 아니고, 탈식민주의, 자본주의 등과의 복잡한 얽힘 속에서 대두된 것이지만 그것을 '가능하게' 만들었다. 테크노사이언스는 무구하지 않다.

● ●

106. "Cyborgs for Earthly Survival!" 이 문구는 Elizabeth Bird가 「사이보그 선언」에서 뽑아낸 슬로건이다; Donna Haraway, *Manifestly Haraway*, Minnesota University Press(2016), p. 228.

가사경제에 의해 공장, 가정, 시장이 새로운 규모로 통합되었고, 이러한 통합은 전 세계로 퍼져나갔다. 전혀 다른 노동과 시장의 형태가 만들어졌음에도, 사회주의와 페미니즘은 여전히 생산과 재생산의 영역이 분리되어 있는 백인 자본주의적 가부장제로만 사회를 분석하고 있었다.

「사이보그 선언」에서 해러웨이는 다음의 표를 제시한다. 왼쪽 열은 이미 지나간 사회이고, 오른쪽 열은 현재의 세계다. 지나간 사회는 "안락한 위계질서"가 지배하는 사회였지만 지금은 정보과학이 지배한다. 위계가 사려졌다고 지배가 사라진 것이 아니다. 지배체제는 더욱 촘촘하게 더욱 지능적으로 변했다. 하지만 사회운동은 여전히 왼쪽 열에 머물러서 사회를 분석하고 대처하고 있었다. 이것이 해러웨이가 「사이보그 선언」을 분노로 썼다고 회고한 이유이다.

세상은, 안락한 위계질서의 세상에서 정보과학의 지배체제로 급속히 변하고 있었다. 해러웨이가 제시한 도표는 상상도 못 할 영역에서 인공적인 것들이 자연적인 것을 잠식하고 있음을 보여준다. 가령 생식은 복제로, 성은 유전공학으로, 노동은 로봇공학으로, 정신은 인공지능으로 대체되어 가고 있었고, 이런 변화는 자연적이고 본래적인 것이라고 믿었던 것들이 사실은 특정한 시대의 특정한 양태일 뿐임을 의미하는 것이기도 했다. 이에 따라 지배의 형태도 달라진다. 왼쪽은 확고한 위계질서를 유지하려 하는 지배 양상을 드러낸다면, 오른쪽의 시대에는 의사소통이 관건이다. 이때 의사소통은 명령의 하달과 수령을 위한 것이고, 명령자는 주로 군산복합체를 이루는 비가시적인 권력들이다. 지배의 양상이 바뀌었다면, 투쟁을 위한 담론과 투쟁전략도 당연히 바뀌어야 했지만, 당시 진보진영은 아직도 지나간 시대의 담론과 투쟁전략을 붙들고 있었다.

사회주의의 오류는 자연이 미리 주어져 있는 것으로, 테크노사이언스를 진보의 당연한 귀결로 간주한 데 있었다. 이것은 자연과 테크노사이언스를

지나간 사회	현재의 사회
재현	시뮬레이션
부르주아 소설, 리얼리즘	과학소설, 포스트모더니즘
유기체	생물의 구성요소
깊이, 충실성	표면, 경계
열	소음
임상실천으로서의 생물학	새겨진 글로써의 생물학
생리학	커뮤니케이션 공학
소집단	하부 체계
완전성	최적화
우생학	개채군 통제
퇴폐, 『마법의 산』	퇴화, 『미래의 충격』
위생	스트레스 관리(소통장애)
미생물학, 결핵	면역학, AIDS
유기적 노동분화	인간공학/노동의 사이버네틱스
기능적 전문화	모듈 구성
생식	복제
유기적 성역할 전문화	최적의 유전전략들
생물학적 결정론	진화적 무기력, 구속들
공동체 생태학	생태계
인종적 존재사슬	신-제국주의, UN 인본주의
가정/공장에서의 과학경영	글로벌 공장/전자 주택
가족/시장/공장	집적회로 속의 여성들
가족 임금	비교 가치
공/사	사이보그시민권
자연/문화	차이의 장
협동	의사소통강화
프로이트	라캉
성	유전공학
노동	로봇공학
정신	인공지능
제2차 세계대전	별들의 전쟁
백인 자본주의적 가부장제	지배의 정보과학

모두 초역사적인 것으로 생각했기 때문이다. 물론 당시 사회주의자들은 테크노사이언스가 계급차별에 복무하고 있다고 생각하고 있었으므로 그들이 그것의 역사성을 도외시했다고 볼 수는 없다. 하지만 주어진 자연이라는 관념을 떨쳐내지 못했기에 테크노사이언스의 역사성에 대한 고찰이 보다 철저하지 않았고, 자연을 착취하지 말라는 단순한 금지에 머물렀을 뿐이다.

해러웨이가 보기에 사회주의페미니즘에게 필요한 것은 유물론을 더 끝까지 밀어붙여서 자연과 테크노사이언스조차 철저하게 역사적 조건의 산물로 보는 것이었다. 그렇지 않다면, "집적회로 속의 여성들"의 현실적 생존을 위해서 이 정치 이론이 답할 수 있는 방법은 없기 때문이다. 맑스가 가르쳐준 유물론적 사유는 조건이 아니라 사물 자체에 대단한 능력이 들어있다고 믿는 물신에, 혹은 조건을 보지 않고 단지 정신의 활동일 뿐인 관념에 사로잡히지 말고 그것의 물적인 조건, 역사적 조건을 사유하라는 것 아니었던가. 그것이 자연이라는 물신 앞에서 멈출 이유가 어디 있단 말인가.

샌드라 하딩Sandra G. Harding은 페미니스트 인식론을 철학적으로 정리한 『페미니즘에서 과학의 문제The Science Question in Feminism』에서 해러웨이의 이 분석에 대해 맑스주의에 너무 경도되어 있다고 비판한 바 있다.[107] 그 이론들에 대한 해러웨이의 충실한 믿음을 겨냥한 비판이다. 하지만 해러웨이가 보기에 사회주의페미니즘의 문제는 맑스주의의 근대적인 노동의 존재론적 구조를 그대로 답습한 데 있었을 뿐, 유물론적 사유 자체에 있었던 게 아니다. 유물론적 사유를 끝까지 밀고나간다면 해방을 가장할 일도, 자연이라는 물신 앞에 멈춰서버릴 이유도 없기 때문이다.

• •
107. 샌드라 하딩, 『페미니즘과 과학』, 이재경, 박혜경 역, 이화여자대학출판부(2002), p. 253.

문제는 유물론의 오류가 아니라 그것의 불충분성이다. 충분히 유물론적인 사유라면, 반-테크노사이언스라는 단조로운 금지가 아니라, 지배의 정보 과학 체제로 바뀐 권력의 그물망을 읽어내고, 그곳에서 생존을 모색해야 할 것이다.

> 우리가 권력과 사회생활의 이런 그물망을 읽는 법을 배운다면, 우리는 새로운 짝짓기, 새로운 제휴를 배울 수 있을 것이다. '동일시'의 입장에서, 즉 단일자아의 입장에서, 다음의 목록을 읽을 방법은 없다. 문제는 분산이다. 임무는 이산에서 생존하는 것이다.(p. 304)

여성들은 인간(남성) 진보의 신화인 "계시적인 텔로스"에 대항하기 위해 대지의 여신을 불러들여서는 안 된다. 저 하늘 위가 아니라 땅 위에 사는 우리에게 필요한 것은 여신의 무구함이 아니라 무구하지 않은 사이보그의 새로운 정치 신화다. 사이보그 정치 신화는 인간/동물/기계의 경계를 넘나드는 짝짓기를 이루어내는 것이다. 단일한 자아, 단일한 정체성으로는 세속적인 권력이 어떻게 움직이는지 읽어낼 수 없다. 여성들은 사물이 어떻게 움직이는지를 알아야 하고, 어떤 짝짓기를 만들어내는 것이 좋은지를 배워야 한다. 이를 위해서는 여신이어서는 안 되고, 이질적인 연결이 가능한 사이보그가 되어야 한다. 그것은 생존의 문제다. "현실적인 생존을 위해 사이보그를!"

9. 포스트휴먼 시대의 사이보그

「사이보그 선언」이 발표된 당시만 해도 기계와 유기체가 직접적으로 접합된 사이보그는 현실화되지 않았다. 하지만 오늘날은 사정이 다르다. GNR(유전공학, 나노기술, 로봇공학)의 비약적인 발전으로 강화된 신체로서의 사이보그는 더 이상 먼 미래가 아니다. 막스 모어Max More 등의 트랜스휴머니즘을 주장하는 일군의 학자들은 테크노사이언스를 통해 인간 신체의 생물학적인 한계를 넘어가기를 열망한다.[108] 이들이 열망하는 신체는 해러웨이가 1980년대에 비판했던 남권주의자의 계시적 텔로스로서 우주전사 사이보그와 동형적이다.

트랜스휴머니스트들에게 기계와 인간의 접합이라는 잡종성은 조금도 문제가 아니다. 잡종성이 문제시되는 것은 그 이질성이 정체성을 위태롭게 만들기 때문이다. 하지만 트랜스휴머니스트들이 상정하는 사이보그는 독립적이고 자율적인 실체로서의 '인간성'을 조금도 위협하지 않는다. 독립적이고 자율적인 실체라는 계몽주의적인 인간의 개념에서 신체는 처음부터 문제가 아니었기 때문이다. 계몽주의 담론에서 인간 본성의 정수는 독립적이고 자율적인 정신이지, 유한한 신체가 아니다. 테크노사이언스에 의해 마침내 유한한 신체마저 벗어버릴 수 있게 된다는 것은 독립성과 자율성 신화의 완성을 의미한다. 이런 신화에 의해서 한스 모라벡Hans Moravec이나 구글의 CTO 출신 레이 커즈와일Ray Kurzweil은 컴퓨터에 마음을 '업로드'하는 것도 가능하다고 주장했다.

해러웨이가 「사이보그 선언」에서 해체하려고 했던 것이 바로 이런 식의 정치 신화이지만 이 신화는 여전히 건재하다. 현대 도시민인 우리는 이미 정의상 사이보그이고, 정보 시스템 바깥의 생활은 더 이상 생각할 수도 없다. 하지만 우리는 사이보그를 여전히 먼 미래에 실현될 궁극의 신체를 가진 기계-유기체의 혼성물이라 여긴다. 그래서 현실에 존재하는

● ●
108. Max More, Nstasha Vita-More, *The Transhumanist Reader*, Wiley-Blackwell Oxford(2013).

수많은 사이보그들에게 실질적인 응답을 하지 못한다. 오늘날의 사이보그들이 처한 현실은 노동의 철저한 비가시화이다. 가령 구글의 자율자동차를 위해서 전 세계 수많은 운전노동자들이 저임금으로 지리정보를 모으고 있고, 아마존의 수많은 웹카탈로그들은 전 세계 일용직 노동자들의 수작업으로 지탱된다. 해러웨이가 지적했던 노동의 여성화는 여전히 더욱 강력하게 진행 중이다. 그러나 이들의 저임금 노동은 눈부신 하이-테크에 가려서 보이지 않는다.

테크노사이언스가 가져온 경계 혼란을 인간중심주의를 해체하는 방향으로 더욱 밀고 가기 위해서 일군의 학자들은 포스트휴머니티^{Posthumanity}를 주장한다. 가령, 캐서린 헤일즈$^{Katherine\ Hayles}$는 "컴퓨터 스크린을 스크롤해 내려가면서 명멸하는 기표들을 응시할 때, 보이지 않는 체현된 실재들에게 당신이 어떤 정체성을 부여하든지 상관없이, 당신은 이미 포스트휴먼이 되었다"[109]고 하면서 포스트휴먼을 긍정한다. 헤일즈가 주목하는 포스트휴먼은 컴퓨터와 결합된 신체다. 트랜스휴먼의 담론들이 신체성을 탈각하거나 극복의 요소로 삼은 것에 반해 헤일즈는 컴퓨터와 결합된 체현된 신체[110]가 데카르트적인 정신-신체의 이원론을 극복할 수 있으리라 여기기 때문이다. 헤일즈에게 "포스트휴먼 주체는 혼합물, 이질적 요소들의 집합, 경계가 계속해서 구성되고 재구성되는 물질적-정보적 개체이다."[111] 해러웨이가 사이보그에게서 포착했던 것처럼 헤일즈도 포스트휴먼 주체에게서 정체성을 오염시키는 이질성을 포착했다.

• •

109. 캐서린 헤일즈 『우리는 어떻게 포스트휴먼이 되었는가』, 허진 역, 플래닛(2013), p. 18.
110. 헤일즈는 정신과 대응하는 신체라는 의미 대신 '체현된 신체(embodied body)'라는 용어를 사용하는데, 이는 특정한 상황, 특정한 맥락 하에 놓인 신체를 의미한다.
111. 같은 책, p. 25.

하지만 해러웨이는 포스트휴먼, 포스트휴머니티 등의 논의와는 거리를 두고자 한다. 정체성의 오염은 최신의 기술이 가져온 축복(혹은 저주)이 아니고, 지구상의 존재들은 처음부터 이종혼효적인 잡종이었고, 혼자이거나 개체가 아니라 반려종이었기 때문이다. 그래서 해러웨이는 사이보그를 반려종의 카테고리에 포함시킨다. 사이보그는 극히 최근의 그물망에서 형성된 반려종의 가장 어린 친족이다.

사이보그를 반려친족으로 여긴다는 것은 어떻게 함께 살고 죽을지가 문제가 되는 관계 속으로 들어가는 것이다. 비가시적이고 여성화된 노동을 없애기 위해서 기술의 발전을 거부해야 할까? 거부되지도 않을 것이고 거부해서도 안 될 것이다. 스스로 운전하는 자율자동차는 마이카 시대가 만들어낸 환경오염과 교통체증을 어느 정도 해결할 수 있을지도 모르고 교통사고를 대폭 줄여줄지도 모른다. 그러나 자율자동차 속에는 비가시화된 인간들이 사이보그로 결합되어 있고, 그 속에서 노동착취를 당하고 있기도 하다. 반려종이 된다는 것은 이 무구하지 않은 관계 속으로 들어간다는 말이다. 이 관계들을 가능한 덜 폭력적으로 덜 지배적으로 만들기 위해서 우리는 불사의 포스트휴먼이 되어야 하는 것이 아니라 퇴비[compost112] 가 되어야 한다.

미생물들이 죽은 것들을 먹고 배설함으로써 만들어지는 퇴비는 살기와 죽기의 복잡한 그물망에 대한 은유다. 사이보그는 불사가 아니다. 인간의 세대시간에 비해 터무니없이 짧은 생을 사는 전자기기들과 인간의 유방암 유전자를 가지고 태어난 앙코마우스를 생각해보라. 영화 〈블레이드러너〉 에 나오는 4년간의 짧은 수명만 허용된 복제인간들을 이에 대한 은유로

• •

112. 포스트휴먼 대신 퇴비(compost)를 제안한 사람은 해러웨이의 파트너인 러스틴 호그니스다. 이 말은 포스트휴먼의 post를 공유하지만 전혀 다른 의미를 주는 일종의 메타플라즘이다.

읽는 것은 지나친 것일까? 인간의 형상을 꼭 닮은 복제인간들에 대한 이러한 폭력은 끔찍한 일이고, 인간을 닮지 않은 기계들이나 쥐에 대한 폭력은 상관없는 일일까? 이를 제국주의시대의 서양인들이 자신들과의 닮음을 기준으로 아프리카인들에게 가했던 폭력과는 다른 것이라고 말할 수는 없을 것이다.

2014년 빌리 테란^{Billy Taren} 목사와 스톱쇼핑 교회^{Church of Stop Shopping}는 하버드대학의 마이크로 로보틱스 연구실에서 로보비^{Robobe}를 몰아냈다.[113] 로보비는 드론 벌인데, 꿀벌 대신 꿀 채취용으로 만들어진 것이다. 꿀벌들에게 과도한 노동을 시키면 꿀벌이 폐사한다. 그래서 죽을 염려가 없는 로보비를 개발해서 꿀벌들의 양식을 싹쓸이하려는 계획이었던 것이다. 이에 스톱쇼핑 교회 사람들과 테란 목사는 위기에 빠진 꿀벌들을 위해 저항의 퍼포먼스를 벌였다. 곤충을 모방한 초소형 드론은 에너지를 적게 쓰고 비행거리가 길어서 밀림 속의 재난지역을 탐사하는 등의 유용한 기능이 많이 있는 것이 사실이다. 그것은 좋은 사이보그가 될 수도 있다. 하지만 어떤 경우에는 전혀 아니다. 그러므로 꿀벌을 위한 연대의 퍼포먼스를 유기체와 기계의 싸움으로 보지 않아야 한다. 사이보그와 반려친족이 된다는 것은 밀접한 관계가 되는 것이고, 서로 돌보는 관계가 되는 것이다. 우리는 어떤 사이보그와는 친족이 될 수 있지만 어떤 사이보그와는 아니다.

●　●
113. Donna Haraway, *Staying with the Trouble*, Duke University Press(2016), p. 187

제 5 장

페미니스트 인식론

1. 과학에 대한 페미니스트의 딜레마

페미니스트들에게 과학은 삼킬 수도 없고 뱉을 수도 없는 난감한 것이다. 과학이 생산해낸 유용함과 풍요를 생각한다면 그것을 비난하기는 어렵다. 현저하게 낮아진 유아 사망률, 임신 조절을 위한 피임약, 남성적 근력을 대체하는 기계적 노동이 여성에게 가져온 기회 등 과학은 여성의 삶을 현저하게 변화시켰다. 하지만 다른 한편으로 과학은 여전히 남성들이 장악하고 있는 영역이고, 그들이 지배력을 행사하고, 그것을 정당화하는 권력의 원천이기도 했다. 과학은 자신이 알고자 하는 상대를 무차별적으로 발가벗기고, 마음대로 낙인찍는 폭력적인 활동이었다. 도나 해러웨이는 「상황 속의 지식들: 페미니즘에서 과학의 문제와 부분적 시각의 특권」에서 과학에 대한 페미니스트들의 복잡한 적대감을 이렇게 말한다.

학술적, 행동주의적 페미니즘 연구는 우리가 '객관성'이라는 흥미롭고 불가피한 용어로 무엇을 의미할 수 있는가라는 질문과 타협하려고 노력해왔다. 우리는 많은 양의 독성 잉크와, 종이로 가공 처리된 나무들을 사용해서 '그들'이 그동안 의미한 내용을 비난했고, 그 내용이 우리에게 상처 주는 방법을 비난했다. 가상의 '그들'은, 연구비와 실험실로 배를 채운 남권주의자 과학자들 및 철학자들이 꾸미는 일종의 눈에 보이지 않는 음모를 야기한다. 가상의 우리는 체현된 타자들로, 신체, 즉 한정된 관점을 가지지 않는 것이 허용되지 않는다. 그 결과 '우리'의 작은 집단들(이 작은 집단 내에서는 저널의 '대량'—구독자 수가 수천 명에 이를지도 모르는데, 대개는 과학 혐오자들로 구성되어 있다) 바깥의 어떤 중요한 토론에서도 불가피하게 부적당하고 오염된 편견을 갖지 않을 수 없다. 적어도 나는 과학사와 과학철학을 다룬 페미니즘 문헌의 내 이름 밑에 인쇄된 복잡한 반성들의 저변에, 편집광적인 환상과 학술적 적의가 숨어 있음을 고백한다. 우리들, 즉 과학과 기술에 관한 논쟁에 뛰어든 페미니스트들은, 학문적 인식론이라는 난해한 영역 안에 있는 레이건 시대의 '특수 이익 집단'이며, 이곳에서는 인식의 법전을 코드화하는 철학자들이 전통적으로 무엇이 지식으로 간주될 수 있는가라는 문제를 규정한다.[114]

과학에 대한 양면 감정은 이를테면 이런 것이다. 과학이라는 힘 있는 영역 속에 여성들은 왜 희소한 것일까? 페미니스트들은 과학사에서 여성들의 체계적인 배제를 포착했다. 과학의 중요한 실천들에서 여성들이 없었던 것이 아니다. 노골적인 성차별 속에서도 여성들이 그 영역을

• •

114. Donna Haraway, "Situated Knowledges: The Science Question in Feminism and the Privilege of Partial Perspective" in *Simians, Cyborgs, and Women—The Reinvention of Nature*, Free Association Books(2002), p. 183.

뚫고 들어갔고, 적지 않은 공헌을 했지만 과학사에서 제대로 평가되고 기록되지는 않았던 것이다. 그래서 일군의 페미니스트들은 여성과학자들의 업적을 발굴하고 기록하는 일에 몰두했다. 이런 사례들은 많았다. 하지만 페미니스트들은 곧 위화감을 느껴야 했다. 이들이 보통여성의 모델일 수 있는가? 라는 의문 때문이었다. 과학계의 훌륭한 여성들은 단지 여성이기만 한 것이 아니라 특정한 인종과 계급의 여성들이다.

그런데 제도적인 배제가 어느 정도 없어진 후에도 왜 물리학, 수학, 화학 등의 분야에는 여성들이 희소한 것일까? 이것이 의미하는 바는 무엇일까? 혹시 이 학문의 영역이 요구하는 자질이 여성의 일반적인 특성에 부합하지 않는 것은 아닐까? 제도적인 배제가 아니라 그 학문의 특성이 여성의 삶과 잘 맞지 않다면, 그 지식은 문제가 있는 것 아닐까? 이런 질문들 속에서 페미니스트들은 과학적 앎이라는 문제 자체를 의문시하는 데로 나아갔다. 남성 중심의 인식론적인 틀을 무비판적으로 받아들여도 좋은 것인가라는 의문이 들었기 때문이다. 이런 의문들과 위화감 속에서 '페미니스트 인식론'이 탄생했다. 통상 인식론은 그것을 지식으로 간주해도 좋은지에 관한 보편적인 신뢰에 관한 문제를 다루는 분야로 이해되기에, 이런 틀에서 보면 '페미니스트 인식론'은 모순된 말이다. 인식론은 특정한 분과의 지식을 말하는 것이 아니기 때문이다.

하지만 페미니스트 인식론자들은 무엇이 지식인가를 결정하는 틀 자체를 의문에 붙였다. 사회는 젠더, 인종, 계급 등으로 철저히 위계화되어 있고, 과학자들을 포함해서 모든 사람들은 그 속에서 산다. 그런데 이런 사회적 위계화와 무관하게 지식에 대한 보편적 신뢰라는 기준이 있을 수 있을까? 그렇다고 주관적인 것을 지식이라고 간주하기는 어려울 터, 지식의 객관성의 본질은 무엇일까? 이는 페미니스트 인식론자들이 알고 싶은 문제였다. 이제 페미니스트들은 과학 영역에서 성차별의 해소와 같은 '과학에서의 페미니즘의 문제'로부터 페미니스트에게 인식은 무엇인가라는 문제, 즉 '페미니즘에서 과학의 문제'로 문제의 장을 바꾼 것이다.[115] 이를 위해 새로운 지식론으로서 페미니스트 인식론의 작업들이 시작되었다. 「상황 속의 지식들: 페미니즘에서 과학의 문제와 부분적 시각의 특권」[116]에서 진행된 작업은 페미니스트 인식론의 고투를 개괄하고, 해러웨이 자신의 인식론을 표명하는 것이다. 해러웨이는 자신의 작업을 진행하기 전에 페미니스트 인식론의 작업을 "급진적 구성주의"와 "비판적 페미니스트 경험주의"로 분류하고 개괄한다.

2. 과학은 사회적으로 구성된 것이다: 급진적인 구성주의

과학이 특권적인 지식이 된 것은 그 진위를 판별할 수 있다는 데 있었다. 지식이 그 자체의 내적인 정합성만이 아니라 그 지식 대상으로부터 지식의 진위가 판가름 난다는 것은 아주 특별했다. 과학 연구의 실험과 관찰은 관찰자의 주관성이 들어갈 리 없는 실험 장치를 사용한다. 또한 실험은 실험자의 호오와 무관하게 절차에 따라 수행되고, 같은 조건에서는 거의 매번 동일한 수준의 결과를 산출해낸다. 이 때문에, 실험과학은 경험세계가 주관적이라는 우려를 말끔히 씻어냈다. 그뿐만 아니라 과학지식은 독단적이지 않고 민주적이기까지 한 것으로 보였다. 일군의 과학철학자들

• •

115. 샌드라 하딩, 『페미니즘과 과학』, 이재경, 박혜경 역, 이화여자대학출판부(2002); 이 책에서 샌드라 하딩은 과학에서 페미니즘의 문제에서 페미니즘에서 과학의 문제로의 전환이라고 논평하고, 페미니스트 인식론의 고투들 정리한다.

116. 다나 해러웨이, 『유인원, 사이보그, 그리고 여자』, 민경숙 역, 동문선(1991), pp. 327-360; 이하의 인용 혹은 참조는 본문에서 괄호 속에 페이지로 표시함.

은 과학자들이 자신의 가설을 세우고, 실험과 자신의 가설의 조응 여부를 시험에 붙여서 만약 실패하면 자신의 이론을 깨끗이 포기한다고 여겼기 때문이다. 과학은 그 눈부신 성과도 성과지만, 가설과 검증이라는 특이한 방법론 때문에 최고의 앎으로 대우받았다.

이러한 믿음에 균열을 낸 것이 토마스 쿤의 『과학혁명의 구조』[117]다. 물리학으로 박사학위를 받은 쿤은 과학자들의 현장작업에 초점을 맞추고, 과학사의 사례들을 연구했다. 쿤에 따르면, 프톨레마이오스의 천체론에서 코페르니쿠스의 천체론으로의 전환, 그리고 뉴턴 역학에서 양자역학으로의 전환과 같은 이론 틀 자체의 전환들은 그 이론들이 경쟁하는 이론에 비해 불충분했다든지 하는 합리적인 이유만으로 설명되지 않았다.

만약 과학이 합리적 객관성에만 의존한다면 실험 관찰과 이론의 불일치가 발생하면 곧바로 새로운 이론 틀로 진행되어야 할 것이다. 하지만 실제 연구는 그렇게 진행되지 않는다. 초기의 가설적인 연구는 언제나 불충분하고 조악하기 마련이므로 그에 대한 반증사례는 쉽게 발견된다. 가령 지동설을 주장한 코페르니쿠스가 해명해야 했던 것은 왜 사람들의 머리카락은 날리지 않는지, 하늘을 나는 새는 빠른 속도로 움직이는 지구의 속도를 어떻게 따라잡을 수 있는지 하는 것들이었다.

반례가 나올 때마다 과학자들이 자신의 이론을 포기했다면, 새로운 이론이 나올 가능성은 거의 희박하다. 그것은 지배적인 이론도 마찬가지다. 지배적인 이론의 영향권 하에 있는 과학자들은 이론과 부합하지 않는 '변칙사례'[118]들이 나오면 이론의 큰 틀을 건드리지 않으면서 조금씩

● ●

117. 토마스 쿤, 『과학혁명의 구조』, 김명자 역, 까치(2011).
118. 토마스 쿤은 이론과 부합하지 않는 사례들을 반증사례라고 하지 않고 변칙사례라고 했다. 그 사례들은 이론의 반증을 위한 것이 아니라 이론에서 좀 삐져나온 변칙들이고, 과학자들은 그것을 충분히 이론 내부로 포섭할 수 있다고 보았다.

땜질을 해서 정상사례로 편입시킨다. 과학자들은 마치 퍼즐풀이처럼 자신이 속한 과학자 공동체의 이론 틀인 패러다임을 더욱 완전하게 하는 수선작업에 몰두하고 있었다. 쿤이 보기에 과학자들은 패러다임이 제공한 틀 속에 자연을 우겨넣을 수 있다는 믿음을 좀처럼 버리지 않는 자들이다.

그러면 패러다임의 변경은 언제 일어날까? 쿤에 따르면 패러다임의 극적인 변경에 합리적인 이유 따위는 없다. 쿤이 과학사를 통해 조사한 바에 의하면, 과학자들이 새로운 패러다임으로 옮겨가는 이유는 수식의 단순성과 미적인 아름다움에서 종교적인 이유까지 실로 다양했다. 그래서 쿤은 이를 종교적인 개종에 가깝다고 표현했다. 아무리 수선작업을 해도 계속적으로 변칙사례가 나오면 과학자들은 심리적으로 동요하고, 일부 신진 과학자들이 그 변칙사례 몇 개를 설명할 수 있을 뿐인 새로운 이론을 지지하기 시작하면 연쇄적으로 민심이반이 일어난다. 물론 끝내 패러다임의 변경을 거부하는 과학자들도 있는데, 양자역학에 관한 아인슈타인의 태도가 그랬다. 그는 끝내 양자역학을 하나의 완전한 이론으로 인정하지 않았다. 하지만 아무리 완고한 태도를 취하는 과학자들이 있더라도, 그들도 언젠가는 죽기 때문에 새로운 패러다임의 전환을 끝까지 막을 수는 없다. 쿤의 연구가 보여주는 것은 과학적 지식도 다른 지식들처럼 일종의 집단적인 신념 체계와 다를 바가 없다는 것이다.

쿤의 연구는 많은 후속 연구들을 촉발시켰다. 특히 사회학자들을 중심으로 지식사회학이라는 분과 학문이 만들어졌고 연구자들은 지식이 어떻게 사회적으로 구성되는지에 관한 연구를 해나갔다. 과학 교과서들은 여전히 과학이 감추어진 진리의 발견이라는 대중적인 믿음을 유포하지만, 구성주의자라고 불린 지식사회학 연구자들은 이를 강력하게 반박하는 무수한 사례들을 찾아냈다. 구성주의자들의 이러한 사례 연구들은 페미니스트들에게 복음과 같았다. 과학자들이 생물학적 결정론을 주장하는 것은 그들의 이해관계와 부합하기 때문이다. 그들은 지배계급의 남성들이고, 그들이 가진 성차별적 이데올로기가 그러한 과학을 구성하게 한다. 그러니 이제 더 이상 과학의 이름으로 말해지는 부당한 차별에 굴복할 필요가 없다. 과학자들과 그들의 후원자들은 "우리 눈에 모래를 뿌리는 것에 이해관계가 있다."(p. 330) 페미니스트들은 마땅히 이러한 지배의 과학에 강하게 반대해야만 한다.

구성주의자의 일부 분파인 급진적 구성주의자들은 모든 과학지식은 사회적으로 구성된 것일 뿐, 실체적인 진실이란 존재하지 않는다고 주장했고, 이 주장은 인식론적인 상대주의로 귀결되었다. 하지만 과학에 대한 이런 태도는 과학계에 종사하는 페미니스트들에게는 다소 위화감이 드는 것이었다. 과학을 연구하는 연구자의 계급적, 젠더적, 문화적 지문이 그들의 작업에 묻어 있지 않을 수는 없다. 하지만 현미경을 통해 보는 세포가 이데올로기의 구성물이라고 주장할 수는 없다. 해러웨이는 이 사태를 이렇게 정리한다.

그때 아버지의 법이 나타났고, 객관성의 문제는 언제나 이미 부재하는 지시물, 지연된 기의들, 분열된 주체들, 기표들의 끝없는 유희에 의해 해결되었다.(p. 330)

철학의 포스트모더니즘과 결합한 인식론적 상대주의는 세상은 원래 알 수 없는 것이라고 존재론적인 근거를 댔다. 철학에서 포스트모더니즘은 근대철학의 토대인 주체나 진리와 같은 총체성을 주장하는 범주를 해체하는 경향을 가진 지식운동들을 뭉뚱그려서 부르는 말이고, 페미니스트들 역시 "존재, 이성의 본질과 권력, 진보, 과학, 언어와 '주체/자아'에 관한 보편적인(혹은 보편화시키는) 주장들에 관한 심오한 회의론을 공유"[119]하고 있었다. 실재는 우리가 잡을 수 있는 것이 아니다. 그것은 가 닿으려고 하면 언제나 저만큼 달아나버리는 결핍이다. 진리에 대한 포스트모더니즘의 이러한 해결책은 과학의 특권적인 진리 주장을 해체하는 데 훌륭한 자원이 되기도 했지만, 수많은 논의들 모두를 상대주의로 밀어 넣었다. 해러웨이는 포스트모더니즘이 야기한 상황에 대해 이렇게 기술한다.

> 젠더, 인종, 세계 그 자체, 이 모든 것들이 우주의 힘의 장에서 벌어지는 기표들의 유희의 뒤틀림의 속도효과로만 보였다. 모든 진실들은 시뮬레이션의 초-현실 공간에서의 뒤틀림의 속도효과가 된다.(p. 330)

급진적 구성주의자들은 모든 형태의 진리 주장에 대해 단조로운 금지와 냉소를 보냈다. 과학의 특권성에 일격을 가한 이들의 주장은 매력적이었지만, 페미니스트들이 이 주장을 그대로 받아들이기에는 난감한 점이 있었다. 페미니스트들은 성차별이 만연한 사회가 아니라 성차별이 없는 다른 사회를 만들어야 하고 이를 설명할 수 있는 유용한 지식이 필요하기 때문이었다. 이 세계의 부당함에 맞서 싸우는 페미니스트들에게 모든 것이 상대적이어서 옳고 그름은 없다고 주장하는 담론은 오히려 해악이다. 믿을 만한 지식에 대한 갈망은 결코 금지나 냉소의 대상이 될 수 없다. 그래서 "우리들 몇몇은 객관성에 대한 페미니즘 해석을 계속 주장함으로써 이런 해체된, 그리고 해체되고 있는 시기에 건전하게 남아 있기 위해 노력했다."(p. 334) 왜냐하면, "페미니스트들은 세계에 관한 더 나은 설명을 주장해야"(p. 335)하기 때문이다.

• •

119. 샌드라 하딩, 『페미니즘과 과학』, 이재경, 박혜경 역, 이화여자대학출판부(2002), p. 38.

3. 여성의 위치가 더 나은 지식을 만든다: 비판적 페미니스트 경험론

일군의 페미니스트들은 과학적 합리성에 대한 믿음을 지속하고자 했다. 이들은 주로 자유주의 계열의 페미니스트들이다. 페미니스트 경험론자들이라 불리는 이들은 과학의 수호자를 자처하면서 사회적 편견과는 무관한 "보통 과학"과 사회적 편견이 깊이 침투한 "나쁜 과학"을 구별하려고 했다. 이들은 과학 방법론의 규범이 철저히 준수된다면 "나쁜 과학"을 몰아낼 수 있다고 믿었다. 하지만 과학적 규범을 더 철저히 지킬수록 자신들이 "과학자들이 실천하는 담론과 왜곡되게 결합"(p. 335)되어 있음을 발견하게 되었다. 그 자신들이 남성들의 지배질서에 편입되고 있다는 것을 비판적으로 의식하게 된 것이다.

페미니스트 입장론Feminist Standpoint Theory은 페미니스트 경험론을 비판하면서 등장한 이론이다. 해러웨이는 이를 비판적 페미니스트 경험론이라고 부른다. 페미니스트 입장론자들은 "나쁜 과학"만을 문제시 하는 것이 아니라 과학적 방법론과 규범 자체를 비판적으로 보았다. 이들 역시 구성주의자들처럼 지식은 사회적인 가치, 정치적인 현안들에 의해 조정받는 것이라고 여긴다. 하지만 그렇기 때문에 바람직한 지식이 불가능한 것이 아니다. 이들의 논의에 중요한 자원을 제공한 것은 헤겔의 주인과 노예의 변증법에 관한 통찰을 프롤레타리아적인 관점으로 발전시킨 맑스와 엥겔스, 그리고 루카치의 업적이다.[120] 이들의 논지에 따르면, 인간의 활동이 인간의 인식을 구조화하고 제약한다.

낸시 하트삭Nancy Hartsock은 이에 근거해서 프롤레타리아 남성의 '의자

● ●
120. 샌드라 하딩, 『누구의 과학이며 누구의 지식인가?』, 조주현 역, 나남(2009), p. 187.

만들기'와 여성의 '인간 만들기'가 어떻게 같을 수 있는가를 묻는다.[121] 맑스주의는 자본가의 활동과 프롤레타리아의 활동을 구분하고 그 활동의 차이가 그들의 인식을 어떻게 구조화하는지만을 포착했다. 의자를 만드는 프롤레타리아 남성은 직접 의자를 만들지 않는 자본가에 비해서는 더 나은 인식을 가질 수 있다. 하지만 프롤레타리아 남성의 경험 역시 남성의 경험인바, 자연을 대상화하고, 자신의 목적을 실현하는 수단으로 삼는 것에 머물 수 있을 뿐이다. 반면, 아기를 임신하고 양육하는 경험을 가진 여성은 사물과 자신의 통합적인 연결을 체득한다. 여성에게 사물은 대상이기만 한 것이 아니다. 그래서 여성의 인식 위치는 프롤레타리아 남성의 인식 위치보다 덜 편파적이다. 하트삭은 이를 '추상적 남성성'[122]과 '관계적 여성성'으로 비교하면서 억압과 기만에 대한 진정한 대항은 적대를 상정하는 프롤레타리아의 경험이 아니라 관계적으로 세계를 대하는 여성의

• •

121. 샌드라 하딩, 『페미니즘과 과학』, 이재경, 박혜경 역, 이화여자대학출판부(2002), p. 192.

122. '관계적 여성성'과 '추상적 남성성'으로 여성과 남성의 인식론적인 특성을 분류하는 이론적 자원은 정신분석의 대상관계 이론이었다. 대상관계 이론은 미국에서 영향력이 있었던 정신분석의 한 방법론으로 유아기의 양육자와 유아 사이의 내적이고 심리적인 관계를 중시했다. 대상관계 이론을 적극적으로 수용한 페미니스트들은 엄마가 양육을 도맡는 가부장적 양육 관행에 따라 여아와 남아는 서로 상이한 인성으로 형성되기에 인식하는 것도 다르다고 주장했다. 여아의 경우, 엄마와 동일한 성(sex)을 가졌기에 최초의 타자인 엄마를 자신과 연결되어 있는 관계적인 대상으로 파악하게 되는 반면, 남아는 완전한 타자로서 대상을 파악하게 된다는 것이다. 따라서 여아는 관계적인 인성으로 자라는 반면, 최초부터 대립을 학습한 남아는 관계적인 맥락을 탈각시키고, 자기와 타자를 엄격히 구분하는 추상적인 인성으로 자란다. 그래서 페미니스트 입장론자들은 과학의 중립성이 허구임을 고발하는 것에서 한걸음 더 나아가 진정한 객관성을 위해서는 추상적 인성으로 양육된 남성의 삶에서가 아니라 관계적인 인성으로 양육되어온 여성의 삶에서 출발한 과학을 모색해야 한다고 주장했다.

경험에서 찾아야 한다고 주장했다. 더 나은 인식을 위한 더 좋은 위치가 있다는 것이다.

이처럼 과학에 대한 페미니스트들의 비판은 중립성과 객관성을 절대가치로 내세우는 과학의 방법론 자체를 의문시하는 데까지 이르렀다. 페미니스트 경험론자들이 과학적 방법론의 중립성을 신봉한 데 비해, 비판적 페미니스트 경험론자들이 보기에 과학이 주장하는 중립성은 사실상 지배자의 시각이었고, 중립성은 불가능한 것이다. 그러나 이들은 급진적 구성주의자들처럼 인식론적 상대주의로 흐르지 않았다. 대신 이들은 인식론적으로 가장 나은 위치는 어떤 경험을 하는 위치인가를 물었다. 상대를 자신의 타자로밖에 파악하지 못하는 편파적인 인식 위치가 나은가? 아니면 상대를 타자가 아니라 자신과 연결된 통일체의 일부로서 파악하는 인식 위치가 나은가?

이 이론은 여성의 경험으로부터 구조화된 인식, 즉 "상황 속의 지식situated knowledge"의 특권성을 주장한다. 하지만 오해하지 말아야 할 것은 이들의 주장이 여성의 정체성이 반드시 더 나은 인식 위치를 가진다고 주장하는 것은 아니라는 점이다. 여성들의 경험이 언제나 해방적인 것은 아니다. 가령, 오직 가족만을 위해 살기를 강요하는 가부장적인 이데올로기에 푹 젖어 있는 여성의 경험은 해방적이라기보다는 반동적이다. 페미니스트 입장론자들은 인식을 위한 더 나은 위치는 그저 되는 것이 아니라, 치열한 사회운동을 통해서 성취되어야 한다고 주장했다.

페미니스트 입장론의 이러한 주장은 지식의 문제를 과학의 중립성과 객관성과는 다른 구도로 파악하려 했다는 점에서 혁명적이었다. 하지만 이 논의는 여성의 경험을 지나치게 단일화하고 있다는 난점을 지닌다. 이 논의는 여성의 임신과 육아를 지나치게 본질화함으로써 인종, 계급, 사회, 문화를 초월한 공통의 여성의 경험을 상정했던 것이다.

4. 은유를 바꿀 시간: 과학은 여전히 필요하다

인식론에 대한 페미니스트들의 도전은 무엇을 지식으로 간주할 것인가에 관한 근본적인 물음을 제기했다. 하지만 해러웨이는 페미니스트들의 힘겨운 고투에도 불구하고 여전히 이분법적인 구도에 갇혀 있음을 비판한다. 급진적 구성주의, 비판적 경험주의의 시도들은 인식자 바깥의 대상세계에 관한 단 하나의 진실한 이야기를 상정하기 때문이다. 전자는 단 하나의 진실한 이야기가 없으므로 모든 지식 주장들은 거짓(혹은 모두 진실)이라는 것이고, 후자는 여성의 위치에서만 단 하나의 진실을 알 수 있다는 것이다. 해러웨이가 보기에 페미니스트 인식론들이 이분법에 기대고 있는 한, 그 노력은 아무리 오르려고 해도 주르륵 미끄러져 버리고 마는 "기름 발린 막대기"를 오르려는 무망한 시도였다. 그래서 해러웨이는 단 하나의 진실한 이야기로서의 지식이라는 구도를 해체하고자 한다. 해러웨이에 따르면, 지식은 "사물들에 관한 시행 가능하고 믿을 만한 설명들"이지 단 하나의 진실한 이야기가 아니다.

급진적 구성주의에 기댄 일군의 페미니스트들은 생물학적인 성인 섹스의 사실성을 부정했다. 이는 섹스가 불변의 자연성으로 이해되면서 젠더의 규범으로 작동하는 것을 비판하기 위해서였고, 그것은 합당한 비판이었다. 하지만 이 주장은 종종 성에 대한 과학적 설명을 외면하는 것으로 이어졌다. 과학적 설명이 섹스의 사실성을 주장하는 것이라 여겼기 때문이다.

하지만 해러웨이는 섹스에 대한 생물학적 설명을 놓치는 것은 너무 많은 것을 잃는 것임을 지적한다. 그것은 "몸 자체를 놓치는 것처럼"(p. 354) 보이기 때문이다. "우리는 의미와 몸을 부정하기 위해서가 아니라 미래를 위한 가능성을 가진 의미와 몸속에 살기 위해, 의미와 몸이 만들어지는 방법에 대한 근대 비판 이론들의 권력이 필요하다."(p. 336) 해러웨이에 따르면, 섹스에 대한 생물학적인 설명은 불변의 사실성에 관한 것이 아니다. 과학이 설명하는 섹스는 미리 존재하는 사물이 아니다. 하지만 그 설명이 대상과 무관하게 날조된 것도 아니다.

과학은 사물에 대한 "번역, 전환 가능성, 의미의 이동성, 그리고 보편성의 추구에 관한 것"(p. 336)이다. 인간의 관념 바깥에 있는 대상세계를 인간의 관념인 과학이 투명하게 파악할 수 있는 방법은 없다. 그것은 실험을 통한다고 해도 마찬가지다. 실험 장비들이 쏟아내는 그 많은 데이터들은 대상의 실재가 아니라, 실험 장비가 대상세계를 번역해내는 것이다. 과학자는 그 번역물들을 하나의 일관된 관념의 흐름으로 만드는 역할을 한다. 이를 위해 온갖 실험 장비들이 동원된다. 그러므로 과학적인 지식은 무엇을 통해 번역하는가, 어떤 관념의 흐름으로 만들려 하는가에 따라 구성되고, 과학자에게 묻어 있는 지배 이데올로기로부터 자유롭지 않다. 그러나 설사 생물학적 결정론의 설명이라고 하더라도 그것이 전적으로 날조된 것이라고 말할 수는 없다.

문제는 이러한 번역이 오직 단 하나의 언어, 즉, 남성의 언어, 지배의 언어로만 번역되고 전환되는 것이 강요된다는 점이다. 해러웨이는 이를 환원주의라 부른다. 생물학적 환원주의는 단 하나의 번역만이 강요된 경우이다. 페미니스트들이 싸워야 할 것은 지식에 대한 부정이 아니라 이러한 환원주의다. 페미니스트들이 원하는 세계는 남권주의자들이 원하는 세계와 다르다. 그들은 완전히 장악된 세계를 원하고, 자신들만을 위한 무한정한 자유, 무한정한 물질적인 풍요를 원하며, 자신들만은 고통 없이 영원히 행복하게 살 수 있다는 오만함으로 무장된 세계를 원한다. 하지만 페미니스트들은 함께 사는 세계를 원한다. 그러므로 우리는 "부분적으로 공유될 수 있는 세계이며, 한정적인 자유, 적절한 물질적인 풍요, 고통에 대한 겸손한 의미, 제한된 행복 등의 전-지구적 프로젝트에 친근한 세계"(p. 336)를 위한 과학을 주장해야 할 것이다.

5. 시력의 재주장

이를 위해 해러웨이는 "시력vision에 은유적으로 의지하면서"(p. 337) 논의를 시작한다. 페미니스트에게 시력은 관음증적인 시선을 떠오르게 하는 나쁜 감각 체계이고, 과학적 실천에서 그것은 주체와 대상의 뚜렷한 위계를 당연시하는 지배적인 감각 체계다. 하지만 해러웨이는 시력을 버리지 않았고, "시력의 지속"[123]을 주장한다. 시력 속에서 새로운 전망vision 을 발견했기 때문이다.

> 시력은 이항대립을 피하기에 좋을 수 있다. 나는 모든 시력의 체현적
> 성질을 주장하기를 원한다. 그리고 모든 낙인찍힌 몸으로부터 어디에도
> 없는 곳nowhere에서 바라보는 정복적인 시선으로의 도약을 의미화하는
> 데 사용되어온 감각 체계를 재주장하기를 원한다.(pp. 337-338)

• •

123. 해러웨이가 「상황 속의 지식들」에서 소제목으로 쓰고 있는 "시력의 지속"은 존 발리(John Varley)의 동명의 소설 제목에서 따온 것이다. 이 소설은 시청각의 이중 장애를 가지고 태어난 장애자인 농맹아들의 유토피아적인 공동체를 그린다. 이 공동체에서는 피부의 촉각이 표준적인 의사소통 방식이다. 하지만 그들은 시력을 가지고 태어난 그들의 자식들과 그 공동체의 방문자와도 함께 산다. 이때 이들의 자식들이나 방문자인 주인공이 가진 시력은 농맹아들에게 도움이 되기도 하지만, 보이지 않고 들리지 않는 자들에게는 이들의 시력이 때로 위협이 되기도 한다.

당연한 말이지만, 시력은 '본다'라는 구체적인 행위에서 나온다. 보는 행위는 누가 보는 것인가, 무엇을 위해 보는 것인가와 떨어질 수 없는 문제이고, 누가 보는가, 무엇을 위해 보는가에 의해 한계지어진다. 해러웨이는 이를 "시력의 체현적 성질"이라고 부른다. 그러나 과학의 설명에서 시력의 체현성은 감추어져 있다. 단 하나의 진리를 주장하는 과학에서 누군가의 시선, 무엇을 위한 시선이 명시화된다는 것은 객관적이고 중립적인 과학의 진리성을 스스로 부정하는 것이기 때문이다. 그러나 보는 주체, 보는 목적이 없는 시력은 가능하지 않다. 이런 이유로 인간의 감각기관에 의지하는 인식은 오랫동안, 적어도 17세기 영국의 실험과학이 대두되기 전까지는 신뢰받지 못했다. 인간의 감각기관인 시력은 진리를 알기 위한 적합한 도구가 아니었다. 감각기관을 통한다는 것은 누구의 감각기관인가에 따라, 혹은 그의 상태가 어떠한가에 따라, 주관적일 수 있기 때문이다. 그런데 17세기 영국의 실험과학에서부터 대반전이 일어난다.

영국의 경험주의 철학자이자, 화학의 아버지로 칭송받는 로버트 보일Robert Boyle은, 아리스토텔레스의 자연학에서는 부정되었던 진공의 존재를 신사들 앞에서 실험 시연으로 보였다. 보일은 진공을 만들기 위해 설계된 공기펌프의 커다란 유리통 속에 살아 있는 새를 집어넣고는, 하인들에게 열심히 공기를 빼내게 했다. 공기가 다 빠져나가자, 유리통 속의 새는 얼마 후 질식했다. 거짓말을 할 리 없는 새가 죽음으로 진공을 증언했고, 실험 시연에 모인 사람들은 새의 증언을 보았다.

보일의 치밀한 실험 실천은 의심스러운 인간의 시각에 의존하는 한낱 의견일 수 있는 실험 결과를 "원리에로 환원시킬 수 없고, 굽힐 수도 없는 엄연한 사실"[124]로 만들어내었다. 더불어 실험과학에 의해 시력은

---

124. 화이트헤드, 『과학과 근대세계』, 오영환 역, 서광사(2008), p. 18.

특권적인 권위를 획득한다. 이제 과학의 시선은 누가 보는가? 어디서 보는가? 라는 질문을 받지 않는다. 과학의 시선은 모든 곳에 편재한 신의 시선이 되었고, 그 앞에서 자연은 스스로 베일을 벗는다. 이를 단적으로 표현하는 예술작품 중 하나는 바리아스Barrias의 〈과학을 향해 베일을 벗는 자연〉이라는 제목의 마초적인 조각상[125]이다. 이 조각상의 여인은 너의 비밀을 보이라는 신(과학)의 명령에 힘없이 자신의 젖가슴을 드러내는 중이다.

어디에도 없는 곳으로부터의 정복적인 시선은 모든 낙인찍힌 몸들을 신화적으로 기록하는 시선이며, 낙인찍히지 않는 범주로 하여금 재현을 피하는 동시에 재현하기 위해 보는 권력과 보임을 당하지 않는 권력을 주장하도록 만든다. 이런 시선은 남자와 백인의 낙인찍히지 않은 위치들을 의미화하고 과학적이며 기술적이고 후기 산업적이며 군사화된, 인종 차별주의적인 남성 지배사회, 즉 여기 1980년대 말 미국, 괴물의 뱃속에 있는 페미니스트들의 귀에 들리는 객관성이라는 세계의 여러 비열한 어조들 중의 하나를 의미화한다.(pp. 338-339)

페미니스트 인식론자들은 시력의 속임수를 일찍감치 알아차렸다. 자연을 자원으로, 토착민을 미개인으로, 흑인을 노예로 마음대로 낙인을 찍어대던 그 시선은 신을 가장한 정복적인 서양인의 것이었다. 서양인들은 자신들 시력의 권위를 주장하기 위해서 과학의 객관성이나 문명이라는 이름 뒤로 자신들의 몸을 숨겼다. 해러웨이는 이를 "신을 흉내 내는 속임수 God's trick"라고 부른다. 이 정복적인 시선은 그 자신을 투명하게 만들어서,

● ●
125. 루이 에르네스트 바리아스의 이 작품은 1902년에 만들어진 것으로 프랑스 국립공예원의 주 계단을 장식할 작품으로 위촉되었다.

그 자신의 소재지를 숨기고 신의 흉내를 내면서 자신의 시선을 정당화한다. 페미니스트들이 과학의 시력을 비판했던 것은 바로 이런 이유다.

그런데 해러웨이는 이 악성적인 감각 체계에서 다른 비전을 본다. 오히려 "시력은 이항대립을 피하기에 좋을 수 있다"(p. 338)는 것이다. 시력은 시각 장비를 통하는데, 시각 장비는 인식자와 인식 대상 사이를 매개하면서, 그 인식에 개입한다. 가령 가시광선 대역을 처리할 수 있는 인간의 눈이라는 시각 장비는 가시광선을 통해서 보지만, 적외선 카메라는 열을 통해서 보고, 전자현미경은 음극선이라는 아주 짧은 파장의 전자파를 통해서 본다. 이처럼 본다는 행위는 적어도 2자 관계는 아니고, 보는 주체와 대상 사이에 시각 장비들이 개입되어 있는 다자 관계의 일이다. 과학에서 시각 장비는 중요한 일을 한다. 가령 린 마굴리스가 제안했던 세포 내 공생설은 20세기 초에 다른 과학자들이 이미 제안했던 것이지만, 당시는 전자현미경이 없었기에 그 가설을 설득력 있게 설명하지 못했다. 그들은 마땅한 번역 장비가 없었던 셈이다.

시각 주체는 시각 장비의 '번역'을 통하지 않으면 대상에 대해 말할 수 없다. 그러나 번역은 원본을 투명하게 비춰주는 것이 아니다. 대상세계에 대한 투명한 앎이란 환상이다. 그렇다고 대상세계와 관계할 수 없는 것은 아니다. 번역은 언제나 부분적이다. 번역은 어쩔 수 없이 의미의 변화가 있고, 심지어는 다른 언어로는 전환 불가능한 경우도 종종 있고, 어떤 언어로 번역하느냐에 따라 달라지기도 하기 때문이다. 가령 포유류의 맨눈을 통해 본 사람의 모습과 적외선 카메라나 엑스선 카메라로 본 사람의 모습은 아주 다르다. 이 시각 장비들은 각기 자신이 처리하는 상이한 파장의 광선을 시각화에 개입시키기 때문이다. 사람이 눈이 처리하는 광선은 색깔을 식별할 수 있지만 파장이 아주 짧은 엑스선은 사람의 피부를 투과하여, 골격의 상을 만든다. 이처럼 다른 상을 얻는 것은 순전히 시각 장비의 매개활동 덕분이다. 우리는 비인간들의 매개행위를 인정하는 데 대단히 인색하지만, 시각을 엄밀히 살펴보면 그들의 매개행위를 인정하지 않기란 쉽지 않다.

오늘날 엄청난 스케일의 시각화 기술은 과학이 무제한적인 시력을 가지고 있다고 착각하게 만든다. 우주에서 보내오는 외계 행성의 사진과 마이크로 코스모스로 불리는 유기체 내부의 세포 및 세포 소기관들의 총천연색 사진은 인간이 모든 스케일의 우주를 정복할 날이 임박했음을 알리는 것 같기 때문이다. 하지만 우리가 이 속임수에 속지 않을 수 있다면 시력은 유용한 감각 체계다. 대상세계를 번역하는 중요한 감각 체계이기 때문이다. 그것은 "우리가 있는 곳과 있지 않은 곳을 명명"(p. 341)하게 해주고, 우리가 미처 맺지 못했던 새로운 관계로 우리를 이끈다. 페미니스트들이 과학의 무한한 시력이라는 환상에 속아서 시력을 포기한다면, 세계에 대한 단 하나의 명명만을 그리고 단 하나의 관계만을 허용하게 된다. 세계에 대해 수많은 다른 이름들을 만들기 위해 페미니스트들은 "이론적, 정치적 스캐너들에 대물렌즈를 장착하는 법을 배워야 한다."(p. 341)

6. 체현적 객관성: 부분적 시각의 특권

많은 페미니즘 조류가 종속된 사람들이 인식론적으로 더 잘 볼 수 있는 위치에 있음을 이론화하기 위해 공을 들여왔다.[126] 가령, 하딩은

●●
126. 샌드라 하딩, 낸시 하트삭, 글로리아 안잘두아 등의 저작을 들 수 있을 것이다. 이들은 종속된 자들로서 여성들이 그들의 특수한 위치 때문에 정치적인 올바름을 가질 가능성이 많음을 이론화하려고 했다.

"강한 객관성"이라는 개념으로 새로운 페미니스트 과학을 위해서 20세기 초의 실증주의 과학철학의 산실이었던 비엔나 서클[127]의 주장을 전복시키려 했다. 비엔나 서클은 형이상학이 독단적인 도그마에 사로잡혀 있다고 비판하면서 모든 학문의 모범을 과학에서 찾았다. 그들이 보기에 과학은 자신들의 주장을 경험세계에서 입증하는 특유한 방법론을 가지고 있었기 때문이다. 그래서 이들은 모든 학문의 정점에 물리학을 두었는데, 물리학이 질적인 것에 가장 무관한 것이라 여겼기 때문이다. 비엔나 서클이 주장하는 학문적인 위계에 따르면, 물리학 아래에는 화학과 생물학 같은 사물의 성질을 다루는 자연과학이, 그 아래에는 사회 현상과 같은 가장 질적인 부분을 다루는 사회과학이 위치되었다. 물리학은 중립적인 양을 다루는 엄밀한 학문인 반면, 아래로 내려갈수록 엄밀성이 떨어진다고 보았던 것이다.

하지만 하딩은 이들의 구도에 강하게 문제를 제기했다. 하딩은 "문제, 개념, 이론, 방법론, 실험의 해석과 사용은 단지 인지적인 목표만이 아니라, 마음속에 있는 도덕적, 정치적 목표로 선택되어 왔고 그래야한다"[128]고 주장한다. 그 지식이 도덕적으로 정치적으로 어떤 전망을 가지고 있느냐가 우선적으로 고려되어야 한다는 것이다. 이를 위해 하딩은 비엔나 서클이 주장하는 학문적인 위계를 거꾸로 세운다. 정점을 차지했던 물리학은 가장 하위로 떨어지고, 가장 낮은 자리에 있던 인류학, 역사학, 사회학의

• •

127. 모리츠 슐리크가 주도하여 1924에서 36년까지 빈대학교에서 정기적으로 모임을 가진, 자연과학, 사회과학, 논리학, 수학 분야의 철학자와 과학자의 모임으로 이들의 철학적인 입장은 논리실증주의다. 이들은 현대적 논리학을 이용해서 물리학을 기초로 화학, 생물학, 사회과학들에 이르기까지 하나의 통일된 과학을 만드는 것이었다.

128. 샌드라 하딩, 『과학과 페미니즘』, 이재경, 박혜경 역, 이화여자대학출판부(2002), p. 323.

위계는 상위로 포진되는 것이다. 이를 통해 하딩은 객관적 과학의 기준은 중립성에 있는 것이 아니라, 도덕적, 정치적으로 '해방'적 관심에 의해 얼마나 주도되는가에 있어야 함을 주장했다.[129]

해러웨이는, 하딩의 이 주장이 객관성을 중립성으로 생각하는 비엔나 서클에 대해 멋진 일격을 가하는 것이라 생각하지만 '해방'과 같은 관습적인 어투는 위험하다고 여긴다. '해방'이라는 말의 관습적인 사용은 그 주장의 위치를 지나치게 낭만화하고 특권화하기 때문이다. 과학이 해방적 관심에 의해 주도된다는 것이 때로 얼마나 끔찍할 수 있는가는 스탈린 치하의 소비에트에서 유전학자 리센코Trofim Lysenko의 사례를 기억하는 것만으로 충분할 것이다.

리센코는 단기간의 형질 변경이 유전학적으로 가능하다는 증거를 찾았다는 논문을 발표했다. 그는 우크라이나 지방에서 농부들이 사용하던 야로비 농법에 유전학적인 근거를 댄 셈인데, 그는 야로비 농법이야말로 신-라마르크주의가 옳다는 것을 증명한다는 주장으로 일대 파란을 일으켰다. 하지만 서방의 학자들은 공산국가의 상투적인 선전이라고 그 논문을 인정하지 않으려고 했다. 리센코는 스탈린의 강력한 지지에 힘입어 전국과학아카데미 원장에 취임했고, 그 후 자신의 주장에 반대하는 학자들을 제국주의자들의 앞잡이의 기만적 술책에 놀아나는 반동이라는 죄목으로 무자비하게 숙청했다. 해러웨이는 하딩의 해방적 관심에 의해 주도되는 과학이라는 주장에 대해, "나는 하딩이 사회적, 과학적 혁명들이 언제나 몽상적이었다고 하더라도, 언제나 해방적인 것은 아니었음을 기억하는 데 보다 많은 시간을 보냈으면 한다"(p. 347)고 논평한다.

해러웨이는 종속된 자의 위치에 특권을 부여하려는 모든 이론적인

• •
129. 같은 책, p. 324.

시도에 반대한다. 종속된 자의 위치에서 세상을 바라보는 것은 정치적인 올바름이라는 면에서 중요한 일이다. 그러나 종속된 자의 위치는 하나가 아니고, 모든 종속된 위치에 근본이 되거나 그것들을 모두 포괄하는 단 하나의 종속된 위치가 있지도 않다. 누구도 이 모든 위치에 동시에 존재하지 않는다. 그럼에도 종속된 자라는 이유로 그의 인식 위치를 특권화한다면, 그렇게 해서는 "세포도, 분자도 '될' 수 없다— 혹은 여자도, 피식민자도, 노동자 등도 될 수 없다."(p. 344)

종속된 자, 소수자 위치의 특권성을 앞세우는 인식은 '해방'이라는 말로 낭만화되기 쉬워서 핵심적인 비판에서 면제받기 쉽다. 누가 이야기를 가졌는가는 중요한 문제이지만 그 이야기가 특권화되면 좋은 이야기가 되기는 어렵다. 지배자의 위치든, 소수자의 위치든 특권적인 위치란 결국 단 하나의 지배적인 위치를 상정하는 것이고, 그것은 비판과 책임을 불가능하게 한다. 소수자의 위치에서 보는 문제는 매우 필요한 일이지만 그 위치를 잘 다루기 위해서는 고도의 기술과 상당한 솜씨가 필요하다.

어떻게 볼 것인가? 어디로부터 볼 것인가? 무엇이 시력을 제한하는가? 무엇을 위해 볼 것인가? 누구와 함께 볼 것인가? 누가 하나 이상의 관점을 갖게 되는가? 누가 색안경을 끼게 되는가? 누가 색안경을 끼고 있는가? 누가 이런 시력의 장을 해석하는가? 우리는 시력 이외의 어떤 감각적 권력을 양성하기를 원하는가?(p. 347)

소수자의 위치라고 이 물음들이 생략되어서는 안 된다. 이 물음들은 제한된 위치와 상황 속의 지식들에 관한 것이고 정교한 특수성과 차이들에 관한 것이다. 페미니스트의 객관성은 인식자가 그 대상을 인식의 법정으로 불러내어서 자백을 강요하는 것도 아니고, 인식 주체와 인식 대상을 초월한 통합된 전체로부터 나오는 것도 아니다. "오직 부분적인 시각만이 객관적인 시력을 약속한다."(p. 341)

부분적인 시각이 편협해지는 것은 부분적인 것을 전체라고 주장하고, 부분적인 자신의 시각을 특권화하기 때문이다. 부분적인 시각은 자신이 본 것이 절대적임을 주장하지 않는다. 또한 부분적인 시각은 자신이 본 것에 대해 스스로 비판적인 거리를 둘 수 있다. 부분적 시각은 사이보그처럼 복수의 정체성을 가진 자들의 시각이기 때문이다. 누구도 단 하나의 정체성으로 살 수는 없고, 복수의 정체성은 하나 이상의 관점을 취할 수 있게 한다. 가령 과학기술계에 종사하는 여성들은 기술이 주는 해방과 그것이 야기할 파괴 양쪽 모두에 신경 쓸 수 있는 조건을 갖춘 자들이다. 조건이 언제나 실현되는 것은 아니지만, 그렇다고는 해도 그것은 비판적인 거리를 확보할 수 있는 중요한 장점일 수 있다. 상황 속의 비판적인 거리 덕분에 부분적인 시각들은 모두 동등하지 않을 수 있다. 그래서 체현적인 객관성은 인식론적인 상대주의를 의미하지 않는다.

7. 인식 행위는 무구하지 않다

하지만 인식 행위는 무구하지 않다. 해방적 관점에 의해 주도되는 과학이라고 해서 모두를 위한 것은 아니다. 인식 행위는 구체적인 현실에서 상이한 권력들의 이해관계가 얽혀 있는 문제다. 구체적인 현실에서 우리가 당면한 문제는 "이 동물, 이 아픈 어린이, 이 마을, 이 무리들, 이 실험실들, 도시 속의 이 이웃들, 이들 산업과 경제들, 자연과 문화를 끝없이 관련짓는 이 생태계들"[130]이다. 우리가 관심을 가져야 하고 헌신해야 하는 것은 '이것'이지 '저것'이 아니고 혹은 '모든 것'이 아니다. 그렇기에 저것은 이것을 위해 대상이 되고 폭력을 당한다. 상대를 대상화하지 않는 인식 행위는 저 하늘에서나 가능한 일이다. 하지만, '저것'은 '이것'을 위해 반드시 대상화되거나 폭력을 당하기로 정해져 있는 게 아니다. 이것이 인식 행위에서 윤리가 요구되는 이유다.

『재앙이라는 이름의 소녀』[131]에서 체체파리를 박멸하기 위한 실험들은 수면병에 고통 받는 아프리카의 주민들과 그들의 소와 양을 위한 것이지 기니피그를 위한 것이 아니고, 체체파리는 더욱 아니다. 또한 소와 양, 기니피그, 체체파리, 그리고 조셉 노인이 가지는 권력들은 대등하지 않다. 하지만 이 불평등한 관계가 사물들의 본질에 기인하는 것은 아니다. 기니피그는 실험동물로 태어나지 않았고, 체체파리는 반드시 없어져야 할 악이 아니다. 실험실의 연구 보조원인 조셉 노인은 기니피그가 고통을 받는 것이 당연하다고 여기지 않았다. 그가 봉착한 난제는 타자에게 고통을 주어서는 안 된다는 자신의 종교적인 신념과 수면병 퇴치라는 현실적인 이유 사이에 있었다. 조셉 노인은 그래서 기니피그의 고통을 알고자 했다.

과학의 윤리와 책임은 그 어떤 인식 행위도 무구할 수 없음을 아는 데서 온다. 과학의 행위, 혹은 과학자의 행위가 자연의 비밀을 향한, 혹은 앎을 향한 무구한 열망이라고 순진하게 이해되면, 책임 있는 과학을 할 수 없다. 과학자들은 어른이 되기를 거부하는 피터 팬이 되어서는 안 된다. 그들은 복잡한 권력 관계 속에서 이 연구에 의해 누가 살고 누가 죽는지를 알려고 하고, 책임지려고 하는 성숙한 어른이어야 한다. 그러므로 과학자들은 "나의 눈은 누구의 피로 만들어졌는가"를 물어야

• •

130. Donna Haraway, *When Species Meet*, University of Minnesota Press(2008), p. 72; 강조는 필자.
131. 이 책 2장 참조.

하고, 그 피에 어떻게 책임을 질 것인지에 대해 전념해야 한다. 이를 위해서 가장 먼저 떠나야 하는 것은 인식 행위에 대한 지나친 확신일 것이다.

> 페미니즘은 또 다른 과학을 사랑한다: 해석, 번역, 말더듬기, 그리고 부분적으로 이해된 것 등에 대한 과학과 정치가 그것이다. 페미니즘은 (적어도) 이중적 시력을 가진 복수주체의 과학에 관한 것이다. 페미니즘은 동질적이지 않은, 젠더화된 사회 공간 속에 비판적으로 위치함으로써 생기는 비판적 시각에 관한 것이다. 번역은 언제나 해석적이고, 비판적이고 부분적이다. 여기에 대화, 합리성, 객관성의 근거가 있다. 객관성은 권력에 민감한, 보복적이지 않은 대화다.(p. 350)

페미니스트 과학은 체현적 객관성을 주장하기에 자기 확신에 차 있을 수 없다. 페미니스트 객관성은 불평등한 권력 관계에 비판적으로 위치하지만 그 자신의 인식 위치를 특권화하지 않는다. 그래서 확신하기보다는 더듬거리는 번역과 해석에 의지한다.

> 그러므로 장소는 취약성에 관한 것이다; 장소는 종결, 최종성의 정치에 저항하며, 또는 알튀세르를 차용하자면 페미니즘 객관성은 "최종의 심급에서 단순화"에 저항한다.(p. 351)

여러 개의 불평등한 진리가 있고, 그것은 권력적이고 논쟁적이다. 체체파리는 그만두고라도 기니피그와 소와 양, 그리고 그것과 결부된 다양한 인간들이 수행하는 체체파리 박멸 실험을 생각해보라. 복잡한 그물망에 얽혀 있는 이 플레이어들이 민주적인 토론을 통해 합의에 이를 수는 없다. 모두가 만족하는 행복한 결말은 환상이다.

가난한 아프리카 농부들이나 그들의 소와 양을 위해서 체체파리 구제약을 개발하는 것은 중요한 일이다. 이를 위해 소나 양을 직접 실험동물로 쓰기보다 기니피그를 쓴다. 소나 양에 비해 기니피그가 새끼를 훨씬 많이 낳고, 세대시간도 짧아서 비용이 적다든지 하는, 기니피그는 도무지 동의할 수 없는 소와 양과 인간의 현실적인 이유 때문이다. 이는 결코 무구하다고 할 수 없는 일이다. 하지만 이런 세속적인 이유가 주는 불편함 때문에 소와 양이 기니피그에 비해 인간과의 유사성이 더 크다든지, 덩치가 큰 동물이 작은 동물의 생명보다 지킬 가치가 더 있다든지 하는 이유를 둘러대서는 안 된다.

그것은 인식 행위의 무구하지 않음을 감추고, 그런 식의 실험 실천을 영구적으로 정당화하는 일이기 때문이다. 노동하는 기니피그에게도 이 둘의 차이는 크다. 이 실험이 무구하지 않음을 안다면, 실험을 위한 윤리 지침이나 과학의 주제가 달라질 수 있기 때문이다. 기니피그의 고통을 최소화하기 위한 실험 방법론이 중요한 실험 주제가 될 수 있고, 살아 있는 동물이 아니라 다른 방식의 실험 방식도 고안될 수 있다. 하지만 정당화하게 되면, 그 모든 가능성이 봉쇄된다. 그래서 페미니스트 과학은 인식의 비무구성을 잊지 않으면서 "최종성의 정치"에 저항해야 한다.

제6장

보일의 실험실과 테크노사이언스

1. 테크노사이언스

테크노사이언스technoscience는 기술technology과 과학science이 긴밀하게 결합되어 분리 불가능함을 의미하는 용어다. 통상 과학은 이론에 관계되고, 기술은 그것의 현실적인 구현과 관계한다고 여겨진다. 하지만 현대 과학 대부분은 고도의 실험 장비들 없이는 과학 이론을 만들기 어려운 형편이다. 가령 입자가속기 없이는 소립자 물리학을 생각할 수 없다. 그래서 현대 과학은 테크노사이언스다. 테크노사이언스의 시작은 과학혁명기의 실험과학부터다. 과학 교과서에서 실험과학의 아버지라 불리는 갈릴레오 갈릴레이는 망원경을 통해 천체를 관측했다. 망원경은 네덜란드에서 발명되었는데, 갈릴레오는 그것을 개량해서 고배율의 망원경을 직접 만들기도 했다. 1610년에 3월에 발표된 『시데리우스 눈치우스』[132]는 갈릴레오가

132. 갈릴레이 갈릴레오, 『갈릴레오가 들려주는 별 이야기』, 장헌영 역, 승산(2009); 원제인 '시데리우스 눈치우스'는 별들의 메시지라는 뜻이다.

자신이 제작한 20배율의 망원경으로 달의 표면, 목성의 주위를 도는 4개의 위성들, 그리고 육안으로는 보이지 않았던 별들을 관측하고 작성한 보고서다. 이 책에서 갈릴레오는 당시 주류였던 아리스토텔레스의 자연학이 말하는 것과는 아주 다른 천체의 모습을 보여주었다. 아리스토텔레스의 자연학에 따르면 천체는 지구와는 다른 물질로 구성되어 있어서, 완벽하고 불변하는 모습이어야 한다. 그래서 달은 구슬처럼 완벽한 구형으로 여겨졌지, 지구와 같은 땅덩어리일 수 없었다. 그런데 갈릴레오가 망원경으로 본 달은 구슬이 아니고, 지구처럼 높은 산들이 많은 땅덩이였다.

『시데리우스 눈치우스』 발표 약 한 달 후, 갈릴레오는 자신의 논적 마치니의 집에서 스무여 명의 교수들을 모아놓고 자신의 망원경으로 천체 관측을 시도했다. 『시데리우스 눈치우스』의 관측 결과 중 하나인 목성의 위성 관측을 시연하려는 목적이었다. 이 관측은 이틀간 진행되었다. 그런데 이 시연은 아무 소득 없이 끝났다. 시연에 참여한 케플러의 제자, 갈릴레오의 논적 마치니, 그리고 그때 모인 학식 있는 학자들 중 누구도 새로운 위성을 관측하지 못했다. 갈릴레오가 헛것을 봤을 리는 없다. 그러나 시연에 참여한 학자들은 갈릴레오가 목성의 위성이라고 확신하는 상을 망원경이 만든 왜상이라고 보았다. 화이트헤드가 17세기 과학의 특징으로 말했던 "원리에로 환원시킬 수 없고, 굽힐 수도 없는 엄연한 사실"[133]을 만드는 실험 시연이 모두에게 자명하게 인정되었던 것은 아니었던 셈이다.

갈릴레오의 시연에 참여한 학자들이 망원경으로 보이는 상을 인정할 수 없었던 것은 아리스토텔레스 자연학이라는 이론적인 틀을 통해 망원경의 상을 보았기 때문이다. 갈릴레오는 망원경이 왜상을 만들지 않는다는

• •
133. 화이트헤드, 『과학과 근대세계』, 오영환 역, 서광사(2008), p. 18.

것을 확인시키기 위해 지상의 사물을 먼저 관찰하게 했었다. 그들은 망원경을 통해 멀리 있는 성당 커튼의 무늬까지 식별할 수 있었다. 학자들은 갈릴레오의 망원경이 지상에서는 놀라울 정도로 잘 작동한다는 것을 인정했다. 하지만 그런 확인은 별 소용이 없었다. 아리스토텔레스의 자연학에 따르면, 지상의 물질과 천상의 물질은 서로 다른 성질로 구성되어 있다. 지상의 물질을 확인하는 데 쓰이는 도구가 어떻게 성질이 전혀 다른 천상을 물질에 동일하게 쓰일 수 있는가 하는 것이 그들의 의심이었다. 그래서 천상의 물체가 사실과 달리 왜상으로 보이는 것은 오히려 천상과 지상이 서로 다른 물질로 구성되어 있음을 방증하는 것으로 여겼다. 이처럼 과학 실험을 통해 사물의 객관적 성질을 확인할 수 있다는 생각은 갈릴레오가 실험 시연을 할 당시만 해도 자명하지 않았다.

그런데 17세기 중후반 영국에서는 다른 일이 벌어지고 있었다. 도나 해러웨이는 17세기 중후반 영국의 과학자 로버트 보일Robert Boyle의 실험실을 탐사한다.[134] 해러웨이가 중요하게 참조한 선행 연구는 과학사학자 스티븐 샤핀Steven Shapin과 사이먼 셰퍼Simon Schaffer의 저작이다.[135] 이 저자들이 주목한 것은 17세기 영국의 자연철학자 로버트 보일이, 어떻게 실험실이라는 무대를 통해 "원리에로 환원시킬 수 없고, 굽힐 수도 없는 엄연한 사실"을 '만들어' 나가는가 하는 점이다. 여기서 주의할 것은 엄연한 사실을 '발견'하는 것이 아니라 '만든다'는 점이다. 갈릴레오는 시연에 참여한 신사들에게 자신이 관측한 것을 엄연한 사실로 만들어 보이는 것에 실패했

134. 다나 해러웨이, 『겸손한 목격자@제2_천년.여성인간©_앙코마우스™를 만나다』, 민경숙 역, 갈무리(2006); 이후 이 책에서의 인용은 본문에서 페이지로만 표시한다.
135. Steven Shapin, Simon Schaffer, *Leviathan and Air-Pump: Hobbs, Boyle, and the Experimental Life*, Princeton University Press(2011); 초판은 1985년이고 2011년판은 저자들이 서문을 다시 쓰고 재출간된 버전이다.

다. 하지만 보일은 성공했다. 보일의 실험실에서는 무슨 일이 일어났을까?

2. 리바이어던과 공기펌프

샤핀과 셰퍼는 1985년에『리바이어던과 공기펌프: 홉스, 보일, 그리고 실험적인 생활*Leviathan and Air-Pump: Hobbs, Boyle, and the Experimental Life*』이라는 기념비적인 저작을 발표했다. 샤핀과 셰퍼의 이 저작은 '과학'이 가지는 근대적인 의미, 즉 자연에 대한 진리의 발견이라는 믿음이 어떻게 만들어지는가를 검토한 것이다. 과학사학자인 저자들은 17세기 자연철학자 로버트 보일과 정치철학자 토마스 홉스Thomas Hobbes의 갈등에 얽힌 문헌들을 검토하면서 이 작업을 했다. 브뤼노 라투르Bruno Latour는 샤핀과 셰퍼의 이 저작을 중요하게 참조하면서,[136] "과학을 진지하게 대하는 진정한 비교 인류학의 출발"이라고 이들의 저작을 칭송했다. 라투르에 의지해서 이 저작을 살펴보면 이렇다.

보일은 영국왕립학술원의 핵심적인 인물이었고, 과학 교과서에서 화학의 아버지로 추앙받고 있다. 리바이어던을 쓴 홉스는 정치철학자로 분류된다. 과학사가인 샤핀과 셰퍼는 홉스의 과학 저작들을 발굴하고, 보일의 정치 이론을 상기시키면서 17세기 당시 이 두 사람이 모두 자연철학자이자, 정치가였던 점을 출발점으로 삼아 분석을 진행한다. 샤핀과 셰퍼의 물음은 당시 영국의 정치 상황이 보일의 과학과 홉스의 수학 이론에 어떤 영향을 미쳤는지가 아니다. 이런 종류의 물음은 과학과 정치 사이의 경계가 이미 자명하다고 가정한 후에야 가능하다. 이들이 궁금해하는 것은 과학과

● ●

136. 브뤼노 라투르,『우리는 결코 근대인이었던 적이 없다』, 홍철기 역, 갈무리(2009), pp. 49-131.

정치의 경계가 어떻게 만들어졌느냐이다. 이 경계에 의해 자연철학자이자 정치철학자였던 두 사람이 한 사람은 자연철학자로, 또 한 사람은 정치철학자로 첨예하게 나눠지게 되었다. 홉스와 보일, 이 두 사람은 철저한 합리주의자들로 기계론을 지지하고 있으며, 군주와 의회를 원했고 교회의 권력이 너무 강하지 않기를 원했다. 하지만 공기펌프로부터 무엇을 기대할 수 있는가라는 점에서는 첨예하게 갈라졌다.[137]

홉스는 시민의 평화를 위해서는 정치적인 통일체를 구성해야 한다고 주장했다. 홉스가 상정하는 정치적인 통일체 구성의 근거는 이렇다; 자연 상태에서는 벌거벗은 시민들은 만인 대 만인의 투쟁에 돌입할 수밖에 없다. 이래서는 도무지 살아나갈 수가 없다. 그래서 벌거벗은 시민들은 한날한시에 모든 권한을 주권자에게 양도하기로 서명했다. 그것은 합리적인 수학적 증명으로 도출된 것이고, 정치적 통일체의 통일성은 바로 이 서명, 한날한시에 모든 시민이 작성한 서명에 의존한다. 그 주권자의 이름은 '리바이어던Leviathan'이고, 홉스에게 그것은 공화국 자체다. 이 주권자는 시민들이 양도한 권리를 대리representation할 뿐 어떤 초월적인 것도 개입해서는 안 된다. 그가 사물의 불활성을 상정하는 기계론을 철저히 신봉하는 것 또한 이 때문이다. 자신들의 권한을 완벽하게 양도한 시민은 불활성의 사물과 같다. 그것은 시민들의 평화에 본질적인 것이었다.

홉스가 보기에 보일이 하는 실험 시연은 명증한 수학적 추론이 아니라 일개 의견doxa일 뿐이었다. 하지만 보일은 믿을 만한 신사들을 초청하고 재판을 흉내 내는 퍼포먼스를 벌이면서, 신사들로 하여금 실험 결과의 증인이 되게 한다. 보일은 신사들의 증언이 그들의 의견이 아니라 객관적 관찰로 보이도록 하는 탁월한 전략을 발휘했다. 보일은 완벽히 통제된

137. 같은 책. p. 61.

조건인 자신의 실험실에서 최첨단의 기자재인 공기펌프라는 인위적 중재자에 기대서 사실을 구축했다. 보일의 법정에서는 신사들만이 아니라 공기펌프도 증인으로 초대된다. 증인으로서 공기펌프의 미덕은 이런 것이다. "물의 압력은 무생물인 물체의 영향을 통해 드러나는데, 이 물체들은 편견을 지닐 수도 없고, 우리에게 편파적인 정보를 줄 수도 없다."[138] 보일의 법정에서 사물의 증언 능력은 오히려 신사들의 그것보다 더 믿을 만한 셈이다.

홉스의 입장에서 보면 그것은 매우 사적인 공간에서 벌어진 우발적인 사실이다. 홉스는 보일의 실험 실천 자체를 도저히 동의할 수 없었다. 사적인 공간의 그런 실험 시연은 자신들끼리만 합의한 것임에도 그것을 새로운 지식이라고 주장할 것이기 때문이다. 홉스가 보기에 이는 영국이 겪고 있는 내전상황과 유사했다. 소모적인 내전이 종식되기 위해서는 오직 하나의 지식과 하나의 권력, 즉 리바이어던의 권력만 요구되어야 했다. 홉스에게 보일의 실험이 더욱 끔찍했던 것은 '진공'이 존재한다고 주장한다는 점이다. 완벽한 정치적 통일체를 꿈꾸었던 홉스에게 그것은 용납할 수 없는 일이다. 리바이어던과의 계약이 작동하지 않는 공간을 상정하는 것이기 때문이다. 그는 계약이 통하지 않는 어떤 예외적인 공간도 두지 않기 위해 신마저 제거하려고 했다. 홉스의 입장에서 진공의 존재는 다시 신과 같이 "신체 없는 존재"가 등장한 셈이었다. 보일의 실험실에서 진공의 존재가 주장되면 불활성의 물질을 상정하는 기계론의 자연철학은 다시 분란을 겪을 것이다. 가령 세상 만물에는 어느 정도의 영혼이 있음을 주장하는 물활론이 다시 준동할지 모르고, 그것은 수많은 이단을 양산할 것이다. 이런 일들은 공화국의 혼란을 야기할 것이다.

• •
138. 같은 책 p. 74에서 재인용.

그래서 홉스는 결코 진공을 인정할 수 없었다.

하지만 보일은 지식을 실험실 공간의 것으로 한정하고, 스콜라주의자들이 집요하게 묻는 원인에 대한 해석을 하지 않으려 했다. 보일의 이런 전략은 실험실의 지식을 약점이 아니라 강점으로 만들었다. 왜냐하면 이 지식은 형이상학이 바뀌어도, 왕이 바뀌어도, 그 통제된 조건에서 언제나 변함없는 사실이 되기 때문이다. 보일은 진공이 야기하는 정치적인 효과 같은 것은 한마디도 하지 않고, 홉스가 주장하는 에테르 바람을 감지할 실험 장치를 고안했다. 그 실험 장치는 공기펌프의 진공관과 그 속의 깃털이었다. 공기를 빼내자, 진공관 안의 깃털은 움직이지 않았다. 고로 에테르 바람은 없다고 보일은 결론 내리지만, 홉스는 결코 동의할 수 없었다. 홉스는 공화국 전체를 말하고 있지만, 보일은 아주 작은 스케일의 조그만 실험실에서, 그것도 잘 통제된 조건에서 일어난 일을 말하기 때문이다. 라투르는 홉스와 보일의 이런 주장들이 근대적 권력의 규모의 변화를 의미한다고 지적한다. 홉스는 공화국 전체를 말해야 했지만, 보일은 작은 진공관만 접수하면 되었다.

3. "문화 없는 문화"의 겸손한 목격자

보일의 실험 실천의 방법은 오늘날 경험과학의 전형으로 자리 잡았다. 샤핀과 셰퍼를 참조하면서, 해러웨이는 실험과학에서 재현의 권력을 획득하는 데 사용한 보일의 기술적 전략들인 "물질적 기술", "문학적 기술", 그리고 "사회적 기술"(p. 78)에 주목했다. 이 세 가지 기술 전략들은 모두 상황 속의 지식에게 객관적 지식이라는 권력을 쥐어주는 방법들이었다. 그 첫 번째는 공기펌프를 만들고 작동시키는 데 관련된 '물질적 기술'이다.

공기펌프는 커다란 유리통 속에 인공적인 진공을 만들기 위해 설계되었다. 펌프의 피스톤을 위아래로 반복해서 움직이도록 하고, 통을 놋쇠 펌프 장치와 연결해주는 꼭지와 밸브를 조절함으로써 공기의 덩어리가 그 통에서 빠져나갈 수 있었다. 시간이 흐르자, 그 피스톤은 사람의 힘으로는 끌어내리기가 불가능한 상태가 되었다. 그 지점에서 보일은 통 안의 거의 모든 공기를 퍼냈다고 판단했다. 이 자체가 하나의 실험이었고, 이것은 보일의 『공기 탄성에 관한 새로운 물리 기계적 실험New Experiments Physico-mechanical Touching the Spring of the Air』(1660)이라는 53개의 연작 중 첫 번째 내용으로 보고되었다.[139]

공기펌프의 유리통은 그 속에 다른 것을 집어넣어서 실험할 수 있도록 설계되었다. 진공 실험에서 보일은 그 속에 닭털을 넣거나, 더욱 극적인 효과를 위해 살아 있는 새를 넣기도 했다. 이런 기구를 사용하는 이점은 원하는 장소, 원하는 시기에 실험 시연을 할 수 있는 '통제 가능성'을 확보한다는 것이었다. 이제, 보일은 자연현상을 기다린다거나, 진공을 경험하기 위해 대기권 밖으로 나가지 않더라도, 언제든지 원하기만 하면 사람들 앞에서 실험 시연을 할 수 있다. 이것은 보일의 실험 실천이 이미 기술과 분리 불가능한 과학, 즉 '테크노사이언스'임을 보여주는 대목이다.

보일의 기술에서 그 다음으로 중요한 기술은 '문학적 기술'과 '사회적 기술'이었다. 처음에 보일은 실험 시연에 참여하지 못한 사람들도 실험을 재현해볼 수 있도록 실험 보고서를 썼다. 그러나 그것은 별로 효과가

• •
139. 스티븐 샤핀, 『과학혁명』, 한영덕 역, 영림카디널(2002), pp. 121-122.

없었다. 실험 방법을 자세히 공개했지만, 보일의 공기펌프 실험은 다른 사람들에 의해 재현되지 않았고, 그 실험 경험은 널리 유포되지 않았다.[140] 당시로서는 공기펌프가 최첨단의 기술적 구현물이어서 구할 수 있는 층이 한정되어 있기도 했고, 갈릴레오가 관측 시연에서 실패한 것처럼, '엄연한 사실'을 만들어내는 일이 쉬운 일은 아니기 때문이다.

보일은 실험 방법과 절차를 알려주는 실험 매뉴얼 대신 실험 이야기를 쓰는 것으로 전략을 바꾸었다. 그의 실험 이야기는 마치 독자가 실험 시연의 현장에 있는 것처럼 생생하게 기술되었다. 이제 사람들은 실험에 참여하지 않아도, 혹은 굳이 실험을 재현해보지 않아도 실험 이야기를 읽으면 마치 자신이 실험 시연을 본 것처럼 느꼈다. 실험 이야기는 실험 "그대로의 기록"이 되도록 성공뿐 아니라 실패도 모두 보고했다. 또한 그는 실험이 언제, 어떻게, 어디서 행해졌는지, 누가 참석했는지, 몇 번이나 반복되었는지를 장황하게 기록했다.

> 그처럼 장황한 표현법은 '실험 결과를 독자들이 불신하지 않도록' 만들었고, '그러한 사실들이 분명히 역사적으로 실재한다'는 것도 보증했다.[141]

보일의 실험 이야기는 실험 시연에 참가하지 않은 독자들도 목격자가 되도록 만들었다. 이는 훌륭한 문학적 기술이자 사회적 기술이었다. 또한 보일은 관련된 다른 사람들의 성과들을 활용하고 엮어내는 기술도 뛰어났다. 공기펌프는 제자 로버트 훅의 발명품이었고, 진공 실험을 위해 이탈리아의 실험철학자 토리첼리의 기압계를 사용했다. 이처럼 그의 공기펌프

• •
140. 같은 책, p. 132.
141. 같은 책, p. 133.

실험 시연에는 '물질적 기술', '문학적 기술', 그리고 '사회적 기술'이 응집되어 있었다.

실험실이라는 장소가 진리를 생산하는 곳이 되기 위해선 세 가지 기술 외에도 추가적으로 요구되는 조건들이 있었다. 홉스가 사적인 공간일 뿐이라고 했던 그 실험실을 최대한 공적인 공간으로 만들어야 했던 것이다. 보일은 이를 위해 잉글랜드 법원의 관행에 호소하면서, 자신의 실험 시연을 믿을 만한 증인의 증언에 근거하는 법적이고 성직자적인 모델과 유사하게 만들었다. 공적이기 위해서 보일의 실험실은 열린 공간이었지만, 공동체의 믿을 만한 성원이라는 자격이 있는 자들만 들어갈 수 있는 엄격한 공간이었고, "접근이 제한된 공적"(p. 80)이고 매우 특수한 공간이었다. 그것은 증언의 힘을 대폭적으로 증강시키는 요인이었다.

실험 시연에는 주로 신사들만 초대되었다. 보일은 귀족 여성의 출입을 공식적으로 막지는 않았지만, 밤에 실험 시연을 하는 방식으로 교묘하게 여성들의 출입을 통제했다. 이 조치는 여성들의 지적 수준과는 관련이 없었다. 왜냐하면 보일은 고도의 지적 수준이 요구되는 종교 토론에서 귀족 여성들의 참여를 배제하지 않았기 때문이다. 보일이 여성들의 출입을 통제한 건, 진공의 존재를 시험에 보이기 위해 새를 가둔 유리통의 공기를 뺄 때 일어났던 소란 때문이었다. 죽어가는 새를 보고 놀란 명문가의 여성들이 실험을 중단할 것과 새에게 다시 공기를 주입할 것을 요구했던 것이다.

당시 공기펌프는 최첨단의 장비지만, 자주 말썽을 일으켰다. 그것은 많은 부품들로 이루어졌는데, 그중 하나라도 문제가 생기면 그때마다 기술자들이 개입되어 그것을 해결해야 했기 때문이다. 또 진공을 만들기 위해서 보일의 고향집 하인들이거나 그에게 고용된 일꾼들이 열심히 펌프질을 했다. 하지만 일꾼들과 관련된 이야기들은 실험 이야기에서는 없어야 했는데, 자칫 실험의 인위성이 결과의 신뢰성을 해칠 수 있기 때문이었다. 요컨대, 고용된 일꾼들도 공적인 공간을 훼손하는 자들이었다.

이러한 배경으로 과학 분야의 저자는 명성에 연연하지 않을 뿐만 아니라 장엄한 철학적 이론화에 앞장선 어떤 학파와도 무관하며, 사심이 없고 겸손한 사람처럼 보였다.[142]

과학 분야의 저자에게는 겸손함의 미덕이 요구되었다. 이 미덕은 그를 자신의 의견을 하나도 보태지 않고 대상세계의 말을 그대로 전달할 수 있는 공인된 복화술사로 만들어주었다.

그의 주관성이 곧 그의 객관성이다. 그의 서사는 마술적 힘을 갖고 있다. 즉 그의 서사에는 설화들, 당파적 프로젝트의 산물들, 논쟁의 여지가 있는 표현들, 사실을 정의하는 강력한 능력 덕분에 구축된 문서들 등등 그 서사가 갖는 모든 역사적 흔적들이 상실되었다.(p. 77)

이렇게 실험실의 실천에서 모든 문화적 요인은 삭제되었다. 하지만 그것을 삭제한 행위 또한 특정한 시기의 문화다. 해러웨이는 새론 트래위크 Sharon Traweek[143]가 제안한 용어를 따서 보일이 무대에 올린 실험실을 "문화 없는 문화culture of no culture"(p. 76)의 공간이라고 부른다.

• •

142. 같은 책, p. 133.
143. 당시에 새론 트래위크는 해러웨이가 가르치는 캘리포니아대학 의식사 프로그램에서 박사학위를 하고 있었던 신진 연구자다. 해러웨이는 자신의 책에서 이런 신진 연구자들이 만든 개념들을 많이 소개한다.

4. 새롭게 형성된 젠더

샤핀과 셰퍼는 공기펌프를 조작했던 보일의 하인들과 엔지니어들이 어떻게 배제되는가를 주목하면서 후속 연구를 이어갔다. 샤핀은 보일의 실험실에 여성이 배제된 이유를 그들의 지위에서 찾았다. 17세기 영국에서 여성은 아버지나 남편의 "보호 하의 인간"[144]이었다는 것이다. "보호 하의 인간"들은 그들의 의존적인 지위 때문에 독립적인 신사들의 진실 말하기에 개입해서는 안 되었다. 샤핀이 보기에 의존적인 지위에 있는 자들은 진실 말하기에 개입하기 위한 명예가 없었다. 그래서 여성들은 실험 시연에 참여가 제한되는 방식으로, 물리적이고 인식론적 배제가 있었고, 노동자들은 물리적으로는 거기에 있었지만, 인식론적으로는 배제되었다.

그런데 이 지점에서 해러웨이는 샤핀과 셰퍼의 논점에 문제를 제기한다. 이 저자들이 보일의 하인들이 당연히 남성들일 거라고 생각했다는 것이다. 『리바이어던과 공기펌프』에 부가된 실험 도해들에서 특별히 그들이 남성이라고 볼 만한 이유는 없다. 공기펌프의 조작을 위해 특별히 남성적인 힘이 필요할 만큼, 그것은 대형 기구가 아니다. 특히 에테르 바람 실험 장치를 그린 〈도해 8〉에는 깃털을 진공 램프 속에 넣어 보이고 있는 실험자의 손이 그려져 있는데 여성의 손으로 보이기까지 한다.[145]

• • •

144. Donna Haraway, *Modest_Witness@Second_Millennium.FemaleMan©_Meets_Onco Mouse^{TM}*, Routledge(1997), p. 27

145. Steven Shapin, Simon Schaffer, *Leviathan and Air-Pump: Hobbs, Boyle, and the Experimental Life*, Princeton University Press(2011), p. 183.

후속 연구에서 대해서도 해러웨이는 문제를 지적했는데, 이들은 "보호하의 인간"이 사회적으로 구성된 범주임을 말하지만, 젠더에 대해서만은 생물학적인 여성과 젠더로서의 여성을 동일시하고 있다는 것이다. 이들은 실험실 생활에 의해 기존의 젠더가 어떻게 재구성되는지와 같은 문제는 주목하지 않았고, 의존적인 지위가 차별을 더욱 강화했고, 근대 과학의 남성성은 의존적 지위의 존재자들을 배제하면서 완성되었다고 결론지었다. 요컨대 샤핀과 셰퍼의 문제의식은 근대 과학에 의해 의존적 지위가 어떻게 보존, 강화되는가에 있었다.

몇 년 전에 CERN연구소의 초청 강연에서 한 물리학자가 물리학은 남자가 만들었다고 주장해서 논란을 빚었다. 그는 여성의 능력 부재를 그 이유로 들었다. 그것은 의존적 지위에 대한 체계적인 배제의 폭력성을 말한 샤핀과 셰퍼의 논지와는 아주 다른 맥락이었다. 하지만 근대 과학의 형성에 여성이 없었다는 주장은 놀랍게도 서로 일치한다. 상이한 맥락의 이야기들이지만 이 두 이야기는 묘하게도 같은 결론에 이르게 되는데, 우리가 성차별적인 강연을 한 그 인사를 더 이상 거론할 필요는 없을 것이지만, 진보적 과학사학자인 저자들의 전제는 좀 더 따져 물어야 한다.

권력이 약한 자들을 배제된 자라고 여기는 구도는 차별과 억압의 효과를 설명하는 편리한 구도이기는 하지만, 권력이 약한 자들을 위해 썩 좋은 구도는 아니다. 이 구도는 소수자를 철저히 수동적 존재로 만든다. 그들은 이 세상에 있었어도 없었던 자들이다. 이토록 철저하게 수동적인 자들이 무슨 수로 이 세상에 다시 살 수 있게 되나? 실천적으로도 이 구도는 좋은 결과를 낳지 못한다. 이 세상에 없던 자가 할 수 있는 일이란 여전히 세상의 바깥에서 자신이 만들지 않은 세상을 비난하는 것 이외에는 별로 없기 때문이다. 세상에 책임이 없고, 세상을 만들어본 적도 없는 자가 무슨 수로 다른 세상을 만들 수 있단 말인가. 해러웨이는 다른 면에서는 뛰어난 분석을 했던 이 과학학 연구자들이 젠더에 대해서만은 왜 그 날카로움이 사라져버리는 것일까? 라고 묻는다. 샤핀과 셰퍼에게 젠더는 형성 중인 범주가 아니라, 생물학적인 여성과 남성에 의해 이미 범주화가 끝난 문제였다. 그래서 그들은 근대 과학이라는 이 특이한 실천의 현장에서 젠더가 어떻게 재형성되는지를 보지 못했다.

보일의 연구실은 성차별의 온상이었던 생물학, 의학, 정신분석학의 연구와 달리 성sex이나 젠더gender와는 상관이 없는 기체의 압력과 부피에 관한 연구를 다루는 곳이다. 그런데 바로 그 점 때문에 페미니스트 과학학 연구자들은 관심을 가진다. 표면적으로 성이나 젠더와는 아무런 관련이 없어 보이는 이 영역에서 젠더와 과학은 어떻게 연관되는가 하는 물음들이 그것이다. 영국의 과학철학자인 엘리자베스 포터Elizabeth Potter는 『젠더와 보일의 기체법칙』[146]에서 이렇게 물었다. 보일의 기체법칙과 젠더는 어떻게 교차하는가? 포터는 1980년대 이블린 폭스 켈러Evelyn Fox Keller가 진행한 보스턴대학 과학철학 콜로키움에서 있었던 일을 상기한다. 과학에 남성 중심의 이데올로기가 얼마나 침윤되어 있는지를 논의하는 자리에서, 한 남학생이 "그래 좋아, 그런데 당신들은 젠더와 보일의 기체법칙의 연관성을 보이지는 못할 거야"라고 했었다. 『젠더와 보일의 기체법칙』은 이 빈정거림에 대한 포터의 응답이다.[147] 이 연구는 1520년에서 1620년 사이에 영국의 작가들에게 나타난 남성적 여성 그리고 여성적 남성에 관한 논쟁을 젠더 불안의 관점에서 다루면서, 보일의 실험실도 그 연장선에서 보려고 한다.

포터의 논문으로부터 해러웨이는 과학과 겸손함이 만났을 때 기존의

146. Elizabeth Potter, *Gender and Boyle's Law of Gases*, Indiana University Press(2000).
147. 같은 책, p. ix.

젠더는 어떻게 위험에 처해지는가를 포착한다. 겸손은 전통적으로 여성의 미덕이었다. 중세의 남성적인 미덕은 영웅적인 말과 행동이었고, 근대 초기의 유럽인들에게도 남자다움은 전쟁과 투쟁이었다. 그렇다면 물어야 할 것은 결혼생활을 높이 평가하는 청교도 국가 영국에서 어떻게 미혼의 독신남 보일의 겸손 브랜드가 당시 문제가 되고 있던 '여성적인 남자'라는 오명을 쓰지 않았는가 하는 점이다. 오명은커녕 그의 겸손 브랜드는 과학적 남성의 전유물로 자리매김했다. 귀족 여성의 겸손함은 그들에게 강요되었거나 혹은 그들이 기꺼이 수용했거나 간에 그들을 실험 현장과는 멀어지게 했다. 하지만 왜 신사의 겸손은, 그것이 의미하는 여성성에도 불구하고 그들에게 권력을 약속했을까? 남성에게는 자칫 위험할 수도 있었을 비전투적이고, 예의바름이 어떻게 다시 확고한 남성성으로 자리를 잡을 수 있었을까?

　해러웨이는 보일의 겸손 브랜드와 관련된 두 개의 뿌리를 찾는다. 그중 하나는 아서왕의 서사다. 아서왕을 따라다녔던 수식어는 "겸손한 남자vir modestus"(p. 90)였다. 보일과 같은 실험과학자들은 새로운 남성성의 대안적 모델로서 고귀한 신분과 도덕적 자제라는 특징을 가진 아서왕의 권위를 불러냈다. 또 하나의 뿌리는 성직자인데, 남성들만의 독점적인 공간인 영국학술원은 성직자 담론을 재전용했다. 보일은 독신주의를 남성적 정숙으로 칭송하면서 자연에 대한 탐구는 남성들의 성직에 대한 권리라고 했다. 과학과 겸손이 만났던 보일의 실험실에서 위태해진 것은 영웅적인 말과 투쟁으로 대표되는 남성성이다. 보일의 실험실, 즉 "원리에로 환원시킬 수 없고, 굽힐 수도 없는 엄연한 사실"은 여성적인 남자라는 성적 소수자를 탄생시키면서 가능해진 셈이다!

　보일의 실험실을 있게 한 젠더 형성의 핵심에는 두 가지의 아주 다른 겸손함이 있는 것으로 보인다. 이 겸손은 그것을 소유한 자들을 비가시적으로 만든다는 점에서는 공통적이었지만 두 가지 방향에서 아주 다른 효과를 낸다. 하나는 몸에 요구된 겸손이다. 여기에는 실험에 개입되어 있었던 여성과 남성 하인들, 실험 시연에 참여하더라도 결코 소란을 떨면 안 되는 귀족 여성들이 포함된다. 이들의 몸에 요구되었던 겸손은 이들을 투명인간으로 만들었다. 또 다른 하나는 지성에 요구되는 겸손으로 보일에게 요구되었던 것이다. 그것 역시 보일을 투명하게 했는데, 공기펌프의 복화술사로서 그렇게 했고, 그것은 그에게 권력을 주었다.

그러나 보일의 실험실에서 겸손한 목격자라는 주체 위치는 보일만이 아니었다. 공기펌프는 말할 것도 없고, 새의 질식에 항의하는 여성들, 열심히 실험 보조를 하던 여성과 남성 하인들, 시도 때도 없이 말썽을 일으키는 공기펌프를 매번 다시 조정해야 했던 공기펌프 기술자들, 공기가 빠진 진공관에서 죽은 새들, 토리첼리의 수은이 채워진 기압계는 모두 겸손함이 요구되는 목격자들이다. 이들 각각은 저마다의 유한한 신체를 가지고, 부분적으로밖에 볼 수 없는 시력을 가진 목격자들이다. 보일의 실험 실천은 이 더듬거리는 목격자들을 하나의 주체 위치로 결속시킴으로써 가능했다. 하지만 그 실험이 지식으로서 권위를 획득하기 위해서 보일은 단 한 명의 겸손한 목격자만을 남기고 모두 삭제했다. 요컨대, 근대 과학의 객관성의 설화는 단 한 명, 과학의 저자를 제외한 그 많은 목격자들을 부인함으로써 만들어진 것이다. 그들은 과학의 현장에서 배제된 것이 아니라 부인된 것이다. 그들의 하이브리드적인 협력이 없었으면 근대 과학은 가능하지 않았음에도 말이다. 이런 면에서 보일이 발명한 재현representation의 권력과 홉스가 발명한 대리representation의 권력은 정확히 대칭적이다.[148] 한쪽은 과학자 외의 수많은 목격자를 입 닥치게 하면서

• •
148. 브뤼노 라투르, 같은 책, p. 82.

자신의 목격만을 특권화하는 기제를 발명함으로써 가능하게 되었고, 또 다른 한쪽은 벌거벗은 시민들의 동시적인 계약으로 그 권한 전부를 위임받는 기제를 발명함으로써였다.

5. 증식하는 목격자들

근대를 보는 관점에는 아주 상반되는 두 가지 방식이 있는 것 같다. 하나는 축복으로서의 근대다. 이때 근대는 신앙과 믿음이 아니라 객관적인 자연의 질서를 이해하게 되었기에 물질적인 풍요를 이루었고, 자의적인 통치가 아니라 민주적인 질서가 확립된 시기라는 관점이 그것이다. 그러나 비판적인 이론가들은 이런 순진한 해석에 반대한다. 이들에 따르면, 근대가 이룬 물질적인 풍요는 자연을 오염시키고 제3세계를 식민화하고 착취한 결과다. 그러므로 근대는 재앙이고, 가능한 한 빨리 벗어날 방법을 모색해야 한다. 그런데 이 두 가지 관점이 공유하는 한 가지는 우리는 여전히 근대의 자장 안에 살고 있고, 그것의 중심에는 인간이 있다는 점이다. 한쪽에서는 어떻게 이 진보를 지속할 것인가를 두고 씨름하고, 다른 한쪽에서는 어떻게 이 파괴의 시대를 종식시킬 것인가를 두고 고민한다. 한쪽은 어떻게 하면 '인간'이 더 위대해질 수 있을까를 고민하고, 다른 한쪽은 '인간'이라는 주체 위치를 어떻게 허물 수 있을까를 고심한다.

그런데 근대성에 대한 해러웨이의 비판적 분석은 이와는 좀 다르다. 그가 보일의 실험실에서 포착하는 것은 보일만이 아닌 수많은 목격자들의 증식과 기존의 젠더를 위태롭게 만들면서 등장한 여성 같은 남성이라는 이상한 존재자들의 증식이었다. 해러웨이의 이런 분석은 『우리는 결코 근대인이었던 적이 없다』에서 개진된 라투르의 분석과 맥을 같이 한다. 이들이 주목하는 것은 17세기 과학실험실이 만들어내는 이상한 것들이다. 라투르는 이를 하이브리드라고 부르는데 하이브리드는 말 그대로 잡종, 혼성체다. 공기펌프라는 비인간 목격자, 그 첨단기구를 관리하는 여성 하인, 겸손함을 강조하는 여성적인 남성 과학자 등이 그들이다. 해러웨이와 라투르가 보기에 인간과 비인간의 분리, 자연과 문화의 분리로만 근대성을 보는 것은 한쪽만 보는 것이다. 근대 과학을 가능하게 한 하이브리드들의 증식이 인간을 특별한 존재로 만들었다. 하이브리드들, 같은 말이지만 겸손한 목격자들의 증식을 통해 과학은 "원리에로 환원시킬 수 없고, 굽힐 수도 없는 엄연한 사실"을 만들었고 그것을 이용해 자연의 일부를 인간이 원하는 방식으로 조형할 수 있었다. 그러나 근대 과학은 이런 겸손한 목격자들을 철저히 부인함으로써 그 권위를 획득했다.

근대성의 극복에 대한 해러웨이의 기획은 주체의 소멸, 혹은 같은 말이지만 인간의 소멸이 아니라, 부인되었던 것을 가시화시키는 것이다. 그 기획은 "주체들과 행위자들의 열림이고, 외눈 거인인 주인 주체의 포만적인 눈이라는 유리한 위치로부터는 상상할 수 없는 설화들의 열림"[149] 이어야 한다. 그래서 해러웨이는 실험실의 수많은 겸손한 목격자들을 주체 위치로 호명해낸다. 큰 소리로 불러낸다는 뜻의 '호명interpellation'은 프랑스의 철학자 루이 알튀세르Louis P. Althusser의 개념이다. 해러웨이가 말하길 영어에서 이 단어는 1700년 이전에 이미 잊혀졌는데, 알튀세르 덕분에 다시 살아났다고 한다. 프랑스어에서 '호명interpellation'은 입법부에서 행정부의 관료들에게 설명을 요구하면서 불러들일 때 쓰이곤 했던 말이었다.

• •

149. 다나 해러웨이, 『유인원, 사이보그, 그리고 여자』, 민경숙 역 동문선(2002), p. 345.

알튀세르는 이데올로기에 의해 구성되는 주체를 설명하면서, "모든 이데올로기는 주체라는 범주 작동을 통해서 구체적 개인들을 주체로 호명한다"[150]고 했다. 이때 주체subject는 복종하다subject to라는 뜻을 가진다. 그가 예로든 것은 경찰이 "이봐, 거기 당신!"하고 지나가는 사람을 불러 세울 때다. 그런데 해러웨이는 알튀세르의 호명 테제를 살짝 비틀어서 인식과 오인의 문제와 관련짓는다. 가령 길을 가다가 큰 소리로 불린 그는, 경찰복을 입은 자의 부름이 자신을 괴롭힐지, 혹은 안전망이 되어 줄 것인지, 혹은 나를 체포할지, 통상적인 경찰업무를 하는 것이라 가볍게 여길지… 등등으로 자신을 인식하거나 오인하면서 응대하게 된다. 모든 응답이 같지 않다! 자기 자신에 관한 인식과 오인에 따라 응답은 다를 것이고, 그것에 따라 이데올로기에 의해 호명되는 주체 위치의 의미도 달라진다.

해러웨이는 또 "to interpellate"에는 '방해하다'라는 뜻이 있다는 점을 상기시킨다. 호명은 이데올로기의 노예가 된다는 의미만 있는 것이 아니다. "호명은 권력을 가진 사람들이 가능하면 자신들의 실천을 정당화하려고 고집하는 몸 정치학 속에서 일어나는 방해."(p. 121) 부인되었던 자들을 주체 위치로 다시 호명하는 것은 그들을 부인했던 자들을 방해하는 것이고, 약자 위치라는 유리한 위치에 서려는 그 자신을 방해하는 것이기도 하다. 보일의 실험실에서 질식하는 새를 보고 실험을 중단하라고 소리친 여성의 목소리처럼, 과학기술의 실천에서 우리는 이 짜증나는 방해의 목소리를 들어야한다.

● ●

150. 루이 알튀세르, 『재생산에 대하여』, 김웅권 역, 동문선(2007), p. 291.

6. 구축자 중심의 스토리와 양파 알레르기

근대 과학의 실천에서 비인간의 행위 능력을 처음으로 주목한 사람은 브뤼노 라투르다. 라투르는 과학적 사실이 과학실험실에서 어떻게 '제조' 되고 그것이 실험실을 넘어서 전 사회로 어떻게 퍼져나가는지를 다면적으로, 학제적으로 연구한다. 라투르가 보기에 과학적 사실은 주어진 것도, 불가피한 것도, 보편적인 것도 아니다. 과학적 사실은 아주 특정한 정치적, 기술적, 우발적, 사회적인 조건 속에서 생산되고, 그 생산의 역사는 경험적이고 역사적인 연구를 통해 분석될 수 있다. 과학적 사실이 주어진 것이 아니라 구축되는 것이라면 과학과 인식론, 과학과 사회 전체의 관계가 근본적으로 재평가되어야 할 것이다.

보일은 진공 실험에서 형이상학적인 설명을 조금도 하지 않았지만, 그는 진공 시연을 통해 왕도 개입할 수 없는 전문가의 권위를 획득했다. 보일이 권력을 획득한 기술은 공기펌프와 하인들과 기술자들과 새의 깃털을 동원하고, 그 시연을 참관할 신사들을 동원하는 것이었다. 라투르는 보일의 이런 기술들을 로지스틱스logistics, 즉 병참술로 이해한다. 오늘날 운송으로 이해되는 로지스틱스는 원래 전쟁터에서 물자 공급을 의미하는 말이었다. 병참술의 핵심은 전쟁터에 적기에 물자를 공급하는 것인데, 이를 위해서는 동맹을 끌어모으는 능력이 절대적으로 필요하다. 근대 과학에서 시작된 오늘날의 테크노사이언스도 그 성패는 병참술에 달려 있다. 라투르는 서양의 테크노사이언스가 어떻게 전 세계로 확장되는가를 행위자 네트워크 이론Actor Network Theory, ANT으로 설명하는데, 그 이야기의 핵심에는 비인간 행위자들과의 동맹과 그것의 동원이 있었다.

하지만 해러웨이는 비인간을 동원의 대상으로 보는 라투르식의 전쟁 서사에는 동의하지 않는다. 물론 라투르가 포착하는 전쟁은 병참술이기에

장군 혼자 치르는 전쟁이 아니다. 그 전쟁에는 많은 플레이어들이 개입되어 있기 때문에 전쟁의 결말도 미리 정해져 있지 않다. 근대의 전쟁은 동맹을 구성할 연결망에 좌우되기 때문이다. 그래서 영웅에게 요구되는 것은 인간-비인간 사이의 동맹을 가능하게 하는 동원 능력이다. 라투르 등의 과학학 연구자들이 전통적인 인식론에 반기를 들면서 강조하려는 것은 과학을 만드는 것은 탁월한 정신의 능력이 아니라 이 전사들의 실천적인 노력에 있다는 점이었다.

하지만 해러웨이는 라투르가 지나치게 힘에 몰입해 있음을 지적한다. 라투르는 사물들을 인식 주체로 끌어올리지만, 그 사물들로부터 테크노사이언스라는 첨단의 실천을 구성하는 데 소용되는 힘이라는 시각 외에는 보지 못했다는 것이다. 이에 해러웨이는 라투르의 ANT에 대해 "형성 중인-과학 내에 있는 행동은, 모두 힘에 대한 시험이자 위업이며, 동맹을 모으는 일이자, 강요된 동맹들의 힘과 숫자로 세계를 주조하는 일"(p. 97)이라고 비판한다. 이것은 여태까지 단지 수동적 존재로 치부되었던 비인간들을 인식론의 장으로 밀어 올려놓는 위업을 달성하고도, 힘과 숫자로 그 이질성들을 동질화해버렸기 때문이다.

수잔 리이 스타Susan Leigh Star는 맥도날드에서 겪은 자신의 양파 알레르기 경험을 토대로 라투르의 구축자 중심주의를 비판했다.[151] 맥도날드의 햄버거 제조 방식은 빠른 제조를 위해 완전히 표준화되어 있다. 그것은 말 그대로 패스트푸드fast food다. ANT의 용어로 말하자면 행위자들의 강력한 네트워크가 안정적으로 구축된 덕분에 좋은 성과를 내고 있는 것이다. 하지만 양파 알레르기가 있는 스타가 주문 시에 양파를 빼달라고 했을 때, 그는 30분 이상을 기다려야 했다. 그것보다는 차라리 표준적인 햄버거

• • •

151. 아네르스 블록, 토르벤 엘고르 옌센, 『처음 읽는 라투르: 하이브리드 세계의 하이브리드 사상』, 황장진 역, 사월의 책(2017), pp. 101-102.

를 받아서 양파를 일일이 골라내는 편이 속 편한 일이었다. 이런 일은 극히 예외적인 상황이 아니다. 프로세스 표준화가 보편화된 요즘, 주변적 존재들은 일상적으로 이런 일을 겪는다. 하지만 사물과 동맹하는 전사의 실천적 노력만을 말하는 ANT는 이에 대해 답하지 못한다. 프로젝트의 성공을 위해 호명된 전사에게 스타의 양파 알레르기는 '방해'꾼일 뿐이다. ANT가 병참술로 과학을 이해하는 한, 증식하는 목격자들이 막아서는 '방해'의 의미는 삭제될 공산이 크다.

이에 해러웨이는 "많은 과학학 연구자들이 구체적으로 페미니즘, 탈식민주의, 다문화주의 등의 대항 이론에서 나온 기호학, 시각문화, 서사 실천에 대한 이해로부터 그들의 기본적인 서사와 전의를 끌어내지 않았기 때문에"(p. 98) 그들의 연구가 불충분해진다고 지적했다. 해러웨이와 스타의 이러한 비판에 대해서 라투르는 이렇게 대답한다.[152] ANT의 구축자 중심주의는 우선순위 문제였다는 것이다. 워낙 전통적 인식론이 강고했었기 때문에, 똑같은 설명을 반인식론적 방식으로 되돌려줄 필요가 많았다는 해명이다. 한편으로 라투르는 페미니스트들의 이러한 비판을 부분적으로 수용한다. 이와 관련하여, 라투르 사상에 대한 입문서를 쓴 아네르스 블록과 토르벤 엘고르 얀센은 라투르의 정치적인 은유가 전쟁에서 점차 실험적 민주주의로 바뀌고 있다는 점을 꼽았다.[153]

해러웨이가 포착한 증식하는 겸손한 목격자들은 하나의 주체 위치에 집합적으로 결속되기를 기다리기만 하는 존재들이 아니다. 오히려 그런 주체 위치의 결속을 방해하는 힘으로도 작동한다. 스타의 양파 알레르기는 구축자 중심주의를 방해하는 의외의 목격자다. 방해를 통해, 혹은 가던 길을 방해하는 새로운 호명을 통해, 주인공이 바뀌는 것은 물론이고

152. 같은 책, p. 101.
153. 같은 책, p. 102.

프로젝트 자체가 바뀌기도 할 것이다. 해러웨이가 보기에 테크노사이언스의 희망은 여기에 있다. 무미건조한 사실을 생산해내는 단 하나의 이야기가 아니라, 흥미진진하고, 때로 두렵기도 한 수많은 이야기들이다. 그 이야기들 속에 우리가 살고 싶은 세계가 있을지도 모른다.

7. 겸손한 목격자들의 "편들기"

그런데 수많은 주체들이 자신의 위치에서 저마다의 진실을 주장한다면 우리는 무엇을 선택해야 할까? 『방법에의 도전』에서 폴 파이어아벤트Paul Karl Feyerabend는 하나의 과학이 아니라 다수의 과학을 주장했다. 그는 과학의 특권성을 해체하기 위해 인식론적인 상대주의를 강하게 주장해온 철학자다. 파이어아벤트는 과학의 방법론을 통해 사이비과학과 진정한 과학을 나누려는 과학철학자들에 대해 특히 비판적이었는데, 그들은 절차의 객관성만 지켜지면 객관성이 담보되는 것으로 간주하기 때문이었다.[154]

가령 우리 지역에 핵발전소 폐기물 처리장을 건립하는 데 찬성할 것인가 반대할 것인가, 혹은 낙태금지법에 찬성할 것인가 반대할 것인가는 실존적인 선택의 문제이지, 절차의 객관성으로 타당성을 따질 문제가 아니다. 그러나 다수의 지식이 모두 진리 주장을 할 때, 무언가는 반드시 결정되어야 하는 것이지 아무거나 좋다고 할 수는 없는 노릇이다. 파이어아벤트는 공동체에서의 민주적인 합의에서 그 해법을 찾았다. 하지만 바이러스에 대한 백신이나 항생제를 민주적인 합의로 결정할 수는 없을 것이다. 또한 파이어아벤트가 말하는 민주적인 합의가 다수결을 의미하는 것은

● ●

154. 폴 파이어아벤트, 『방법에의 도전』, 정병훈 역, 도서출판한겨레(1987), pp. 335–352.

아닐지라도, 대개는 다수결이기 십상이어서 소수의 의견은 무시되는 경우가 일반적이다.

그렇다면 무엇을 믿을 만한 지식으로 간주할 것인가는 어떻게 결정되어야 할까? 해러웨이는 여러 지식들이 경합하고 있을 때 어떤 지식에 더 높은 권위를 부여할 것인가의 문제를 풀기 위해 하딩의 "강한 객관성"과 스타의 "편들기"라는 개념을 가지고 온다. 하딩은 과학을 과학 공동체 내부의 문제로 보는 것에 반대한다. 과학이 단지 그 과학 공동체만의 문제가 되었을 때, 절차적 객관성과 결과의 객관성이 동일시되기 때문이다. 하딩에 따르면, 과학은 과학 공동체만의 문제가 아니라 그 지식에 영향을 받는 사회의 문제다. 그러므로 어떤 지식을 믿을 만한 지식으로 간주하기 위해서는 그것의 연구 과정을 형성하는 것에 대한 사회적 가치가 체계적으로 조사되어야 한다. 하딩이 주장하는 강한 객관성은 연구 공동체만의 노력으로 확보되지 않고, 그것의 사회적 가치에 대한 비판적 의문에 의해 확보되기 때문이다. 하딩의 강한 객관성은 보편성이나 영원성을 추구하지 않고, 위치의 특권성에 대한 비판적 의문을 허용한다. 하딩은 강한 객관성을 위해 어떤 위치에서 확보된 지식인가를 문제시하면서, 해방적 관심에 의해 주도되는 지식이라는 관습적인 용어를 사용하기도 했다.

해러웨이는 하딩의 "강한 객관성"보다는 스타의 "편들기"를 더 선호한다. 하딩이 표방하는 '해방적 관심' 혹은 '강한 객관성'이라는 용어 속에는 지식 활동에 대한 정당화의 논리가 암시되어 있다. 반면 스타의 "편들기"에는 인식 활동의 편파성과 무구하지 않음이 명확히 표현되어 있다. 모든 인식은 어느 한쪽의 편에 서 있다. 가령 맥도날드의 표준화 프로세스는 양파 알레르기가 있는 스타의 편이 아니라 프로세스 구축자인 자본가의 편이다. 모두를 위한 지식은 없다. 우리는 자본가의 편에 설 것인지,

양파 알레르기가 있는 스타의 편에 설 것인지를 결정해야 한다. "위치 선정은 항상 편파적이고, 항상 유한하며, 항상 전경과 배경, 텍스트와 콘텍스트의 위험한 장난으로 비판적 의문을 구성한다."(p. 103)

모든 지식은 어떤 위치에서의 지식이고, 누군가를 위한 지식이다. 어떤 지식 주장에서 무엇을 전경화하고 무엇을 배경으로 물릴 것인가는 누군가의 이해를 반영하는 전략이다. 따라서 모두를 위한 지식이라는 주장은 '누구를 위한 지식인가?'라는 비판적인 의문을 봉쇄한다. 하지만, 편파적임을 감추지 않는 지식은 비판적인 의문에 열릴 수 있다. 해러웨이가 포착한 겸손한 목격자들은 자신이 본 것에 대한 편향성과 유한성을 아는 자들이다. 그렇기에 '겸손한' 합리성, 즉 한정된 상황에서의 합리성을 주장하는 자들이다. 우리는 한정된 자유와 적절한 만큼의 풍요를 위해 매번 무구하지 않은 편들기에 나선다. 하지만, 누구의 편을 들것인가는 항상 논쟁적인 것이고, 순진한 것이 아니고, 쉽게 정당화될 수 있는 것도 아니다. 같은 지식을 주장할지라도 그것이 편들기임을 감추지 않는 것과 그렇지 않은 것 사이의 차이는 크다.

제7장

괴물의 약속

1. 가공주의와 생산주의

우리에게 너무 익숙한 자연自然이라는 말은 동아시아에서 예전부터 사용되던 용어가 아니라 네이쳐Nature의 번역어다. 자연은 '스스로 그러하다'는 의미다. 한자 문화권인 동아시아에서는 제도와 관습을 통해 강제로 행위를 만들어내는 것을 유위有爲라고 했고 강제하지 않는 것은 무위無爲라고 했다. '자연'이라는 번역어는 무위를 염두에 둔 번역이다. 오늘날의 우리에게 자연은 숲이나 강처럼 물리적인 장소이기도 하고, 과도한 개발로부터 보호해야 할 대상이기도 하고, 아직도 탐구할 것이 많은 신비스런 무엇이기도 하고, 문명의 재료이기도 하고, 모든 것을 낳는 숭고한 어머니이기도 하다. 그런데 「괴물의 약속: 부적절한/마음대로 전용할 수 없는 타자들의 재생성적인 정치」[155]에서 도나 해러웨이는 자연에 대한 이 같은

● ●

155. Donna Haraway, "Chap. 3 the Promises of Monsters: a Regenerative politics for Inappropriate/d Others", *The Haraway Readers*, Routledge(2004); 이 논문은 해러웨이

통념적인 이해를 정면으로 반박한다.

자연은 우리가 갈 수 있는 물리적인 장소도 아니고, 울타리 속으로
몰아넣거나 쌓을 보물도 아니고, 구하거나 침해할 수 있는 어떤 실체도
아니다. 자연은 숨겨진 것이 아니라서 베일을 벗길 필요도 없다. 자연은
수학과 생물의학의 코드로 읽혀져야 할 텍스트가 아니다. 그것은 기원
과, 보충과, 그리고 서비스를 제공하는 "타자"가 아니다. 어머니, 유모도
아니고 노예도 아닌, 자연은 인간의 재생산을 위한 모체나 자원, 혹은
도구가 아니다.

자연은, 그러나, 공통된 주제들을 고려한 수사학자의 장소와 토픽이
라는 의미에서, 관습적인 주제, 장소다; 자연은, 엄밀히 말해서, 일상사
commonplace이다. 우리는, 우리의 담론을 정리하고, 기억을 구성하기
위해서, 이 토픽에 의지할 것이다.

…

자연은 미리 존재할 수 없지만 그것의 현존이 이데올로기적인 것도
아니다. 자연은 일상사이고, 인간이든 아니든 물질-기호론적 행위자들
사이의 상호 작용 속에서 초래된, 종잡을 수 없는 강력한 구축이다.
그런 실체들을 목격하는 것은 그 행위자들과 유리되어 있는 발견이
아니라, 상호적이고 언제나 불평등한 구조화하기, 모험하기, 능력을
위임하기이다.(pp. 65-68)

해러웨이는 자연을 미리 존재하는 본성으로 여기는 것에 반대하지만,
사물의 성질이 인간의 사회적 문화적 지배 관념에 의해서 규정된다는

가 1992년에 발표한 것이다. 이 글의 인용 혹은 참조는 본문에서 괄호 속에 페이지만
표시함.

급진적 구성주의의 주장에도 반대한다. 해러웨이가 보기에 사람도 사물도 모두 행위자다. 가령, 원시지구에서 시아노박테리아는 햇빛을 이용하여 물에서 수소를 떼어내고, 그것을 자신의 에너지원으로 사용하는 존재였다. 덕분에 시아노박테리아는 먹이 활동을 하지 않고도 에너지를 만들어낼 수 있었고, 그것의 파급 효과는 자신에게나 다른 존재들에게나 대단한 것이었다. 시아노박테리아의 출현으로 지구 대기의 조성이 달라졌다. 광합성의 부산물로 산소가 나왔기 때문이다. 혐기성 세균이 주를 이루던 원시지구에서 산소 농도의 증가는 혐기성 세균에게는 재앙이었다. 반면에 산소가 희박한 극한 환경에서 살아가던 호기성 세균은 때를 만나게 되었다. 시아노박테리아의 일상사가 지구의 모습을 바꾸었다. 이것이 "자연은 일상사이고, 인간이든 아니든 물질-기호론적 행위자들 사이의 상호 작용 속에서 초래된, 종잡을 수 없는 강력한 구축"이라는 의미이다.

대기과학자 제임스 러브록은 지구 대기는 지구에 거주하는 복수종의 복잡다단한 관계가 만들어내는 산물임을 처음으로 이야기했다.[156] 러브록에 따르면, 반응성이 큰 산소가 여전히 대기 조성의 21%를 차지하는 이유는 지구에 거주하는 유기체만이 아닌 복수종들의 복잡다단한 관계가 절묘하게 이 농도를 유지시키고 있기 때문이다. 오늘날 기후 문제를 일으키고 있는 이산화탄소의 급격한 증가는 복수종들의 관계가 이전과는 아주 달라져 버렸기 때문에 발생한 현상이다. 대기의 조성뿐 아니라 우리가 자연이라 부르는 모든 것은 주어진 것이 아니라 구축 중에 있는 존재다. 해러웨이는 이를 "가공주의artifactualism"라고 부른다. 이는 인간만을 유일한 구축자로 여기는 "생산주의productionism"와 구별되는 용어다.

미국의 유전공학 교과서인 『유전기술의 진보』의 제1과는 자연이 처음

. . .
156. 제임스 러브록, 『가이아』, 갈라파고스(2003), pp. 141-172.

부터 유전공학자였다고 기술하고 있다. 이 교과서는 "유전자의 재배열은 자연적으로 일어나며", "유전자의 자연적 재배열은 자연에서 발생하는 변화의 근원이다"라고 기술한다.[157] 그러나 이는 해러웨이가 말하는 가공주의에 관한 것이 아니다. 이 교과서가 자연에 활동성을 부여한 것은 유전공학의 정당성 확보를 위해서다. 유전자 재배열은 자연에서 일어나는 일이므로 이를 모방적으로 실천하는 유전공학은 해로운 것이 아니라는 논리다. 이는 자연의 일부인 인간이 자연을 모방하는 것은 지극히 당연하다는 논리로 유전공학에 제기되는 부정적인 이슈를 덮으려는 술책이다. 자연성은 이처럼 어느 때는 미개로 어느 때는 규범으로 편리한 대로 사용되었다. 그런데 자연성이 규범으로 주장될 때, 행위자는 자연법칙이지 그것에 관여된 사물들이 아니다. 유전자의 재배열이 자연적으로 일어난다는 의미는 자연법칙에 의해 유전자들이 재배열된다는 의미이지, 유전자들의 역동적인 활동을 염두에 두는 게 아니다. 자연에 대한 이런 식의 인식에 대해 해러웨이는 "자연 없는 자연"[158]이라고 부르면서 비판한다.

"자연 없는 자연"에서 유일한 행위자는 자연법칙이고, 사물들은 자연법칙대로 작동하는 오토마타이다. 미메시스로서의 테크노사이언스가 정당성을 확보하는 공간인 '자연 없는 자연'은 행위자들을 비워 내버린 텅 빈 공간이지, 행위자들 간의 우발적인 만남과 그것의 상호 작용이 일어나는 곳이 아니다. 미국 과학 교과서 『유전기술의 진보』는 존재를 두 가지 상이한 존재 양식으로 나눈다. 하나는 자연법칙에 복종하는 오토마타로서의 존재 양식과 그것과는 별도로 진정한 행위 능력을 가진 존재 양식이

• •

157. 다나 해러웨이, 『겸손한_목격자@제2의_천년. 여성인간©_앙코마우스™를_만나다』, 민경숙 역, 갈무리(2007), p. 225.
158. 같은 책, p. 219.

그것이다. 비인간의 존재 양식은 언제나 전자이지만, 특별히 인간은 이 두 가지 존재 양식을 동시에 가지면서 편리하게 그것을 쓴다. 인간은 자연의 일부이기도 하지만 자연의 법칙을 순치順治할 수 있는 진정한 행위 능력을 가지고 있다고 여기기 때문이다. 이러한 발상에서 나온 것이 소위 '생산주의'다. 생산주의는 오직 인간만을 예외적인 존재로 둘 때, 즉 인간만을 진정한 행위자로 둘 때야 가능하다.

맑스의 『고타강령 비판』은 이를 정확하게 지적하고 있다. 맑스는, "노동은 모든 부와 모든 문화의 원천이다"라는 독일노동자당 강령의 첫 구절을 문제 삼으면서, "노동은 모든 부의 원천이 아니다. 자연도 노동과 마찬가지 정도로 사용가치(그리고, 확실히 이것으로 물적 부는 이루어진다!)의 원천이며, 노동 자체는 하나의 자연력인 인간의 노동력의 발현일 뿐이다"[159]라고 비판했다. 이 구절로부터 맑스는 자연력과 인간의 노동을 하나의 연속체로 보고 있었다는 것, 맑스의 공산주의는 인간만의 공산주의가 아니라 '만물의 공산주의'임을 이끌어낼 수 있다.[160] 생산주의는 인간이 그 자신의 노동을 사용가치의 원천으로 간주하는 것인데, 그것은 인간이 "자연에 대해서 소유자로 관계를 맺는 한에서만"이다.

인간이 자연에 대해서 소유자로 관계 맺을 어떤 정당성이나 근거는 없다. 지구는 인간만의 것이 아니고 유기체만이 아닌 복수종의 가공주의의 산물이기 때문이다. 지구의 주인은 인간이 아니다. 인간은 지구를 통치의 대상으로 보지만, 지구는 복수종의 테라폴리스Terrapolis다.[161] 테라폴리스는

• •

159. 칼 맑스, 프리드리히 엥겔스, 『칼 맑스 프리드리히 엥겔스 저작선집』 4권, 최인호 외 역, 박종철출판사(2009), p. 370.
160. 〈맑스와 미래의 기념비들〉이라는 제하의 강의에서 이진경은 『고타강령』의 이 구절을 환기시키면서 맑스의 공산주의는 인간만의 것이 아니었음을 가르쳐주었다.
161. Donna Haraway, *Staying with the Trouble*, Duke University Press(2016), pp. 10-12.

폴리스를 구성하는 구성원들에 의해 오랜 동안 그럭저럭 구축되어온 정치체다. 복수종들의 권력은 동등하지 않지만 어느 한 종이 모든 권력을 독식하지는 못한다. 복수종들은 세계를 부분적으로 공유하고, 서로 권력에 찬 대화를 나눈다. 복수종 각각의 세계는 그들의 독자적인 세계가 아니라 다른 복수종들과 공유하는 세계이다. 따라서 이들이 누릴 수 있는 물질적인 풍요는 한정적이고, 자유는 제한적이다.

땅벌의 일종인 나나니벌은 땅에 굴을 파서 자신의 애벌레를 넣고 키운다. 이때 나나니벌은 자벌레나 배추애벌레를 잡아서 자신의 벌침으로 마취시키고 굴을 파서 자신의 애벌레와 같이 넣고, 굴 입구를 단단히 막는다. 마취된 애벌레들은 새끼를 위한 식량이다. 침입자로부터 새끼를 보호하고, 애벌레에게는 아직 살아 있는 마취된 신선한 고기를 먹이기 위해서다. 나나니벌은 어디를 마취시키면 배추벌레가 죽지 않고 기절만 하는지를 정확히 알고, 그곳을 공격한다. 나나비벌의 사냥과 육아는 대단히 테크노사이언스적이다. 하지만 나나니벌의 테크노사이언스는 무한정의 풍요와 자유를 약속하지 않는다. 그들의 테크노사이언스는 애벌레를 키울 만큼의 한정된 풍요, 포식자들에게 새끼가 잡아먹히지 않을 정도의 한정된 자유를 가져다준다. 나나니벌이 자신만을 위한 세계에 살 수 없고, 다른 자들과 부분적으로 공유된 세계에서 살기 때문이다.

하지만 생산주의는 소유 관계만을 전제하기 때문에 누구와도 공유하지 않는 자신들만의 세계를 상상하고, 무한정한 풍요와 무한정한 자유를 추구한다. 그래서 '자연 없는 자연'은 무한정한 풍요와 제약 없는 자유를 위해서 정복되고, 이용되어야 할 것으로 여겨진다. 이런 생산주의가 관통하는 세계는 아주 특정한 계급만을 위한 탐욕스런 세계다. 그러나 그것은 지속가능한 현실의 세계가 아니다. 이 세계는 그들만을 위한 것이 아니고, 그들이 주인인 것은 더욱이 아니고, 복수종의 존재들과 부분적으로 공유되어 구축되는 세계이기 때문이다.

2. 기호론적 4분면

「괴물의 약속」에서 해러웨이의 이론적 도구는 기호론적 4분면이다.
그는 우리가 통상 자연, 혹은 인공이라 생각하는 영역들을 개념적으로
나누어서 각각의 4분면에 배치하고 통념과는 다른 양상을 보여준다.
이를 위해 해러웨이는 1사분면에는 실제 공간인 지구, 2사분면은 외부
공간, 즉 지구 바깥, 3사분면에는 내부 공간으로 생물의학적인 신체,
4사분면에는 가상인 SF를 배치한다. 4개의 사분면은 우리가 실제 공간real
space, 혹은 현실이라고 생각하는 지구, 그 바깥인 우주, 그리고 그 별들의
물질이 살아 있는 생의학적인 신체, 그리고 가상까지 우리의 삶과 연관된
모든 장소가 망라되어 있다. 통상 지구는 자연과 문명이 혼재하는 곳으로,
지구 바깥은 문명의 손길을 기다리는 미답의 지역으로, 그리고 인체는
지구 바깥만큼은 아니지만 문명의 완전한 정복을 기다리는 곳으로, 그리고
가상의 공간은 앞의 세 곳들과는 달리 현실과는 무관한 인공적인 상상의
영역으로 여긴다. 하지만 각 4분면에 위치한 모든 영역이 우리 삶과
결부된 중요한 일상의 장소들이다.
　우리는 1사분면부터 차례로 방문할 예정인데, 각 4분면마다 처음에
안내되는 곳은 통념이 만들어지는 장소이고, 두 번째로 안내되는 곳은
가공주의가 관통하는 장소다. 여기서 눈여겨봐야 할 것은 각 4분면의
두 번째 장소에서 무엇이 태어나는가 하는 것이다. 페미니스트들은 일찍부
터 자연의 생산성을 포착했다. 하지만 여성과의 지나친 동일시로 그
잉태의 형상을 잘 규정된 유기체만을 낳는 성스러운 여신, 혹은 신성한

어머니로 만들어버렸다. 이 분석에서 해러웨이가 사용하는 비유 역시 '잉태'다. 하지만 그가 묘사하는 잉태는 여신의 잉태가 아니라, 괴물의 잉태다. 낳는 자는 여신이 아니라 괴물이다. 괴물은 잘 정의된 카테고리의 사랑스런 유기체의 아기를 낳지 않는다. 괴물은 기묘한 연결들, 혹은 브뤼노 라투르의 용어로는 하이브리드들을 낳는다. 가령 '캠코더를 든 카야포족 남자'는 캠코더와 카야포족 남자가 분리되지 않는 하이브리드다. 뒤에서 살펴볼 쇼쇼니족의 통행증, 플라스틱 산도, 사이보그, 힘을 펼치는 AIDS연대 등은 괴물이 잉태한 자식들이다. 그러나 각 사분면에 있는 두 번째 장소에 대한 지나친 환상은 금물이다. 그곳은 화해와 공존, 이해와 평화가 넘치는 파라다이스가 아니다. 그곳은 오히려 그런 말들이 허구임을 보이는 장소이고, 불평등한 권력과 끝나지 않을 논쟁이 벌어지는 뒤죽박죽, 시끄러운 곳이다.

3. "자연 없는 자연"

첫 번째로 탐사할 곳은 세계적인 석유기업 걸프오일[162]의 광고 속에 나타난 아프리카의 곰베 공원이다. 곰베 공원은 제인 구달이 침팬지를 연구하고, 그것이 내셔널지오그래픽의 다큐멘터리로 방영되면서 유명해진 곳이다. 내셔널지오그래픽은 미국 내셔널지오그래픽 협회와 21세기 폭스사가 공동소유한 텔레비전 채널로, 자연탐사 등의 다큐멘터리 프로그램으로 유명하다. 곰베 공원에서 찍은 제인 구달과 침팬지의 다큐는 내셔널지오그래픽 사상 가장 많은 시청률을 올린 프로그램들 중의 하나다.

· ·
162. 걸프오일은 지금은 다국적 에너지회사인 쉐브론에 인수되었다.

1984년 내셔널지오그래픽의 TV 채널 인수 9주년을 기념하여 걸프오일이 이 다큐를 전면에 내세우는 광고를 했다. 광고의 내용은 이렇다.

1960년에 제인 구달은 인간과 가장 가까운 친척, 침팬지를 찾아서 혼자서 탄자니아의 숲, 미지의 동산에 들어간다. 하지만 침팬지는 제인 구달에게 좀처럼 모습을 드러내지 않는다. 이에 구달은 참을성 있게 침팬지들을 관찰하고 그들을 이해하려고 했다. 그러자 침팬지들은 처음에는 냄새와 자취로 자신의 존재를 알렸고, 그다음에는 그의 앞을 순식간에 지나가면서, 그리고 마지막으로는 침팬지가 직접 손을 내미는 초대의 터치로 자신을 알렸다. 그런 다음에 구달은 그들에게 이름을 붙여주고 그 이름을 부른다.

이 광고의 서사는 "호기심에서 출발"한 부드러운 인간 제인 구달이 관찰과 배우기를 거쳐서 마침내 미지의 자연과 상호 '이해'에 도달한다는 내용이다. 이 서사는 바바라 스머츠가 비비에게 했던 예의 바른 인사와는 다르다. 광고의 메인카피는 "호기심에서 출발하여, 관찰로, 그 다음은 배우기로, 그리고 이해까지"(p. 80), 그리고 "이해는 모든 것이다"(p. 76)이다. 해러웨이가 보기에 걸프오일의 광고에 나타난 이 서사는 불화했던 가족, 자연과 인간이 서로를 '이해'하면서 마침내 한 가족이 되었다는 가족 치유의 서사다. 이 치유의 서사에서 침팬지는 백인여성의 품에 스스로 안겼다. 이 광고는 정치적, 재정적 추문에 휩싸여 있던 석유기업들이 아름답고 헌신적인 여성 과학자 구달박사(이 광고에서 그는 더 이상 제인이 아니라 구달박사다)를 등장시켜서 자신들을 선도적인 환경 기업으로 포장한다. 동물의 자발적 터치에 의해 마침내 자연과 문화가 화해했다는 식의 서사는 지구 파괴의 첨병인 에너지 기업이 자신의 파괴적 탐욕을 가리려는 술책에 다름 아니다. 구달을 앞세운 지적이고 부드러운 과학의 서사에서, 야만의 자연은 문명의 품에 자발적으로 안긴다.

해러웨이가 분석하는 이 서사의 정치적인 의미를 좀 더 따라가 보자. 구달이 곰베 국립공원에 들어간 1960년대 아프리카는 격동의 시기였다. 1960년 한 해에만 15개국이 독립을 했다. 아프리카 민족들은 유럽인들을 쫓아내고 자신의 땅에 대한 권리를 쟁취하려 했기 때문에 그 땅을 차지하고 있던 서방 세력들은 자원의 보고 아프리카에서 심각한 위기에 몰려 있었다. 유럽으로서는 철없는 사춘기 아이 같은 아프리카가 다시 가족의 품에 안겨야 했고, 광고는 노골적으로 그들의 희망을 드러낸다. 침팬지는 마침내 부드러운 여성 과학자의 하얀 손을 자발적으로 잡는다. 해러웨이는 이 서사에서 구달이 맡은 역은 그 옛날 쫓겨난 에덴으로 다시 돌아간 인간, 여자 아담 역이라고 논평했다. 아담이 신의 명령에 의해 사물의 명명권을 획득했다면, 구달박사는 동물들의 자발적인 초대에 의해 명명할 권한을 얻는다. 그것은 과학이 얻은 권한이기도 하다.

"호기심에서 출발하여, 관찰로, 배우기로, 이해까지"는 과학의 비정치성을 선전하는 말이지만 거꾸로 그것은 정치적인 너무나 정치적인 말이다. 1970년대 곰베에서는 유인원에 대한 과학 연구가 폭발했다. 당시 침팬지를 연구하려는 인간의 수가 침팬지의 수보다 많았다. 과학의 이름으로 서양인들이 다시 아프리카를 접수했던 것이다. 게다가 이 광고의 어디에도 탄자니아인들의 검은 손은 없다. 그들의 손은 침팬지의 자발적인 터치를 위해 치워져야 했을 게다. 하지만 그곳은 광고 속의 곰베 공원이지 현실의 곰베 공원은 아니다. 현실의 곰베 공원에서 제인 구달과 침팬지는 완벽한 이해에 도달한 것이 아니고, 부분적으로 공유되는 세계에서 서로 인사를 주고받게 된 것이다. 침팬지에게 구달은 다소 성가시고 흥미로운 손님이지, 품에 안겨야 할 엄마가 아니다.

4. "정의의 생태학"

이제 가공주의가 관통하는 사회적 자연으로 들어가 볼 차례다. 이를
위해 해러웨이가 안내하는 곳은 아마존의 숲이다. 〈디스커버리〉 1990년
8월호에 "정글에서의 기술Tech in the Jungle"이라는 제목의 기사가 실렸다.
아마존의 원주민인 카야포Kayapo족 원주민 남자가 자신들 부족이 벌이는
수력발전소 건립 반대 시위를 캠코더로 촬영하는 기사였다. 이 기사는
필경 전통적인 생활방식을 지키기 위해 문명의 도구를 사용하는 아이러니
나 전통과 문명의 횡단을 말하려고 했을 것이다. 하지만 해러웨이는
수잔 헥트Susan Hecht와 알렉산더 콕번Alexander Cockburn의 책, 『숲의 운명The
Fate of the Forest』을 가지고 〈디스커버리〉의 기사를 다르게 읽는다.

『숲의 운명』에서 헥트와 콕번의 중심 과제는 서구인들에게 박혀 있는
"온실 속의 에덴"(p. 84)이라는 아마존 이미지의 해체다. 저자들에 의하면,
아마존 숲에는 오래전부터 많은 사람들이 살았고 지금도 많은 사람들이
산다. 아마존은 한 번도 온실 속의 에덴인 적이 없었고 지금도 그렇다.
가령 서구의 침략이 시작된 1492년에 아마존 숲속에서 사는 사람들은
그 수가 600만에서 1,200만이나 될 정도로 많았다. 그런데 유럽인들의
침략으로 이들은 "전염병에 걸리고, 노예가 되고, 살해되었고, 그렇지
않으면 쫓겨났다."(p. 84) 이렇게 숲속의 토착민들이 대거 축출되고 나서
서양인들은 그곳을 "온실 속의 에덴", "문화가 없는 빈 공간"으로 간주했다.
하지만 아마존은 '빈 공간'이 된 적이 없었고, 지금도 '빈 공간'이 아니다.
숲에는 여전히 토착민들이 많이 산다. 그들은 과거에도 지금도 아마존
숲에서 금, 견과류, 고무와 여타의 임산물들을 채취하면서 살고 있다.
헥트와 콕번은 아마존의 수종樹種의 다양성조차 카야포족을 비롯한 여타의
부족들의 의도적인 가꾸기의 결과라고 주장한다.

그러나 지금 아마존 토착민들의 생존은 세계은행과 국가 자본에 의해 위협받고 있다. 그들의 국가는 물론이고 국제적인 환경전문가들, 은행가들, 개발자들, 기술 관료들이 토착민들에게 후견인 행세를 하지만, 토착민들은 이에 강력히 저항하고 있다. 이 저항 그룹들은 브라질, 에콰도르, 콜롬비아, 페루 등의 토착민 그룹들로 구성되어 있고 아메리카 대륙의 다른 토착민들과도 연대하고 있다. 우리에게 잘 알려진 사파티스타 무장봉기도 이런 맥락이다. 1988년에는 브라질의 고무수액 채취 노동자 출신의 열정적인 환경운동가 치코 멘데스Chico Mendes가 가족들이 보는 앞에서 살해되었다. 그는 아마존의 고무나무 벌목을 막기 위해 싸웠고, 그 때문에 죽었다. 고무나무 플랜테이션을 운영하는 자본들이 고무나무의 수익률이 떨어지자 고무나무를 베어내고 축산업으로 사업 구조조정을 하려고 했다. 그 결과 고무나무 수액을 채취하면서 숲에 살던 토착민들의 생존권이 크게 위협받게 되었다. 이때 멘데스는 그 저항의 선봉에 서 있었다. 그는 숲속의 채취자들과 토착 종족들을 숲의 방어자라고 주장했다. 그들에게 숲이란 대대로 이어져오던 삶의 터전이고, 숲에게도 그들은 없어서는 안 될 파트너였기 때문이다. 아마존은 미답의 자연이나, 문명이 없는 빈 공간이 아니라 처음부터 "사회적 자연social nature"이었다.

1989년에 리오 브랑코에서 "숲 사람들의 동맹Forest People's Alliance"의 두 번째 회의가 열렸다. 멘데스의 암살 직후라 긴장이 고조된 가운데 회의가 진행되었다. 이 회의에서 그들은 숲 사람들을 위한, 숲 사람들에 의한, 프로그램을 공표했다. 이들의 주장은 "환경 프로그램과 연계된 토지개혁, 경제적 및 기술적인 개발, 보건 진료소, 높은 소득, 지방에서 통제되는 시장경제, 가축업자, 농업 관련 산업, 벌목에 대한 지원 중지, 빚에 묶인 날품팔이의 종식"(p. 86)이었다. 헥트와 콕번은 이 프로그램을 가리켜 환경 파괴에 대한 전문가적 해법을 거부하는 "정의의 생태학ecology of justice"이라고 불렀다. 그러나 숲 사람들이 전문가적 해법을 거부한다고 기술을 거부하는 것은 아니다. 그들이 거부하는 것은 자신들을 숲의 집합체의 한 구성원으로 인식하지 않는 테크노사이언스적인 담론들과 그것에 기반한 "근대" 정치의 인식론이다. 바로 이것들이 소위 전문가들에게 사법적인 특권을 부여해왔고, 숲 사람들의 자격을 박탈했다.

5. 대리의 정치와 절합의 정치

숲의 사람들이 환경 파괴에 대한 전문가적인 해법을 거부하는 것은, 소위 전문가란 자들이 권력과 결탁하기 쉽다고 의심되기 때문만은 아니다. 그럴 가능성은 많이 있지만 꼭 그렇지 않을 수도 있다. 제인 구달이 곰베에 들어간 건 아프리카에서 쫓겨날 위기에 처한 서구인들에게 새로운 정당성을 부여하기 위해서가 아니었다. 그는 인류의 가장 가까운 친척에 대해 강한 끌림을 느꼈을 것이다. 하지만 그의 순수한 행동은 순수하지 않은 효과를 야기했다. 과학의 정치성은 과학자 개인의 순수성과는 별 상관이 없는 일이다.

전문가적인 해법은 말없는 자연에 대한 대리자representative를 전문가에게 맡기는 것인데 해러웨이는 이를 대리representation의 정치라고 부른다. 헥트와 콕번의 책,『숲의 운명』에 대한 리뷰를 쓴 조 케인Joe Kane은 이렇게 묻는다. "재규어는 누가 대변하는가?"(p. 87) 숲 사람들이 숲의 사회적 사용을 주장하면, 자신을 대변할 길 없는 재규어는 어떻게 하느냐는 항변이다. 일견 일리가 있는 주장이다. 하지만 해러웨이는 대리 구도의 정치적인 함의가 갖는 위험성을 지적한다. 이 물음은 재규어를 걱정하는 것이다. 하지만 재규어를 대리하려는 이 물음은 재규어를 숲이라는 집합적인 신체로부터 분리하고 있다. 대리의 구도에서 재규어는 대리자의 보호관할 하에 놓이고, 영원히 '말 없는 자연'이 된다. 대리하는 자에게 가장 편한 이는 아마도 말 없는 자일 것이다. 그 완벽한 종속의 상태가 재규어에게 얼마나 많은 것을 제공할지는 의심스럽다. 숲 사람의 문제든, 재규어의 문제든 이들에게 숲의 문제는 자신들의 생존이 달린 문제다. 그런데 대리의 정치는 이 생존의 문제를 그것과는 가장 무관한 자들에게 맡길 것을 강요한다. 이해 당사자가 아니어서 편파적인 판단에서 자유롭다는 이유다. 하지만 이해와 무관하다는 점은 그 문제에 가장 무심할 수 있는 이유가 되기도 한다. 재규어의 생존에 가장 무심한 자가 재규어를 위해 좋은 결론을 내리리라고 생각하기는 어렵다.

숲 사람들의 고무나무 경작지가 많아지면 재규어의 서식지는 줄어들 것이다. 재규어도 숲의 일원이고 고무나무와 숲 사람도 숲의 일원이지만 그들의 권력은 동등하지 않다. 이때 재규어의 생태를 신경 쓰는 과학자들은 재규어의 편에서 숲의 정치에 참여할 수 있다. 해러웨이는 이를 대리와 구분해서 절합節合의 정치라고 부른다. 절합은 articulation의 번역어다. 대리는 이해 당사자를 배제하고 객관성을 표방하지만 절합은 오히려 특정한 연결을 표방한다. 영어에서 "articulate"는 "또박또박 발음된", "관절로 연결된", "분절적인"이라는 뜻이 있다. 그것은 다른 것과 구분되지만 또한 관절로 연결되어 있다. 절합의 명료함은 관절로 구분된 연결에서 나온다. 무엇과 연결되느냐가 명료한 차이를 만든다. 숲 사람들은 대리의 정치를 거부하고 절합의 정치를 요구했다. 숲 사람들의 요구는 분명articulate 하다. 그들은 자신들을 숲의 파트너로 인정하라고 요구했고, 숲과 연결된 자신들의 삶을 지키기 위해 투쟁했다. 그들은 숲에서의 삶과 무관한 전문가적인 해법을 거부하고 그들 자신들의 "상황 속의 지식"을 주장한다. 하지만 이는 당사자가 아니면 개입하지 말라는 당사자주의의 자격박탈의 언사가 아니다.

해러웨이는 카야포족[163] 남자의 캠코더 촬영을 중요한 절합의 정치로 독해한다. 그의 비디오 촬영은 문명과 미개의 경계 횡단이 아니다. 카야포족의 삶에는 그들과 격리된 자연도 없고 숲과 격리된 사회도 없기 때문이다. 문명과 미개라는 카테고리 자체가 터무니없는 것이다. 그 남자는 촬영을 하면서 비디오캠코더, 땅, 식물들, 동물들, 비디오를 보게 될 청중들, 그리고 기타의 유권자들로 구성된 인간/비인간의 집합체를 만들고 있었다. 그것은 절합된 집합체다. 이런 절합의 정치에서 숲의 다른 행위자들, 가령 재규어를 걱정하는 북미인들이나 비토착민 환경전문가들도 배제되지 않고 포함될 수 있다. 하지만 그들의 역할은 대리가 아닌 방식으로 재정의 되어야 할 것이고, 토착민 전문가도 그의 경험적인 지식을 가지고 참여되어야 한다. 그렇게 된다면 대리의 정치에 비해, 힘의 강도나 패턴은 확실히 다를 것이다.

아마존 숲의 생태를 염려하는 사람들 사이에는 직접 그 숲에서 삶을 일구는 사람들과 멀리서 데이터로만 접근하는 사람들, 재규어의 생존을 염려하는 사람들, 카야포족의 남자가 보여주는 비디오에 촉발된 사람들이 저마다의 정치적인 의사를 분명히articulate 할 것이다. 절합의 정치에서 가장 중요한 일은 바로 이런 절합, 즉 분명히 하는 연결들을 만들어내는 일이다. 하지만 해러웨이는 그것으로 최종의 해결책이 도출되는 것은 아니라고 말한다. 어떤 방식의 절합이든지 그것은 논쟁적이다. 대리의 정치가 그러한 논쟁을 일소하려 한다면, 절합의 정치는 늘 시끄러운 논쟁에 열려 있다. 지식을 만들고, 세계를 만드는 활동이란 이러한 논쟁에 참여하고 헌신하는 것에 다름 아니다.

• •

163. 카야포족은 수력발전소 건설을 막아내었다. 카야포족의 족장인 라오니 메투크티레는 평생 아마존 숲의 보호를 위해 헌신했고, 국제사회에 연대를 요청하고 있다.

6. "하나의 작은 발걸음"과 "내 어머니를 사랑하라"

이번에는 2사분면이다. 그 첫 번째 장소는 지구 바깥인 우주 공간이다. 구달이 곰베에 들어간 바로 그다음 해인 1961년 1월 침팬지 한 마리가 우주선에 탔다. 나사의 "인간 우주 진입 계획"의 일환으로 침팬지 햄HAM이 저궤도 비행 로켓에 태워져 발사되었다. 비행선은 우주 진입을 위한 경계까지 갔다가 포물선을 그리면서 지구로 다시 진입하는 데 성공했다. 포물선은 근대 과학의 상징이다. 투사체의 낙하를 제외하고는 모든 것을 설명할 수 있었던, 그 대단했던 아리스토텔레스의 과학을 극복한 것은 갈릴레오가 말한 투사체의 포물선 궤적이다.164 침팬지 햄은 우주 경쟁의 "대리 자녀surrogate child"(p. 94)였고, "우주 정복을 위한 인간의 임시 대역배우"(p. 94) 역할이었다. 침팬지 햄은 처음에 65호로 불렸고, 때때로 "촙촙챙chop, chop, chang"이라는 아시아 요리사를 연상시키는 이름으로 불리기도 했다. 아직 성공이 불확실했을 때, 야만의 자연은 단지 번호이거나 미개한 아시아인이었던 것이다. 햄이라는 이름은 지구로 귀환하는 와중에 그를 발사한 군사 과학 기구 Holloman Aero-Medical의 머리글자를 따서 허겁지겁 지어졌다. 만약 이 실험이 실패했을 경우 침팬지는 아무것도 아닌 실험 대상 65호였을 것이다. 이 침팬지는 「사이보그 선언」에서 해러웨이가 말했던 남권주의자의 자기 출산 신화의 "첫 번째 사이보그 신생아"다. 우리가 결별해야 할 이 신화에서 쥐와 유인원이 제물로 바쳐졌다.

2사분면의 두 번째 장소는 1987년 네바다주의 핵실험 부지에서 있었던

---

164. Alexandre Koyré, *Galileo Studies*, Humanities Press(1978), pp. 4-8.

반핵 시위 현장이다. 해러웨이는 "어머니와 타자들의 날 행동Mother's and Others' day Action"이라는 이름의 이 시위 현장을 유망한 사이보그 신화이자 가공주의가 관통하는 2사분면의 두 번째 장소로 주목한다. 이때의 슬로건 중 하나는 "당신의 어머니를 사랑하라"이다. 이때 '어머니'는 우주에서 본 지구다. 해러웨이 자신도 친연 그룹으로 참여했던 이 행사는 처음부터 행사의 제목 때문에 논란을 빚었다. 행사의 제목이 "어머니날 행동Mother's day Action"이었기 때문이다. 이 행사는 어머니날을 맞이해서 환경 정의와 반핵을 위한 시위로 기획되었고, 행사 티셔츠의 그림은 인공위성에서 찍은 푸른 지구 사진이었다. 그런데 곧 명칭에 대한 문제제기가 나왔다. 어머니라는 젠더코드가 평화에 대한 책임을 여성들에게 너무 쉽게 전가한다는 점에서, 그리고 어머니가 가진 임신과 출산의 특권성을 지나치게 강조하는 것 같아서 퀴어 페미니스트들을 불편하게 했던 것이다. 격론 끝에 티셔츠의 인쇄를 넘기는 막판에 "타자들의 날Others' day"이라는 문구를 추가했지만, 여성의 타자Other는 대개 남성을 가리킨다는 문제가 다시 제기되기도 했고, 어머니가 꼭 여자일 필요는 없다는 반대 주장이 나오는 등 티셔츠의 프린트는 와글와글한 논쟁을 불러일으켰다. 아무튼 이 논쟁의 중요한 명분 중 하나는 "지구와 지구의 모든 어린이들을 양육할 남자들의 의무를 주장하기 위해 어머니날을 재규정"하는 것이었다.

티셔츠의 글귀는 논란을 거듭한 끝에 "어머니와 타자들의 날 행동"으로 바뀌었다. 이 프로젝트에는 어머니날을 맞이하여 어머니 지구를 사랑하라는 에코–페미니스트들의 목소리가 강하게 울리지만, 어머니=지구라는 등식에 위화감을 느끼는 다른 페미니스트들도 이 행동에 적극적으로 참여했다. 모두가 일사불란하게 같은 구호로, 같은 정치를 말할 필요는 없다. 이들은 각자 자신들이 주장하는 바의 정치를 가지고 있었고, 기존의 정치에서 일정 정도 빗겨 나는 벡터들을 가지고 있었다. 첼라 샌도벌Chela

Sandoval이 이야기했듯이 차이를 분열의 이유로 삼지 않고, 퀴어한 연대의 힘으로 만들기 위해서는 "미분적인 정치differential politics"[165]가 필요하다.

해러웨이가 참여한 여성들로만 구성된 친연 단체는 자신들의 이름을 "대리타자Surrogate Others"라고 불렀다. 대리타자는 남자를 대리하려는 게 아니라 다른 형태의 잉태를 품고 있는 대리모를 시사한다. 이들은 재미있는 탄생 의식을 하나 기획했다. 그건 핵실험 시설로 불법(?) 침입을 감행하는 시도였는데, 이를 위해 이들은 사막의 땅속으로 길이 1.8미터 직경 90센티의 폴리에스테르로 만든 알록달록한 벌레 모양의 산도를 만들어 묻었고, 이 벌레와 연대해서 실험 시설로 기어들어 갔다. 이 산도를 통해 낳은 신생아는 남권주의자의 우주 정복 신화가 낳은 사이보그 신생아가 아니라 대리모가 낳은 "부적절한/마음대로 전용할 수 없는 타자"로서의 신생아다. 물론 이들은 넘어가자마자 경찰에 붙잡혔지만, 진실을 말하자면, 불법으로 그 땅을 점유하고 있던 자들은 오히려 정부 쪽이었다.

그 땅은 1863년 루비밸리 법정에서 서부 쇼쇼니족에게 그 소유권을 인정한 땅이었고, 쇼쇼니족 연합은 반핵에 대한 연대의 의미로 시위자 모두에게 통행권을 발급해주었다. 물론 경찰들은 그 통행증을 휴지조각 취급했다. 이것은 달걀로 바위치기처럼 보이는 행동들이지만, 해러웨이는 이 행동들을 계속하는 것이 중요하다고 믿는다. 이런 행동들은 많은 집합적인 신체들을 절합할 수 있을 것이기 때문이다. 가령, 아마존의 숲을 걱정하는 사람들의 연대까지도 말이다.

해러웨이는 "어머니와 타자들의 날 행동"의 전체 프로그램이나 연대 단체들의 독창적인 퍼포먼스가 주는 드라마의 힘에 과도하게 감동받지 않으려고 노력하면서도, 이런 프로젝트가 보여주는 재배치의 상상력을

• •

165. Chela Sandoval, "Methodology of Oppressed", *Theory out of Bound,* vol. 18, University of Minnesota Press(2000), p. 60.

진지하게 받아들인다. 이들은 어머니의 '잉태'라는 다소 문제 있는 이미지를 대리모의 산도로 재배치하는 발칙한 상상력을 발휘했다. 이런 퍼포먼스를 지나치게 낭만화하는 것은 물론 금물이지만, 지금과는 다른 세계를 꿈꾸기 위해서는 이런 구체적인 행위들을 발굴하고 참여하는 일은 중요하다. 지금과는 다른 세계를 만드는 일은 정체성을 들이대면서 배제를 일삼는 정화 행위들에 의해서가 아니라 "부적절한/마음대로 전용할 수 없는 타자"들의 다소 종잡을 수 없는 절합의 힘에 의해서이기 때문이다.

7. 생물의학적 신체

이제 3사분면, 내부 공간이다. 3사분면의 첫 번째 장소는 생물의학적인 신체의 내부다. 전자현미경으로 들여다본 인체는 도무지 종잡을 수 없는 잡동사니들의 집합이다. 첨단 과학 보고서는 인간을 구성하고 있는 세포 중에 단지 10%만 인간 게놈이고 나머지는 박테리아나 미생물이라고 보고한다.[166] 10%의 인간 세포와 90%의 잡동사니들이 어떻게 하나의 자기self가 될 수 있는 것일까? 생물학의 면역 시스템에 관한 담론은 이에 대한 깔끔한 해답을 주는 듯이 보였다. 생물학 담론에서 면역 시스템Immune System은 자기와 비자기를 판별하는 시스템으로 이해되었기 때문이다.

면역immunity이라는 말은 원래는 "役役, munitas"을 면제 받는다는 의미로 법적인 용어였다. 이 말이 의학계에 등장한 것은 1775년 무렵인데, 처음에는 에드워드 제너의 종두법에 의한 효과를 설명하는 말로, 종두 접종을 한 사람은 천연두에 다시 걸리지 않는다는 의미였다. 하지만 이때까지는

● ●

166. Scott F. Gilbert, Jan Sapp and Alfred I. Tauber, "A symbiotic view of life: We have never been Individuals", *The Quarterly Review of Biology*, vol. 87, no. 4, Dec(2012).

'면역'이라는 개념이 제대로 정립된 건 아니었다. '면역'이 개념화되기 시작한 것은 19세기 초반에 이르러서다. 면역은 외부에서 침입한 병원균에 대한 방어 체계로 이해되었다. 그런데 20세기 초에 이르면 면역의 개념이 바뀐다. 면역 시스템은 병원균이 아닌 것에도 작동하는 것으로 밝혀졌기 때문이다. 면역 시스템은 세균이나 바이러스뿐 아니라, 이종異種 동물의 적혈구, 단백질, 다당류 등에 대해서도 면역 반응을 일으켰다. 알레르기, 천식, 꽃가루증이 그것이다. 이처럼 외부에서 체내로 들어와서 면역 반응을 일으키는 물질을 항원이라 부른다.

면역 시스템은 항원이 들어오면 그에 대한 항체를 즉각적으로 형성하는데, 이때 항체는 항원과 결합하여 그 독성을 제거하거나 움직임을 둔화시키는 역할을 한다. 항원에 대한 항체의 이러한 특이적인 반응을 총칭해서 항원-항체 반응이라고 한다. 면역 시스템의 이러한 작동은 '자기self'와 '비자기non-self'를 식별하는 생체의 특유한 방식으로 이해되었다. 요컨대 면역계는 '비자기'로 분류되는 물질에 대한 완벽한 대응 시스템으로 이해되었다. 그래서 대중적인 과학 잡지에서 면역은 전쟁으로 쉽게 은유된다. 1984년 타임지에 묘사된 그래픽에서 AIDS바이러스는 세포 조직들을 향해 진군하는 탱크이고, 면역 시스템은 이 탱크에 맞서 싸우는 방위군이다. 심지어 면역 시스템의 모델은 실제 군사전략 시스템에 이용되기도 했다. 한 미국 장교는 저강도 분쟁low-intensity conflict 지역에 특공대원들을 활용하는 것에 대한 찬성론을 펴면서 이렇게 말했다.

이 시스템이 어떻게 작동하는지를 설명하기 위한 적당한 예는 우리가
알고 있는 가장 복잡한 생물학적 모델 — 신체의 면역 시스템 — 이다.
신체 속에는, 놀랄 정도의 복잡한 내부 보디가드들의 군단이 있다.
절대 수에 있어서는 그것들은 적다 — 단지 신체 세포의 약 1퍼센트.

그러나 그것들은, 침입자를 색출하고, 경보를 울리고, 재빨리 재생산하고, 그리고 적을 격퇴하기 위한 공격에 떼 지어 몰려들 수 있는 정찰 전문가들, 킬러들, 재구축 전문가들, 그리고 연락병들로 구성된다. 이런 점에서, 『내셔널지오그래픽』 1986년 6월호에는 신체의 면역 시스템이 어떻게 기능하는지에 관한 자세한 설명이 들어 있다.(pp. 101-102)

면역학의 대중적인 서사는 자기방어 시스템으로서 적과 동지를 분명히 하고, 군사전략처럼 치밀하게 방어 행위를 한다. 그러나 오늘날 면역학 실험 연구에서는 무엇이 "자기"이고 무엇이 "비자기"인지는 점점 모호해지고 있다. 『면역의 의미론』[167]을 쓴 타다 토미오의 보고에 의하면, 자기와 비자기는 선험적으로 결정되는 것이 아니다. 가령, 1985년에 니콜 루드와란과 기누타니 마사에는 수정된 지 3-4일이 된 닭과 메추라기의 알에서 발생 중인 배의 신경관 일부를 바꿔 넣었다. 닭의 수정란에 메추라기의 완신경총을 이식해 넣었을 때, 부화한 병아리의 일부 깃털이 메추라기의 검은 깃털 색을 띠었다. 하지만 이 병아리는 부화 후 3주에서 2개월이 경과하면 면역 반응으로 죽었다. 자기와 비자기의 구별이 왜 부화 3주 이후에 일어나는 것일까? 왜 그때 가서야 자기 인식 시스템은 비자기를 공격하고, 왜 그때 가서야 닭에 이식된 메추라기의 완신경총은 비자기가 되는 것일까? 이들은 왜 뒤늦게 공격을 감행하는 것일까?

타다 토미오는 면역학적으로 '자기'란 미리 정해져 있지 않고, 행위에 의해 만들어진다고 주장한다.[168] 면역계는 내부 환경과 외부 환경의 위험한 균형 속에서 구성된다. 자기와 비자기는 분명하지 않고, 애매하게 서로 연결되어 있지만 대부분은 순조롭게 바이러스와 세균을 방어한다. 하지만

167. 타다 토미오, 『면역의 의미론』, 황상익 역, 한울(2010), pp. 55-72.
168. 같은 책, p. 210.

적과 동지의 전투 비유로는 설명이 안 되는 사례도 많이 있다. 가령, 바이러스에 대한 과도한 면역 반응으로 알려진 사이토카인^{cytokine} 폭풍이 대표적일 것이다. 이는 타자에 대한 과도한 공격성이 스스로를 파괴시키는 경우다. 자가 면역 질환들 또한 자기와 비자기의 대표적인 오인 사례이다.

8. 힘을 펼치기 위한 AIDS연대[169]

이제 3사분면의 두 번째 장소로 가보자. 면역 시스템의 담론은 삶과 죽음에 관한 것이고, 질병은 면역학의 핵심적인 문제다. 따라서 면역학 담론에 전투 상황이 만연한 것은 어찌 보면 당연한 일이다. 하지만 전투가 유일한 방법은 아니다. 가령, HIV 바이러스의 감염은 치명적이다. 그러나 에이즈에 걸리고도 생존하고 있는 사람들은 자신들이 질병과 전쟁 중이 아니라 질병과 함께 살고 있다고 표현한다. 해러웨이는 면역학 교과서에 실린 면역에 대한 다른 설명들과 에이즈 환자들과 연대하는 실천들을 통해서 군사주의와 다른 방식의 새로운 '몸 생산'을 주목하고자 한다.

해러웨이가 주목하는 것은 예르네의 네트워크 가설이다. 1970년대의 닐스 예르네$^{Niels\ Jerne}$는 면역 시스템에 대한 네트워크 가설을 발표했다. 예르네의 네트워크 가설은 자가 방어 시스템과는 전혀 다른 것이었다. 인체 안에는 2조(2×10^{12}) 개의 면역세포가 있는데 뇌세포보다 두 자릿수가 더 많다. 온몸에 퍼져 있는 항체분자는 2×10^{20}개이고, 항체가 인식할 수 있는 항원의 수는 천만 가지가 넘는다. 그러니까 면역계는 천만 가지가 넘는 항체분자들의 집합체이다. 예르네의 질문은 어떻게 이런 다양성이

169. ACT UP(The AIDS Coalition to Unleash Power), 힘을 펼치기 위한 AIDS연대, 정부의 에이즈 대책 강화를 요구하는 미국의 시민 단체.

산출되는가 하는 점이었다. 그는 촘스키의 생성문법론을 인용해서 면역학의 인식 구조를 설명했다. 언어가 제한된 단어들로 수많은 말들을 만들 수 있는 것처럼, 제한된 조성들의 상이한 결합으로 다양성이 생성된다. 예르네의 설명에 따르면, 미리 정해진 항체와 항원은 없다. 심지어 어떤 항원에 대해서는 항체로 작용하는 분자가 다른 영역에서는 오히려 항원으로 작용하기도 한다. 요컨대 면역 시스템의 자기는 역동적인 구성체이지 미리 정해진 것이 아니다. 그러니 면역 시스템의 타자도 미리 결정되어 있을 수 없다.

에이즈와 함께 살고 있다고 표현한 에이즈 생존자들의 경우, HIV 바이러스가 더 이상 '자기'의 타자가 아니고, 함께 살 수 있는 '자기'의 일부로 구성되고 있는 중이라고 해석할 수도 있다. '자기'와 '비자기'는 미리 결정된 것이 아니기 때문이다. 에이즈에 걸린 사람들의 모임인 PWA^Persons with AIDS의 사람들은 자신들이 "천형을 짊어진 전쟁포로" 같은 위치로 취급당하지 않기 위해서 에이즈에 관련된 지식 만들기에 적극적으로 참여한다. 에이즈는 문란한 성생활이 그 원인이라고 지목되고 있어서 환자들은 이중의 고통에 시달리는 형편이다. 이에 PWA는 자신들의 생존과 웰빙을 위해서 다양한 그룹들과 연대하고 있다.

이 연대 그룹의 이름은 "ACT UP, 힘을 펼치기 위한 AIDS연대"인데, 이들의 면면은 "활동가들, 생물의학 기계들, 정부 관료들, 게이와 레즈비언 세계들, 유색인 공동체들, 과학 학술회의들, 실험용 생물들, 자치단체장들, 국제적 정보 및 행동 네트워크들, 콘돔과 덴탈댐dental dam[170]들, 컴퓨터들, 의사들, 정맥주사 마약-사용자들, 제약회사들, 출판업자들, 바이러스 성분들, 카운슬러들, 혁신적인 성적 실천들, 댄서들, 미디어 기술들, 구매자

----

170. 에이즈 등의 감염을 방지하기 위해 여자 성기에 씌우는 얇은 라텍스 막.

클럽들, 그래픽 아티스트들, 과학자들, 법률가들 등"(p. 105)으로 엄청나게 다양하다. 동성 간의 성행위 금지라는 에덴의 규약을 강요하는 것은 에이즈 해결에 별 도움을 주지 못한다. 이 연대는 심리 상담을 포함해서, 치료와 그것에 관련된 지식의 공유 및 지원뿐 아니라 전염을 막기 위한 다양한 방법들에 대한 도구 및 상담 지원 등 현실적인 방식들을 지원하고, 이를 위해 광범위한 네트워크를 구성하고 있다. 하지만 잊지 말아야 할 것은 이 절합들이 모두 평등한 것도 아니고 문제가 없는 것도 아니라는 점이다. 면역 시스템이 자기와 비자기를 구별하는 것이 단순한 문제가 아닌 것처럼, "절합은 단순한 문제가 아니다."(p. 105)

9. 가상

『괴물의 약속』의 마지막 여정인 4사분면은 SF가 펼쳐지는 가상공간virtual space이다. 지금 우리는 가상과 현실이 뒤섞인 세계에 살고 있다. "가상virtual"에 대한 초기의 상상은 당시 기술 수준을 최대치로 외삽한 것이었다. 이를테면, 모든 것이 서로 연결된다면, 그 모든 정보를 한꺼번에 움켜쥐는 전지전능한 자가 나오지 않을까? 그것은 필시 기계일 것이고, 인간은 그 전능한 자에 굴복할 수밖에 없지 않을까? 하는 상상들이다. 사이버스페이스라는 말을 처음 쓴 윌리엄 깁슨William Gibson의 가상공간에 대한 이해는 이랬다. "매일 수십억이 경험하는 합의된 환각이다. … 상상도 못 할 복잡성."(p. 107) 모두가 가짜인줄 아는 '합의된 환각'이지만 '상상할 수 없는 복잡성' 때문에 아무도 거기에서 빠져나올 수 없다.

1995년에 개봉된 영화 〈매트릭스〉는 현실을 초과하는 가상의 힘을 잘 그려낸 영화다. 〈매트릭스〉는 인공지능에게 에너지를 착취당하는 현실 세계와 그 세계를 감추기 위해 인간의 뇌 속에 심어진 가상 세계에 관한 이야기다. 하지만 두 세계 중 어디가 진짜 세계인지를 분간하는 것은 불가능하다. 오히려 가상의 세계가 더 활기찬 세계처럼 보인다. 주인공 네오는 진짜이지만 고통스런 세계로 가는 '빨간약'과, 가상이지만 나름의 안온함을 누릴 수 있는 '파란 약' 중 어느 하나를 선택해야 하는 갈림길에 놓인다. 깁슨의 언급처럼 〈매트릭스〉에서 가상은 환각이자 가짜다. 하지만 더 이상 가짜라고 말하지 못할 만큼 현실을 잠식해 들어오는 강력한 힘이다. 그러나 진짜와 가짜의 구도는 분명하게 남아 있다. 그래서 이 구도에서 생각할 수 있는 결론은 두 가지뿐이다.

하나는 〈매트릭스〉처럼, 진짜를 선택하고 가짜의 환각에서 깨어난다는 상투적인 결론이거나 아니면, 가상의 완벽한 승리다. 전자는 주로 권선징악의 행복한 결말이 주를 이루는 할리우드 영화가 선호하는 결말이고, 후자는 마니아층을 독자로 둔 과학소설이 선호하는 결말이다. 후자의 경우, 가상은 이미 모든 현실을 잠식해버렸기에 탈출구 따위는 없다. 가상의 힘에 잠식당한 인간은 철저히 파멸에 이른다. 하지만 이 결론도 할리우드 영화의 결말만큼이나 이분법에 의존해 있다. 이는 많은 SF작가들이 지금 현재 일어나고 있는 일들로부터 논리적인 극한, 즉 외삽을 취하는 것을 SF라고 정의하기 때문이기도 하다. 가령, 깁슨의 소설 『뉴로맨서』는 서로 다른 반쪽이었던 쌍둥이 인공지능 윈터뮤트가 다른 반쪽인 뉴로맨서를 해킹해서 궁극의 인공지능으로 합체된다는 스토리다. 이 인공지능의 이름이 '매트릭스'다. 매트릭스는 이렇게 말한다. "나는 모든 것의 산술총합이며, 쇼 자체야." 이제 매트릭스는 하나가 되었고, 그것의 의미는 이런 것이다.

하나가 된다는 것은 자율적이 되는 것이며, 강력해지는 것이며, 신이

되는 것이다. 그러나 하나가 되는 것은 환상이 되는 것이며, 그럼으로써
타자와 함께 계시의 변증법에 연루되는 것이다.[171]

그런데 "모든 것의 산술총합"이 되는 것이 현실에서 힘을 발휘할 수
있을까? 이를 위해 1980년대의 인공지능 개발 프로젝트를 이끌었던 것은
전문가 시스템Expert System의 실패를 떠올려볼 수 있을 것이다. 전문가
시스템 구축 프로젝트는 전문적인 영역의 지식들을 모두 데이터베이스화
하려는 목표를 가지고 있었다. 매트릭스가 말했던 이른바 '산술총합'의
구현이 목표였던 것이다. 이 인공지능 프로젝트는 몇몇 전문 영역에서는
큰 능력을 발휘했고, 많은 투자를 이끌어내었다. 하지만 이 프로젝트는
결국 실패했다. 새로 생성되는 지식의 속도가 데이터베이스화되는 지식의
속도를 언제나 앞질렀다는 것도 중요한 이유 중 하나다. 하지만 더 근본적
인 문제는 모순되는 두 영역이 서로 겹쳐지는 경우, 그 모순을 해결할
방법을 찾지 못한다는 점이다. "모든 것의 산술총합"은 일상의 사소한
문제도 해결하지 못했다. 일상은 산술합으로 해결되는 게 아니기 때문이
다. 그럼 산출총합이 아닌 가상공간에는 어떤 가능성이 있을까?

해러웨이는 이를 '가상'이라는 말의 옛 용례에서 찾는다. 현대 영어에서
"virtual가상"의 뜻은 "겉보기 효과", 즉 진짜가 아니라는 것이지만 15세기부
터 쓰이기 시작한 이 단어의 옛날 뜻은 이와 다르다. "virtual"은 중세
라틴어의 "virtualis"와 "virtus"에서 왔다. "virtualis"에는 "잠재력potential",
"효과적인efficacious"이라는 의미가 있고, "virtus"에는 "힘strength"과 "미덕vir-
tue"이라는 의미가 있다. 즉 "virtual"이라는 말은 오랫동안 "효과를 산출하
는 내재적인 힘"으로서 사용되었고, 그것은 능력으로, 곧 미덕으로 간주되

171. 다나 해러웨이, 『유인원, 사이보그, 그리고 여자』, 민경숙 역, 동문선(2002), p. 318.

었다. 가상공간의 연결성을 외삽하면 그 논리적인 극한은 모든 것의 연결이다. 하지만 미국의 유명한 SF와 판타지 소설의 작가인 어슐러 K. 르 귄은 『어둠의 왼손』 1976년 서문에서 "외삽은 SF의 한 요소이기는 하지만 결코 그 본질은 아니다. 그것은 너무나도 합리주의적이고 단순하기 때문에 작가나 독자의 상상력을 만족시키지 못한다"[172]고 쓴다. 르 귄 말대로 '궁극의 연결'이라는 상상은 하나의 가능한 상상이지만 재미없는 상상이다.

10. 『엔터키를 눌러라』

해러웨이를 따라 우리가 탐사할 4사분면의 첫 번째 가상공간은 존 발리의 소설 『엔터키를 눌러라Press Enter』이다. 이 이야기는 살인 미스터리이다. 간질을 앓는 중년 남자, 아펠Apfel은 한국전쟁에서 북한군의 포로가 되었을 때의 끔찍한 기억 때문에 동양인들에 대한 두려움과 증오를 가지고 있다. 어느 날 아펠은 의문의 전화 한 통을 받는다. 이 전화는 그가 받을 때까지 10분 간격으로 계속 울렸다. 그것은 합성된 목소리로 녹음된 것이 분명한 옆집 남자, 클루지Kluge의 메시지였다. 그는 집 열쇠가 숨겨진 장소를 가르쳐주면서 자기 집으로 들어가 봐달라고 부탁했다. 호기심을 가지고 클루지의 집으로 들어간 아펠이 목격한 것은 죽은 클루지였다. 그 집에는 여러 대의 퍼스널 컴퓨터가 설치되어 있었는데, 그중 하나의 모니터에서 "엔터키를 눌러라Press Eneter"라는 명령어가 떴다. 수사관 한 명이 엔터키를 누르자 클루지의 자살 유언이 모니터에 나타났다.

172. 어슐러 K. 르 귄, 『어둠의 왼손』, 최용준 역, 시공사(2018), p. 18.

이 소설의 주인공은 리사 푸Lisa Foo라는 젊은 베트남 이민 여성이다. 그는 이 사건을 수사하기 위해 칼텍에서 급파되었다. 이 소설의 화자는 아펠이지만, 존 발리의 대부분의 소설들처럼 이 여성은 대단한 능력자로 소설을 끌고 가는 중심인물이다. 아펠이 묘사하는 푸는, 말라빠진 몸매이지만 가슴은 엄청나게 커서 눈에 보이는 거라고는 티셔츠 가슴팍에 인쇄된 "POCK LIVE"라는 글귀뿐이었다. 푸는 실리콘 성형을 받은 자신의 가슴을 그 무엇보다, 심지어 자신의 차 페라리보다 더 만족해한다.

동양인에 대한 두려움에도 불구하고 아펠은 푸와 연인이 된다. 아펠이 전쟁의 트라우마를 가지고 있는 것처럼, 푸도 베트남의 만만찮은 역사의 매듭들을 물려받고 있다. 푸의 중국인 할머니는 1942년 하노이에서 일본군에게 강간당했다. 푸의 어머니는 베트남인이고, 푸의 아버지는 프랑스와 베트남 혼혈이다. 푸의 어머니는 푸가 10살 때 있었던 구정 대공세 때 죽었고 그때부터 푸는 거리의 사기꾼이자 어린이 매춘부로 지내다가 소아성애자인 백인 미군과 함께 살았다. 사이공이 함락된 후 푸는 그 미군과 떠나기를 거부하고 폴 포트 치하의 캄보디아에 갔다가 겨우 태국으로 도망간다. 거기서 푸는 그 미군의 소식을 듣는데, 그는 젊은 시절 네바다 핵 실험장에서 근무하는 바람에 암을 얻게 되었다. 그 미군이 병으로 죽어가면서도 푸의 후견인이 되어주었다. 그 덕에 푸는 미국으로 올 수 있었다. 미국에서 푸는, 예의 그 명민함 덕으로 실리콘 가슴 성형도 하고 페라리도 사고, 칼텍에서 공부도 할 수 있게 되었다. 푸와 아펠은 둘 다 다양한 재능이 있으나 학대의 경험들을 가지고 있고 지금도 어려움을 겪고 있는 "상처받은 생존자"다.

그런데 푸는 "엔터키를 눌러라"라는 명령어와 연계된 "지식-권력 시스템"의 해킹에 몰두하다가 클루지처럼 발각되어 살해된다. 푸는 전자레인지에 머리를 디밀어서 끔찍한 모양으로 죽고, 조작된 것이 틀림없는 푸의 유언이 티셔츠의 가슴팍에 찍힌 문구로 나타난다. 겁에 질린 아펠은 집에 있는 인터넷과 전기 등 외부와 연결된 모든 것을 다 걷어내고 다시 은둔자로 돌아간다.

이 이야기 속에는 역사적이고 인종적이고 젠더와 성이 만만찮게 교차하고 있었고, 세상을 바꿀 어떤 실천의 가능성을 발견할 여지가 많이 있었다. 하지만 이야기는 그렇게 흐르지 않았다. 물론 소설이 교훈적으로 흘러야 된다는 것은 아니다. 그러나 르 귄의 말대로 논리적 극한에 이르게 되면 세상 모든 일이 우울한 상태에 닿게 마련이다. 가상공간의 미덕은 산술총합에 이르는 것이 아니라 흥미롭게 되기다. 이제 흥미롭게 되기 위해 가공주의를 작동시킬 때다.

11. 린 랜돌프의 <사이보그>

가공주의에 입각한다면 『엔터키를 눌러라』를 다시 써도 좋을 것이다. 해러웨이는 SF가 반엘리트주의 대중문화이고, 근엄한 엘리트 문학보다 다시 쓰기에 훨씬 관대함을 상기시킨다.

> 우리가 걸어가면서 다시 쓰면 안 되는가? 내가 좋아하는 대부분의
> SF는 나로 하여금 이미지들과 줄거리, 인물, 장치, 언어적 움직임과,
> 요컨대, 세계들과 적극적으로 관계 맺도록 자극한다. 나는 그것들을
> "원만하게 이루어지게" 만들기 위해서라기보다는, 그것들이 "다르게"
> 움직이도록 만들기 위해서 그렇게 한다. 이 세계들은 나로 하여금
> 그들의 미덕[173]을 테스트하게 하고, 그들의 절합들이 제대로 작동하는지
> ― 그리고 그것들이 무엇을 위해 작동하는지 ― 보도록 자극한다. SF가

주요 등장인물이나 공공연하게 구성된 세계 속의 편안함, 언어를 향한 느긋한 자세, 특히 위험한 독서 전략들과 일체감을 만들기 때문에, 독자는 더 관대하고 더 의심에 찰 가능성이 있다. 이는 정확히 내가 정치적 기호현상 속에서 대체로 찾는 감수성이 풍부한 자세이다. 그것은 종잡을 수 없는 고갈된 수역을 항해할 것을 집요하게 주장하는 첼라 샌도벌Chela Sandoval과 여타의 페미니스트들에 의해 이론화된 대항 의식과 미분적인 의식과 밀접하게 연계된 전략이다.(pp. 107-108)

SF 다시 쓰기는 첼라 샌도벌이 말했던 미분적인 의식이 요구하는 것과 같은 능력들을 필요로 한다. 그것은 다른 자들과 동맹을 허용할 '품위', 전술적인 필요에 따라 자신의 정체성을 의식적으로 바꿀 수 있는 '유연성', 그리고 잘 규정된 정체성에 확신을 갖고 오랫동안 전념할 수 있는 '능력'이다. 다시 쓰기의 관건은 어떻게 하면 다르게 움직이도록 할 것인가에 있을 것이다. 『엔터키를 눌러라』에는 동양여성과 백인남성의 문제뿐만 아니라 베트남전과 한국전이라는 만만찮은 현대사와, 인종, 섹스, 간질, 돌봄, 컴퓨터 프로그래밍, 해킹 등이 복잡하게 얽혀 있었다. 다시 쓰기는 이 매듭들을 고쳐 매거나 다른 연결을 엮는 작업이다. 그것은 '원만하게 이루어지게' 하기보다는 '다른' 움직임을 만들기 위한 것이다. 하지만 새로운 연결들은 필시 순진무구하지 않고 위험을 감수하는 것이고, 이미 끝났다고 생각되는 연결에서 미분적인 차이를 만들어내는 것이다.

리사 푸는 그렇게 끝나서는 안 되었다. 그는 우리에게 다른 유망하고 실험적인 연결들을 충분히 보여줄 수 있었다. 르 귄이 말한 것처럼, SF 소설가의 사고 실험은 미래를 예측하기 위해서가 아니라 현실을 설명하고

• •
173. 이것은 잠재적(virtual)이란 말을 염두에 두고 쓴 말이다. 본문에서 이야기한 것처럼 virtual의 어원에는 미덕(virtue)이 있다.

묘사하기 위해서다. 그리고 훌륭한 소설이라면 독자는 그것을 읽기 전과 후가 조금은 달라졌을 것이다.[174] 그것을 무엇이라고 꼭 집어서 말하기는 어렵더라도 말이다. 다시 쓰기는 독자를 달라지게 해야 한다.

「사이보그 선언」에서 촉발된 화가 린 랜돌프는 유화작품 〈사이보그〉를 그렸다. 해러웨이는 리사 푸가 〈사이보그〉의 유색여성이라면 어떨까 하고 묻는다. 랜돌프의 〈사이보그〉에 대해 해러웨이는 「현장 액터들로부터의 절합에 관한 몇 마디」라는 글을 썼다.

이 그림은, 재귀적인 항성, 뼈, 전자장치, 그리고 지질학적인 골격들 속의 우주, 동물, 인간, 비인간, 기계, 그리고 지형 사이의 절합들을 지도로 그린다. 그것들의 결합 논리는 구체화된다; 사회적 자연은 관절로 접합되어 있다. 인간의 형상에 맵시 있게 그려 넣어진 IC기판의 딥^{DIP} 스위치들은 디폴트[175]를 설정하는 장치인데, 이 스위치는 하드웨어 배선과 소프트웨어 컨트롤을 매개하는 형태로, 고양이와 인간의 앞다리, 특히 유연한 동종의 손과 발의 매개적인 구조적-기능적 해부 구조와 다르지 않다. 그림은 시력 기관들뿐만 아니라 접촉과 중재의 기관들로 가득하다. 관찰자를 바라보는 그들의 시선에 똑바로, 여자와 고양이의 눈이 전체 구조의 가운데 자리 잡고 있다. 우리 은하계, 은하의 소용돌이치는 골격이 사이보그 모습 뒤에 세 개의 다른 그래픽 디스플레이에 나타나는데, 이는 첨단 기술 시각화 장치들에 의해 가능하게 되었다. 나의 기호론 사각형 속의 가상공간, 네 번째 사분면의 자리에 있는 것은 블랙홀의 중력 우물의 이미지화이다. 유럽 남성과 여성 점성술 표지들을 가지고 노는 틱-택-토$^{tic-tac-toe}$ 게임을 주목하라(금성이 이

174. 어슐러 K. 르 귄, 『어둠의 왼손』, 최용준 역, 시공사(2018), pp. 17-24.
175. 하드웨어나 소프트웨어의 초기 설정.

게임을 이겼다); 그들의 바로 오른쪽에는 카오스의 수학에 나타날지도 모를 어떤 계산들이 있다. 두 세트의 기호들은 아인슈타인 논문들에 나오는 계산 바로 아래 있다. 수학과 게임들은 논리적 골격들을 닮았다. 키보드는 지구의 골격에 접합되어 있는데, 그 위에 피라미드가 왼쪽 중간 약간 앞쪽에 서 있다. 전체 그림이 명상 장치 같은 느낌이 든다. 큰 고양이는 영적인 동물 같은데, 어쩌면 흰 호랑이일지도 모른다. 이 여성은, 미국에 있는 젊은 중국인 학생일 텐데, 인간, 우주적인 것, 포괄적인 무엇을 상징한다. "유색인 여성", 매우 특유하고, 문제적인, 최근의 집단적 정체성은 국지적 그리고 세계적 대화들과 공명한다. 이 그림 속에서, 그녀는 여전히, 여성, "제3세계" 사람들, 인간, 유기체, 커뮤니케이션 기술, 수학자, 작가, 노동자, 엔지니어, 과학자, 영적 지도자, 지구를 사랑하는 사람의 모순어법적인 동시적인 지위들을 구체화한다. 이것은 국경을 넘는 페미니즘이 읽기 쉽게 만든 "상징적 행동"이다. 그는 끝난 것이 아니다.

...

랜돌프의 사이보그는, 역사가 자기 동일성의 전략적 환상을 금지한 트린 민-하의 부적절한/마음대로 전용할 수 없는 타자, 개인적 그리고 집단적 존재와 소통한다. 이 사이보그는 아리스토텔레스의 구조를 갖지 않는다; 그리고 자원과 생산물, 열정과 행동의 싸움들을 해결하는 주인-노예 변증법은 없다. 그는 유토피안도 아니고 공상가도 아니다; 그는 가상적인 것이다.(pp. 110-112)

리사 푸가 랜돌프의 〈사이보그〉에 나오는 유색여성이라면 그는 끝난 것이 아니다. 사이보그의 가슴에 부착된 딥 스위치는 샌도벌이 말했던 클러치 같은 것이다. 자동차 기어를 바꾸기 위해 클러치를 밟는 것처럼,

〈그림 4〉, 린 랜돌프의 〈사이보그〉.

딥 스위치는 전술적인 입장을 선택하도록 하는 능력이자 정치적인 감수성
을 민감하게 만드는 것이다. 그것은 지금 꼭 필요한 '우리'를 구성하기
위해 자신을 리셋하는 기능이다. 그러므로 사이보그, "그는 가상적인
것이다."(p, 112) 이때 가상virtual이 의미하는 것은 겉보기 효과가 아니라,

그 어원이 지시하는 바대로, '효과를 산출하는 내재적인 힘'이고, 그의 미덕은 다르게 작동시키는 흥미로운 연결을 만들어내는 것이다.

이제 해러웨이의 이론적인 틀인 기호론적인 사분면, 지구, 지구 바깥, 생명의학적인 신체, 그리고 가상공간의 SF까지 모두 탐사했다. 매 사분면의 두 번째 장소는 "부적절한/마음대로 전용할 수 없는 타자"가 탄생하는 곳이었다. 이들의 능력과 미덕은 두려움 없이 엔터키를 누르는 데에서 나온다. 그것은 예기치 않은 절합들을 만들어내는 것이고, 이 절합들이 기존의 형상들을 재형상화하고, 기존의 생성들을 재생성한다.

제 8 장

글쓰기와 이야기하기

1. 여성적 글쓰기

"글쓰기의 모든 역사는 이성의 역사와 혼동된다. … 글쓰기는 남성 중심적인 전통과 동질의 것이었다. 글쓰기는 자신을 바라보는, 그리고 자신을 향유하고, 자신에 만족하는 남성중심주의 그 자체이다"[176] '여성적 글쓰기'를 주창한 엘렌 식수Hélène Cixous의 글이다. 글은 문명의 상징이다. 그러므로 글쓰기의 역사가 이성의 역사와 동일한 것은 당연한 것처럼 보인다. 그러나 식수는 그것이 혼동임을, 글쓰기의 역사는 결코 이성의 역사와 같지 않음을 이야기하고 있다.[177] 이성의 역사는 로고스, 즉 '말씀'의 역사였고, 글쓰기를 억압한 역사였다.

"태초에 말씀(로고스)이 있었으니…"로 시작하는 요한복음의 '말씀(로

● ●
176. 엘렌 식수, 『메두사의 웃음』, 박혜영 역, 동문선(2004), p. 17.
177. 식수는 데리다가 비판한 서양 문명의 '말 중심주의'를 이어받아서 서양문화를 '남근중심주의'라고 비판했다.

고스)'은 모든 것을 창조하는 명령이다. 이 구절로부터 로고스와 로고스에 복종하는 피조물이 분리된다. 신은 모든 피조물 가운데서 유독 인간(남성)에게만 로고스를 넣어서, 그를 자신과 닮은 형상으로 만들었다. 그러므로 "태초에 말씀(로고스)이 있었으니…"는 인간(남성)이 자신을 이해하는 바탕이다. 그는 신을 닮은 자이고, 만물을 지배하는 권능을 부여받은 자이다.

서양철학의 근간을 이루는 정신-신체, 능동-수동, 빛-어둠… 등 무수한 이항대립의 기원은 태초의 '말씀'에 있다. 이항대립에서 첫 번째 항은 현존을 의미하고 두 번째 항은 그것의 결여를 의미한다. 그래서 첫 번째 항은 두 번째 항보다 언제나 우월하다. 가령 로고스의 담지체인 정신과 그것의 결여로서 신체가 이분되고, 신체는 정신보다 열등하다. 식수는 서양철학의 이러한 이항대립의 근저에는 남근을 가진 남성과 그것의 결여(거세)로서 여성이라는 상징체계가 있다고 보았다. 그렇기 때문에 그 많은 이항대립의 첫 번째 항은 언제나 남성으로 두 번째 항은 언제나 여성으로 환원된다.

서양의 로고스(말) 중심주의에서 '말'은 명령이다. 말은 발화자의 의도를 투명하게 전달하는 단일한 의미의 산출을 이상으로 삼기 때문이다. 그러나 글쓰기는 말하기가 아니다. 그러므로 글은 명령이 아니다. 글쓰기는 발화와 이해 사이에 시간적인 간극이 있어서 의미 생성의 지연이 생긴다. 또한 기표의 연쇄작용에 의해 원래 의도하지 않았던 개념과 의미가 산출된다. 이러한 글의 개방성은 오히려 명령을 방해하고, 어지럽힌다. 식수가 글쓰기에 주목한 것은 이런 개방성 때문이다.

글쓰기의 모든 역사가 이성의 역사와 혼동되었던 것은 남성들이 의미화의 권력을 독점하고 있었기 때문이었다. 하지만 글쓰기 안에는 남성들이 독점했던 의미들을 비틀고 교란시킬 가능성이 있다. 그러므로 여성들에게 글쓰기는 "변화의 가능성 자체이다. 사회 그리고 문화적인 구조들의 변형을 예고하는 움직임, 전복적인 사상의 도약대가 될 수 있는 공간이다."[178] 이것이 식수가 '여성적 글쓰기'를 주창한 이유다.

식수가 보기에 가장 심각한 의미화의 문제 중 하나는 여성의 성이 남성의 상징체계에 갇혀 있다는 점이다. 프로이트의 논문 「메두사의 머리」는 여성의 성욕을 비정상적인 것으로 보는 전형적인 사례다. 메두사는 그리스신화의 고르곤 중 하나로 머리카락이 뱀인 괴물인데, 그 뱀과 눈이 마주친 자는 모두 돌로 변한다. 프로이트는 이 설화로부터 메두사의 머리가 여성의 성기를 상징한다고 해석하고 뱀과 눈이 마주친 자가 돌로 변하는 것은 거세공포의 상징이라고 했다. 이런 상징체계를 통해 여성은 자신의 성을 부정하고 두렵게 느끼게 된다. 프로이트의 논문을 겨냥한 에세이, 『메두사의 웃음』에서 식수는 메두사에 대해 이렇게 쓴다.

> 메두사를 보기 위해서는 정면에서 그녀를 바라보는 것으로 충분하다. 메두사, 그녀는 치명적인 존재가 아니다. 그녀는 아름답다. 그리고 그녀는 웃고 있다.[179]

식수는 글쓰기에서 여성의 성적 욕망을 긍정하는 것 외에도 '타자에 대한 수용성'과 '법에 대한 거부'를 여성적 글쓰기의 중요한 요소로 포착한다. 타자에 대한 수용성은 타자를 자신 속에 품고 있는 모성에 대한 은유이다. 타자를 자신 바깥의 어떤 것이 아니라 자신과 연결된 것, 혹은 자신의 소중한 일부로 여기는 글쓰기는 이분법의 경계에 도전한다. '법에 대한 거부'는 에덴동산에서 선악과를 따먹은 이브로부터 연원한다. 프로

178. 같은 책, p. 16.
179. 같은 책, p. 29.

이트는 이를 두고 여성에게는 오이디푸스 단계가 미발달이거나 결여되어 있다고 해석하기도 했다. 하지만 식수는 그것을 결함이 아니라 전복적인 힘으로 포착한다. 식수는 여성이 남성의 것을 "날면서–훔치면서"[180] 살아 왔음을 상기시키면서 남성이 움켜쥔 의미화의 권력을 훔치고 재의미화할 것을 주장한다.

미국 내 유색여성들도 글쓰기에 대한 열망이 높았다. 노예제 하의 미국에서 흑인이 읽고 쓸 줄 아는 것이 발각되면 목숨을 부지할 수 없었다. 그것은 통행증을 위조할 수 있는 가능성이자 잠재적 탈주를 의미했기 때문이다. 같은 이유로 흑인에게 글쓰기 능력은 자유의 가능성을 의미했 다. 그래서 그들은 목숨을 걸고 글을 배우려 했다. 하지만 글을 배운 흑인들이 백인들의 글에서 확인할 수 있는 것은 자신들이 이등인간이라는 사실이었다. 노예제가 종식되고, 차별을 금지하는 법안이 만들어졌어도 의미화의 권력은 여전히 백인들의 몫이었다. 그러므로 유색인들이 자신들 을 낙인찍는 의미화의 권력을 탈취하기 위해선, 그 자신들의 글을 써야 한다. 하지만 저술 작업을 한다는 것은 시간과 돈이 드는 일이다. 무엇보다 글을 쓸 수 있는 시간을 확보할 수 있어야 하고, 글을 쓸 수 있는 조그만 공간도 필요하다. 이런 이유로 글쓰기는 소수 엘리트의 전유물이었지, 가난한 흑인, 더욱이 흑인여성들은 꿈도 꿀 수 없었다.

흑인 페미니스트 오드리 로드Audre Lorde는 가난한 흑인여성을 위한 대안적 글쓰기로 '시'를 주장한다. 전통적으로 시는 귀족들, 엘리트들의 것이었기에, 허드렛일을 하는 흑인여성이 시를 쓴다는 것은 분수를 모르는 사치스러운 일로 여겨졌다. 하지만 "시는 사치가 아니다." 로드는 시야말로 가난한 흑인여성에게 가장 현실적인 글쓰기라고 여겼다. 왜냐하면 시는

- - -
180. 같은 책 p. 34.

특별한 시간과 장소를 요구하지 않는다. 로드 자신이 그랬던 것처럼, 가난한 흑인여성들도 고된 노동 틈틈이 자신의 느낌을 종이쪽지에 적어둘 수 있고, 버스에서 지하철에서 그 느낌들을 정리할 수 있다. 시는 그 느낌을 긍정하는 것이고, 이름 없는 것에 이름을 부여하는 것이고, 그것을 통해 새로운 사유를 가능케 하는 것이다. 그래서 로드의 유명한 산문집 『시스터 아웃사이더』의 첫 번째 글은 "시는 사치가 아니다"이다.[181]

> 백인 아버지들은 우리에게 이렇게 말한다. 나는 생각한다. 그러므로
> 나는 존재한다. 우리 안의 흑인 어머니 ― 시인 ― 는 우리의 꿈속에서
> 이렇게 속삭인다. 나는 느낀다. 그러므로 나는 자유롭다. 시는 이 같은
> 혁명적인 요구, 즉 그와 같은 꿈의 실행을 표현하고 선언할 수 있는
> 새로운 언어를 만들어낸다.[182]

시는 산문보다 의미의 개방성이 크기에 더 해방적이었다. 백인 아버지가 가르치는 글쓰기 속에서 흑인여성들은 자신들을 제대로 긍정할 수 없었지만 흑인 어머니는 '나는 느낀다. 그러므로 나는 자유롭다'고 가르친다. 시를 통해서는 신체의 느낌을 긍정하고 그것을 언어화할 수 있다. 그러므로 시 속에서 느낌은 로고스의 결핍이 아니라 풍성한 세상의 열림이 된다. 시는 그동안 폄하되고, 부정되었던 흑인여성들의 느낌에 이름을 부여한다. 백인 아버지가 가르쳐주는 사유 속에서는 흑인여성들의 느낌을 표현할 이름이 없었지만, 시 속에서 그것은 이름을 획득한다. 흑인여성들은 그 이름으로부터 백인 아버지와는 다른 사유를 시작할 수 있고, 그것으로부터 구체적인 행동으로 나아갈 수 있다. 따라서 시는 흑인여성들의

• • •
181. 오드리 로드, 『시스터 아웃사이더』, 주해연, 박미선 역, 후마니타스(2018), p. 39.
182. 같은 책, p. 41.

꿈이자 혁명의 언어다. "그런 이유로 우리 여성들에게 시는 사치가 아니다. 시는 우리가 존재하는 데 없어서는 안 될, 우리의 생명줄이다."[183]

2. 사이보그 글쓰기

식수와 로드가 중시한 대안적인 글씨기의 모델은 주로 시, 소설, 희곡 같은 문학작품이다. 문학을 통해 말씀을 전복시키고 여성성을 재의미화하려는 시도였다. 하지만 문학 외에 말씀을 전복시킬 길은 없는 것일까? 문학계가 아니라 과학계에 종사하는 사이보그들은 어떤 글쓰기를 해야 하나? 여성적 글쓰기에 대한 도나 해러웨이의 문제의식은 이렇다.

> 그러나 이번에는 그 권력이 남근적이어서도, 순진해서도 안 된다. 사이보그 글쓰기는 에덴동산의 추방, 인간 이전의, 글쓰기 이전의, 언어 이전의 멀고 먼 옛날의 전체성에 대한 상상에 관한 것이어서는 안 된다. 사이보그 글쓰기는 살아남기 위한 권력에 관한 것이다. 이는 원초적인 순진무구함에 기초를 둔 것이 아니라, 그들을 타자로 낙인찍은 세계를 낙인찍기 위해서 도구들을 움켜쥐는 데 기초를 둔다.[184]

해러웨이는 여성적 글쓰기에 대한 문제의식에는 공감하지만 '여성'의 정체성을 다시 불러들여서는 안 된다는 것을 분명히 한다. 그가 '여성' 대신 불러들이는 형상은 사이보그다. 사이보그는 남근 중심의 설화와도 무관하고, 타자를 내 속에 품는 모성이나 자연과 문화가 나뉘기 이전의

● ●
183. 같은 책, p. 41.
184. Donna Haraway, *Simians, Cyborg, and Women*, Free Association Books(1991) p. 175.

전체성과도 무관하기 때문이다. 사이보그는 명령의 성공적 하달과 수령을 의미하는 정보과학의 C3I[185] 체계의 산물이다. 그러나 '말씀'의 현대적인 구현인 정보과학의 명령을 내파시킬 수 있는 가능성을 가진 자 또한 사이보그다. 물론 정치적 올바름으로 무장되어야 하지만 말이다. 페미니스트 사이보그는 식수가 포착했던 법 위반을 잘하는 여성들의 '훌륭한' 전통을 계승한 자들이다. 이들이 적을 공격하라는 정보과학의 의사소통을 방해할 것이다. 페미니스트 사이보그는 "명령과 통제를 전복하기 위해 의사소통과 정보를 재코드화하는 임무를 가지고 있"[186]기 때문이다. 그러므로 사이보그 글쓰기가 문학에 국한될 수는 없다. 사이보그 글쓰기는 테크노사이언스가 이항대립의 '말씀'으로 둔갑하는 것을 저지해야 하고, 믿을 만한 지식을 생산하는 데 복무해야 한다. 살아남기 위해서 우리는 믿을 만한 지식이 필요하기 때문이다.

「촉수적 사유」에서 해러웨이는 버지니아 울프가 『3기니』에서 말했던 "생각하세요, 우리는 생각해야만 합니다Think we must."라는 구절을 상기시켰다.[187] 『3기니』[188]는 어떤 신사의 전쟁 방지 기금 마련 요청에 대한 울프의 답신 형식으로 쓰인 글이다. 이 글에서 울프는 가부장제가 사라지지 않는 한, 전쟁을 막을 길은 없다는 것을 조목조목 이야기했다. 울프는 여성들에게 전쟁을 방지하기 위해 어디에 가장 먼저 돈을 써야 할지를 생각하자고 촉구한다. "생각하세요, 우리는 생각해야만 합니다." 살아남기 위해서 우리는 생각해야만 한다. 소중한 1기니를 헛되게 쓰지 않고, 지금과는 다른 세계를 만드는 데 쓰기 위해서 우리는 생각해야만 한다.

• •

185. command, control, communication, 그리고 intelligence를 말한다.
186. 같은 책, p. 175.
187. Donna Haraway, *Staying with the Trouble*, Duke University Press(2016), p. 130.
188. 버지니아 울프, 『자기만의 방』, 이미애 역, 민음사(2018).

그러나 그 생각이 반드시 문학으로 표현될 필요는 없다.

남성들은 말씀으로부터 추론하는 것을 생각이라고 여겼지만, 그것은 정해진 길대로 추론을 전개해나가는 기계적인 것이다. 사실 그것은 생각이 아니다. 가부장제를 고정 항으로 두고서는 어떤 전쟁 방지 노력도 소용없을 것이라는 점을 이야기했던 울프처럼, 생각은 무엇으로부터 추론해 나가느냐에 따라 아주 다른 길을 간다. 생각한다는 것은 가보지 않은 길의 위험과 도전을 위해 필요한 것이지, 이미 정해져 있는 길을 가는 데 필요한 것이 아니다. 그러므로 생각하기를 로고스와 동일시해서는 안 되고, 느낌과 대립한다고 여겨서도 안 된다. 사이보그 글쓰기는 재의미화, 재코드화를 통해 다른 이야기, 다른 추론을 전개하는 것이다.

3. SF

해러웨이가 자신의 사유를 전개하고 말하는 이론적인 방법론이자 도구는 SF다. SF는 과학소설Science Fiction만이 아닌 많은 것의 약어다.

> SF는, 과학소설science fiction, 사변적 페미니즘speculative feminism, 과학 판타지science Fantasy, 사변적 우화speculative fabulation, 과학적 사실science fact, 그리고 또한 실뜨기string figures를 위한 기호이다.[189]

'사이보그 글쓰기'는 테크노사이언스를 SF로 만든다. 이때 SF는 과학소설이자, 과학 판타지이자 과학적 사실이다. 과학적 사실은 결코 픽션과

---

189. Donna Haraway, *Staying with the Trouble*, Duke University Press(2016), p. 10.

함께 할 수 없는 것이지만, '사이보그 글쓰기'는 위반의 기쁨을 포기하지 않는다. 어원과 옛날 용례로부터 말의 의미를 끌어내기 좋아하는 해러웨이는 사실fact과 픽션fiction이 둘 다 어원학적으로 행위, 행동이라는 의미를 가지지만 시제가 다르다는 점을 지적한다. 사실이라는 말은 "이미 이루어진 일", "종료된 일"을 가리키는 과거분사인 반면, 픽션이라는 말은 "~체하는 것", "가장하는 것", "잘 성형하고 잘 발명하는 행위"로 현재분사다.[190]

이론은 일어난 일을 일어나야만 했던 일로 만든다. 이때 이론은 '말씀'이 되는 셈이고, 사실을 구성한 행동들은 '말씀'에 복종하는 무력한 신체의 행위가 된다. 테크노사이언스를 SF로 만드는 것은 '말씀'을 '이야기'로 바꾸는 것이다. 그것은 일어난 일이지만 반드시 일어나야만 했던 일은 아니다. 이야기는 무슨 일이 있었는가? 무엇이 진행 중인가에 집중한다. 그래서 이야기가 된 테크노사이언스는 아직 종결되지 않았음을 의미한다. 픽션은 "아직 문제로 남아 있고, 종결되지 않았고, 사실과 충돌할 가능성이 여전히 있다." 하지만 "우리가 여태 진실이라고 알지 못했지만 결국 진실이라고 알게 될 무언가를 우리에게 보여주는 것도 많았다."[191] 갈릴레오가 코페르니쿠스를 칭찬한 것이 바로 이 점이었다. 코페르니쿠스는 지구가 움직인다는 자신의 가설이 현실의 경험과 충돌했지만 그 이야기를 계속했다. 이야기 덕분에 과학은 더욱 풍성해지고 흥미진진해졌고, 심지어 발전했다는 것을 기억하는 것은 중요하다.

SF라는 약어는 사변적인 우화speculative fabulation이기도 하고, 사변적인 페미니즘speculative feminism을 의미하기도 한다. 과학철학자 이자벨 스탕제르는 과학이 단지 개연성이나 예측 가능성이 되는 것에 대해 저항하는

● ●

190. 같은 책, p. 19.
191. Donna Haraway, *Companion Species Manifesto*, The Prickly Paradigm Press(2003), p. 20.

철학적 아이디어를 표현하기 위해 '사변적speculative'이라는 말을 쓴다.[192] '사변적'인 것을 실행한다는 것은 주류적인 것과는 다른 이야기를 하는 것이다. 문학비평에서 우화fabulation는 전통적인 사실주의나 낭만주의의 카테고리에 반기를 들면서 형식, 소재, 스타일, 시간적인 순서 등에서 실험적인 시도를 하는 형태의 작품을 가리킨다. 우화는 단지 어린이를 위한 이야기가 아니다. 그러므로 '사변적 우화'는 주류적인 철학에서 벗어나는 철학 이야기다. 해러웨이가 말하는 사변적인 페미니즘은 '여성'이라는 정체성에 기대기를 거부하면서도 치열한 페미니스트 정치운동을 전개하기를 멈추지 않는 '다른' 페미니즘을 의미한다.

SF라는 약어가 의미하는 핵심적인 의미는 '실뜨기string figure'다. 실뜨기는 여태까지의 모든 SF들이기도 하다. 해러웨이가 처음 실뜨기의 비유를 했을 때, 실뜨기를 위한 그의 용어는 cat's cradle고양이의 요람이었다.[193] 실뜨기 놀이가 만들어내는 모양이 조그만 고양이가 올라갈 수 있는 요람 같아서 그런 이름이 붙었던 것 같다. 『트러블과 함께하기』에서부터 해러웨이는 cat's cradle을 string figure로 바꾼다. 이는 실뜨기를 SF라는 이론적인 도구에 포함시키기 위한 것이기도 하지만, 실뜨기가 만들어내는 패턴의 다양한 형상figure들을 더 강조하는 표현이기도 하다. 실뜨기는,

> 때로는 유효하게 작동하는 무엇을 발견하는 것이고, 문제가 되는 연결들을 전달하는 것이다. 땅 위에서, 지구에서의 유한한 번창을 만들어가기 위해 손에 손을 포개고, 손가락에 손가락을 걸고, 접합 부위에 접합 부위를 이어가는 속에서 이야기를 하는 것이고, 이전에는 거기에

• •

192. Isabelle Stengers, *Cosmopolitics I.* University of Minnesota Press(2010), pp. 14–17.
193. 2007년 저작인 *When Species Meet*까지 해러웨이는 string figure라는 말은 쓰지 않고 실뜨기의 통상적인 명칭인 cat's cradle을 쓴다.

없었던 중요하고 아마도 아름답기까지 한 무언가를 발견하는 것이다. 실뜨기는 받고 전해 주기 위해서 가만히 있기가 필요하다. 실뜨기는 주고받기의 리듬이 유지되는 한, 모든 종류의 수족으로, 다수에 의해 플레이 될 수 있다. 학문과 정치도 역시 그것을 닮았다— 열정과 행동, 가만히 있기와 움직이기, 고정시키기와 시작하기를 요구하는 꼬임과 뒤얽힘 속에서 전달하기.[194]

실뜨기는 적어도 둘 이상이 함께 하는 게임이고, 매번 어떤 패턴을 만들고 그것을 상대에게 전달하는 게임이다. 실뜨기의 중요 규칙은 자신의 순서를 건너뛸 수 없다는 것, 번갈아 한다는 것, 상대가 패턴을 만들 때 가만히 있어주어야 하는 것이다. 이 패턴에서 저 패턴으로 이어지는 속에서 이야기가 만들어진다. 그것은 때로는 즐겁고 풍요로운 이야기이고, 때로는 참혹한 실패의 이야기가 되기도 한다. 무엇보다 실뜨기는 주체와 대상, 능동과 수동의 "사이에서" 생각하기를 필요로 한다. 내가 취하는 패턴은 상대가 내밀어준 패턴으로부터 시작하는 것이고, 상대도 또한 내가 내밀어준 패턴에서 자신의 패턴을 만들기 때문이다.

페미니즘은, 혹은 '여성적 글쓰기'는 종종 주체와 대상이 분리되기 이전의 조화로운 합일을 희구하곤 했다. 하지만 주체와 대상의 분리는 학문에서도 삶에서도 피할 수 없다. 유한한 생을 사는 자들의 조건이기 때문이다. 하지만 주체가 되는 자와 대상이 되는 자가 미리 정해져 있는 것은 아니다. 남의 목숨에 기대어 사는 자들은 누구든 주체이자 대상이다. 대상이기만 해서는 생을 이어갈 수 없기 때문이다. 패턴을 만들기와 대어주기를 번갈아 하는 실뜨기는 주체와 대상이 어떻게 번갈아 바뀌게

• •

194. Donna Haraway, *Staying with the Trouble*, Duke University Press(2016), p. 10.

되는지를 잘 보여준다. 방금 한 능동의 행위는 바로 자신이 곧 되돌려 받으면서 상대의 처분을 기다리는 수동이 된다. 상대가 어떻게 나올지는 알 수 없는 일이다. SF가 끝나지 않은 이야기가 되는 이유는 바로 이런 예측 불가능성 때문이다.

『반려종 선언』에서부터 해러웨이의 글쓰기는 말씀을 부수는 사이보그 글쓰기에서 실뜨기 같은 이야기로 바뀐다. 사이보그 글쓰기가 주류적인 의미를 재의미화하고 다시 쓰는 것이라면, 이야기하기는 주류적인 의미가 저들만의 것이 아니었음을 보여준다. 또한 이야기하기는 그 의미들이 고정적인 것이 아니고, 예측 불가능하게 바뀐다는 것을 보여주기도 한다.

이는 해러웨이의 개 훈련 이야기를 떠올려보면 쉽게 알 수 있다. 야만의 개를 '문명화시키라'는 '말씀'이 처음의 이야기였을 수도 있다. 하지만 누군가가 자신의 개가 원하는 것을 알아차리기 위해 얼마나 심혈을 기울여야 했는지를 이야기하기 시작하면 스토리는 전혀 엉뚱하게 흘러가버린다. 해러웨이는 자신의 이론적인 도구인 SF들을 통해 일상의 '말씀'들을 다른 이야기들로 바꾼다. 일상은 명령이 실패하는 곳이지만 그렇다고 조화와 합일의 꿈같은 곳도 아니다. 해러웨이는 이야기하기를 통해 일상은 불평등한 권력의 공간이고 누구도 권력적인 관계에서 자유로울 수 없음을 보인다. 그럼에도 삶이 무간지옥이기만 한 것이 아니었던 것은 그 권력 관계를 출렁이게 하는 치열한 정치와 더 나은 관계를 만들려는 윤리적인 실천들이 있었기 때문이다.

4. 두꺼운 현재

바일라 골던털Baila Goldenthal의 회화작품 실뜨기 연작은 해러웨이의 SF

이론을 잘 표현하는 작품이다. 그중 2008년의 유화작품에 붙은 "실뜨기/끈 이론Cat Cradle/String Theory"이라는 제목은 양자역학의 초-끈 이론Super-String Theory을 연상케 한다. 작가가 복수종의 실뜨기야말로 만물의 근본 이론이라는 이야기를 하고 싶었는지 아니면, 물리 이론을 우화화하고 싶었는지는 알 수는 없다. 이 작품에서 눈에 띄는 것은 실을 잡은 손마다 사각형의 테두리가 그려져 있다는 점이다. 각 사각형의 테두리 속에는 밑칠과 덧칠로 물감이 여러 번 두껍게 칠해져 있는데 그 두께와 질감은 사각형마다 다르다. 그것은 실뜨기가 이어져온 상이한 시간의 두께를 표현한 것인데, 상이한 시간성으로 실뜨기를 이어온 손들이 사각형 테두리가 없는 손과 실을 맞잡고 있다. 이렇게 현재는 과거의 시간들과 함께 하나의 화폭에 '두꺼운 현재'로 구성된다.

우리의 삶은 '두꺼운 현존thick presence'으로 이루어져 있다. 『트러블과 함께하기』의 후속 강의에서 해러웨이는 두꺼운 현재를 위한 용어, '지금까지So Far'의 의미를 이야기한다.[195] 두꺼운 현재는 우리가 살고 죽어온 '지금까지'의 이야기다. 현재 눈앞에 펼쳐진 실뜨기의 패턴이 여태까지 이어져온 릴레이의 결과인 것처럼 말이다. 그 강의에서 해러웨이는 우리는 우리 앞에 있는 사람들, 즉 과거의 사람들을 대면할 수는 있지만, 우리 뒤에 있는 사람들, 즉 미래의 사람들은 대면하지 않고, 대면할 수도 없다는 점을 강조한다.[196] 하지만 우리는 거꾸로 미래를 예측하는 데 온 힘을 기울인다. 예측할 수 있어야 대비할 수 있다고 여기기 때문이다. 하지만 지금의 상황을 외삽한 것에 지나지 않는 예측은 다른 이야기를 만들

- - -

195. https://www.youtube.com/watch?v=z-iEnSztKu8; 2017년 10월 23일 예일대에서 진행된 강의, "Making Oddkin: Story Telling for Earthly Survival."
196. 오스트레일리아의 애보리진 민속학자인 데보라 버드 로즈(Deborah Bird Rose)가 자신의 선생에게 들은 이야기다.

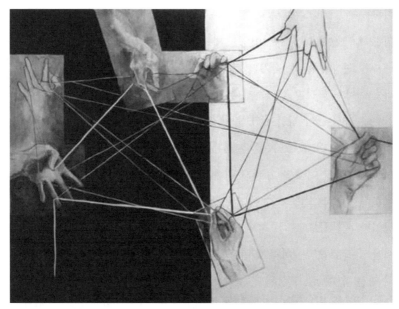

〈그림 5〉, Baila Goldenthal, *Cat's Cradle/String Theory*, 2008, oil on canvas, 36 x 48".

수 없다.

　다른 변화를 만들어내기를 원한다면, 예측에 힘을 뺄 일이 아니다. 해러웨이는 외삽하는 대신 과거의 사람들을 만날 것을 촉구한다. 이어지는 실뜨기에서 때로 유용한 패턴을 발견하기도 했던 것처럼, 지나간 자들의 무구하지 않은 살기와 죽기, 놀기와 일하기에 관한 실천들 속에서 유용한 무엇을 발견할 수도 있고, 발견해야만 한다고 여기기 때문이다.

　어슐러 K. 르 귄은 『빼앗긴 자들』[197]에서 과거를 빼앗긴 자들에 대해 쓴다. 불모의 행성 아나레스에는 행성 우라스에서 자의반 타의반으로 이주해온 자들이 몇 세대에 걸쳐서 아나키스트 공동체를 이루고 산다. 이들이 원래 살았던 행성 우라스는 지금 우리가 사는 세계를 극단화한

● ●

197. 어슐러 K. 르 귄, 『빼앗긴 자들』, 이수현 역, 황금가지(2017).

곳이다. 극단적인 경쟁이 판을 치고, 경쟁에서 낙오된 자들은 사회의 가장 밑바닥에서 비참한 생을 산다. 그래서 오도라는 현자의 사상을 신봉하는 오도니언들이 폭동을 일으켰고, 황폐한 아나레스로 집단 이주했다. 아나레스에서 오도니언들은 그들만의 아나키스트 공동체를 만들었지만 자신들의 고향인 우라스와의 접촉을 차단했다. 너무 나쁜 기억이고, 되돌아가서는 안 될 과거라 여겼기 때문이다. 하지만 르 귄은 이렇게 말한다. "돌아오지 않고, 이야기를 들려줄 배를 돌려보내지 않는 탐험가란 탐험가가 아니라 모험가일 뿐이며, 그 자식들은 유배지에서 태어난 것이다."[198]

이야기를 들려줄 자가 없는 유배지에서 태어난 자들은 좋은 이야기를 만들 수 없다. 과거와 단절된 자들은 과거의 이야기로부터 아무것도 배울 수 없기 때문이다. 그래서 그가 살 수 있는 현재는 그만큼 얇아진다. 두꺼운 현재는 지금까지의 살고 죽기에 관한 수많은 이야기들로 가득 차 있고, 그것은 다른 이야기를 만들 수 있는 잠재적인 힘이다. 얇은 현재에는 그만큼의 잠재적인 힘이 상실되어 있다. 그러므로 이야기를 다시 불러내는 것은 그 시대로 다시 돌아가려는 복고를 의미하지 않고 힘을 키우고, 윤리를 육성하는 일이다. 과거의 이야기는 하나가 아니고, 완결된 것도 아니다. 살고 죽기를 이어온 많은 이야기들을 기억하고 전하는 것으로부터 다른 이야기가 만들어진다.

5. 캐리어백 이론

이야기에서 주인공은 대개 영웅이기 십상이다. 그는 문제를 멋지게

198. 같은 책, p. 108.

해결하는 해결사이자 구원자이다. 통속적인 "남근 이야기"는 말할 것도 없고, 그 남근 이야기에 대결하는 이야기일지라도 상대를 얼마나 멋지게 때려눕혔는지 그 무용담을 자랑하는 전쟁의 서사가 대부분이다. 그것은 주인공의 이야기이고, 한 명의 주인공을 위해 다른 이들은 모두 엑스트라가 되는 이야기이고, 젠더로서의 남성 이야기다. 주도하는 자, 앞장서는 자, 빛나는 자는 동원되는 자, 따라가는 자, 중요하지 않은 자가 아니다.

가령, 테크노사이언스를 일종의 병참술로 이해한 브뤼노 라투르가 들려주는 보일의 실험실 이야기에서 자연학자 보일은 병참술을 지휘하는 장수다. 보일은 당시로서는 최첨단 실험 장비인 공기펌프를 동원할 수 있었기에 홉스와의 전쟁에서 이겼다. 보일의 무대에는 보일만 있었던 것이 아니고, 공기를 빼내기 위해 열심히 펌프질을 해대는 보일의 여성 하인들이 있었고, 원활하게 작동하는 것만은 아닌 공기펌프의 각종 부품들의 삐거덕댐도 있었고, 문제가 생길 때마다 공기펌프를 손보는 기술자의 협력이 있었음을 라투르는 주목했다. 하지만 라투르의 행위자 연결망의 이야기 속에서 이들은 '동원'된 행위자들이다. 라투르가 지적한 것처럼 전쟁은 혼자 하는 것이 아니다. 보급품이 없으면 전쟁을 수행할 수 없다. 그러나 '동원'된 그들은 영웅이 아니고, 중요한 것들이 아니다.

해러웨이는 르 귄의 에세이 「소설에 관한 캐리어백 이론The Carrier Bag Theory of Fiction」으로부터 어떻게 삶에 관한 많은 이야기들이 영웅 이야기 속으로 짜부라져 버리는지를 이야기한다.[199] 르 귄이 들려주는 이야기는 이렇다. 그 옛날 수렵 채집인들이 옹기종기 모여서 이야기를 하고 있다. 수렵 채집기에는 지금에 비해서 월등하게 노동시간이 짧았다. 이 시기의 사람들은 하루를 부양할 만큼의 노동을 일찌감치 끝내고 화롯가에 둘러앉

• •

199. Donna Haraway, *Staying with the Trouble*, Duke University Press(2016), pp. 39-40, pp. 118-119.

아서 이야기를 나눈다. 야생 귀리 껍질을 까서 씨앗을 어떻게 얻었는지, 새로운 귀리 서식지를 어떻게 발견하게 되었는지 등, 오늘 하루 무엇을 했고, 어떤 재미있는 일들이 있었는지가 오간다. 그런데 이런 소소한 것들은 주의를 끌기는 어렵다. 그래서 어떤 사람은 듣고 어떤 사람은 불을 헤집으며 장난을 친다.

그런데 어떤 젊은 녀석이 매머드 사냥 이야기를 하면 분위기는 급반전이다. 매머드의 뿔에 찔려서 함께 간 아저씨가 쓰러지고, 덮치려는 그 육중한 놈을 일촉즉발의 위기 순간에 단번에 찔러 죽였다는 젊은 녀석의 이야기는 너무도 흥미진진하다. 이야기는 단숨에 좌중을 압도하고, 사람들은 매머드를 단번에 쓰러뜨린 영웅의 이야기에 가슴을 졸이면서 귀를 바짝 기울인다. 개울가에 가서 물을 마시고, 놀고, 잠시 도롱뇽을 관찰하고, 춤추고 노래했던 일상의 일들에서 사냥은 극히 일부분의 일에 불과했지만 이야기 속에서 영웅은 그 모든 삶의 행동들을 단번에 찌부러뜨리면서 우뚝 솟아오른다.

르 귄은 버지니아 울프가 그의 소설을 위한 용어집에서 "영웅주의hero-ism"를 "보툴리눔 식중독botulism"이라고 했음을 상기시킨다. 보툴리눔은 신경을 마비시키는 독이다. 르 귄은 이를 슬쩍 메타플라즘해서 병bottle이 영웅이 된다면 어떨까하고 묻는다. 병은 무언가를 담는 것, 오목한 것이다. 인류 최초의 도구는 〈스페이스 오디세이〉에서처럼 유인원들이 들고 나오는 돌도끼가 아니라 아마도 뭔가를 담는 것이었을지도 모른다. 열매를 따서, 혹은 귀리 한 줌을 따서 어디에 넣어가지 않는다면, 그것들을 집으로 가져올 수는 없을 것이다. 담을 것이 없다면, 혼자서 양껏 배불리 먹거나 아니면 겨우 한 줌을 움켜쥐고 올 뿐이다. 채집자들에게 필요한 건 뭔가를 담아 운반할 것들이었다.

잎사귀 하나, 박 한 통, 조개껍질 하나, 그물 하나, 가방 하나, 밧줄 하나, 부대 하나, 병 하나, 상자 하나, 통 하나, 그릇 소유자 하나, 수령자 하나.[200]

일상의 삶에서는 길쭉한 것보다 오목한 것들이 더 쓸모가 있었다. 자질구레한 것들을 다 담을 수 있기 때문이다. 해러웨이가 하려는 이야기는 이 자질구레한 것들에 관한 것이다. 이야기는 이런 것들이 담긴 널찍한 가방이다. 어떤 영웅도 이런 자질구레한 것들이 담겨 있는 가방을 둘러매지 않고서는 길을 나설 수 없다. 물론 영웅이 가장 알고 싶어 하지 않는 것이 그런 사실일 테지만 말이다.

거저 주고받을 수 있는 약간의 물과 아주 조금의 씨앗을 담는 조개껍질의 사소한 굴곡이 이야기들을 제안한다. 그 이야기들은 함께-되기에 관한 것이고, 상호유도에 관한 것이고, 반려종들에 관한 것인데, 삶과 죽음 속에서 반려종들의 일은 이야기하기와 세계 만들기를 끝내지 않는다.[201]

가방 속에 담긴 씨앗 한 줌, 물 한 모금이 새로운 연결을 만든다. 별 중요하지도 않을 것 같은 이런 사소한 것들이 세계를 만든다. 영웅의 스펙터클한 모험은 결말이 거의 정해져 있다. 대부분의 경우 영웅이 이기고, 아주 드물게 장렬하게 죽지만 그 경우도 다른 영웅이 그를 대체한다. 그래서 손에 땀을 쥐게 하지만 사실상 뻔한 이야기다. 그러나 가방에

● ●

200. Ursula Le Guin, "The Carrier Bag Theory of Fiction." *Dancing at the Edge of the World: Thoughts on Words, Women, Places*, New York: Grove(1989) p. 150.
201. Donna Haraway, *Staying with the Trouble*, Duke University Press(2016). p. 40.

담긴 것들, 혹은 오목한 것에 남긴 자잘한 것들은 이미 끝난 것 같은 이야기도 다시 잇는다. 낯선 이에게 건네준 물 한 모금, 씨앗 한 줌이 이야기를 만들고, 세계를 만들기 때문이다.

이야기하기는 중요하지만 영웅 일색의 이야기에서 자질구레한 것들이 가득 든 캐리어백 이야기로 바꾸어야 한다. 다른 이야기를 하기 위해 어떤 이야기로부터 출발하느냐는 중요한 문제이다. 지나치게 단순한 이야기, 하나로 모든 것을 환원해버리는 이야기는 일단 의심해보는 것이 좋다. 세상은 영웅들만의 것이 아니다. 하지만 오해하지 마시라. 우리가 대결하고 바꾸어야 할 이야기는 영웅 이야기이지 싸움 이야기가 아니다. 자잘한 것들, 위대하지 않은 것들의 이야기는 젠더적으로는 여성적인 이야기다. 하지만 그것이 싸움을 피하는 부드러운 이야기를 의미하지는 않는다. 제대로 된 싸움을 위해서도 영웅 이야기는 별로 좋지 않다.

6. 종결되지 않는 이야기

영화 〈아바타〉가 떠오르는 르 귄의 『세상을 가리키는 말은 숲』[202]이라는 소설은 철저하게 싸움에 관한 이야기다. 〈아바타〉보다 무려 30여 년 전에 발표된 이 소설은 영화와 비슷한 설정이지만 이야기의 결말은 전혀 다르다. 〈아바타〉는 결국 인간 영웅이 등장해서 위험에 처한 나비족을 구한다. 하지만 소설은 그렇게 이야기를 끝내지 않는다. 인간들은 지구에 필요한 목재를 얻기 위해 온통 숲으로 이루어진 행성 애스시를 식민화한다. 숲속에 사는 애스시인들은 인간들에게 붙잡혀서 노역을 당하고 강간을

• •
202. 어슐러 K. 르 귄, 『세상을 가리키는 말은 숲』, 최준영 역, 황금가지(2012).

당하지만 저항하지 않는다. 그들은 전쟁을 몰랐고 살해를 몰랐기 때문이다. 하지만 애스시인 셸버는 자신의 아내가 인간에게 강간당하고 처참하게 죽자, 전쟁의 꿈을 꾼다. 그리고 그의 꿈이 수많은 애스시인들을 휩쓴다. 그 결과 수적인 면에서 압도적으로 많은 애스시인들에 의해, 애스시에 온 지구인들은 거의 모두 가차 없이 살해당한다. 하지만 셸버는 애스시인들을 구원한 영웅이 아니고, 애스시는 이전의 모습으로 돌아가지 못한다.

애스시인들은 셸버가 그의 강력한 꿈 때문에 잠시 신이 되었다고 여긴다. 하지만 애스시인들에게 신은 우리가 알고 있는 초월적인 힘을 가진 구원자가 아니다. 그들에게는 현행의 시간인 세계 시간과 잠재적인 시간인 꿈의 시간이 있는데, 세계 시간에는 없었던 행위는 꿈의 시간으로부터 올 수 있다. 이때 신은 그것을 번역하거나 매개하는 자이다. 셸버의 강력한 분노가 살해라는 행위를 꿈의 시간에서 세계의 시간으로 가져왔기에 그는 신이 되었다. 지구인들에 대한 대대적이고 무차별적인 살해가 일어난 후, 애스시인들의 세계 시간에는 그 이전에는 없던 살해라는 단어와 행위가 현실적으로 존재하게 되었다. 이전까지 살해를 몰랐던 애스시인들의 세계 시간에 이제 살해라는 말과 행위가 생긴 것이다. 애스시인들에게 그것은 구원도 파멸도 아니다. 그것은 마치 실뜨기의 패턴처럼, 한번 만들어진 패턴은 어쨌든 무효화시킬 수 없고, 그다음 패턴을 만들어야 할 자들은 어떻게든 그것을 이어 받아야만 한다. 애스시인들은 어떻게든 그 살해의 결과를 받을 것이다.

이 이야기는 과학소설이지만 저 어딘가의 이야기가 아니라 우리가 사는 무구하지 않은 현실의 이야기이고 실뜨기 이야기다. 이야기하기는 "상황 속의 지식들"을 말하기다. 세속적인 지식은 이야기를 떠나서는 성립하지 않는다. 가령 소설 속에서 애스시인들은 여성 지구인들도 모두 죽였다. 그들은 애스시의 개척자들을 위해 섹스 파트너로 공수된 여성들이고, 애스시인들에게 아무런 해를 끼치지 않았다. 하지만 지구인들에게 착취당하고 살해당하는 애스시인들의 상황 속의 지식 속에서 그 여성들은 폭력적인 지구인을 잉태할 자들일 뿐이다. 그들은 애스시에서 지구인들을 완전히 몰아내길 원했고, 그래서 모조리 죽였다. 이처럼 상황 속의 지식은 무구하지 않다.

해러웨이는 과학과 페미니즘도 이런 식으로 무구하지 않음을 감추거나 정당화하지 않으면서 이야기되어야 한다고 믿는다. 무구하지 않다는 것이 과학 연구를 하지 말고, 페미니스트 정치투쟁을 하지 않아야 하는 이유가 되지는 않는다. 대대적인 전쟁을 감행한 애스시인들처럼 싸워야 할 때 싸워야 한다. 그러나 애스시인들처럼 그것의 결과도 또한 감수해야 하는 것이다. 반인종차별적이고, 반식민주의적이고, 반성차별적인 과학과 페미니즘을 실천하기 위해서 우리는 이 싸움들을 어떻게 이야기할 것인지를 배워야 한다.

지금은 정치적으로 생태적으로 극심한 파괴의 시대다. 이 사태들을 일반화하려는 시도가 당연히 있지만, '트러블과 함께하기'는 일반화를 거부하고 구체적인 상황 속에서 응답하기를 배우는 것이다. 이를 위해서는 인간과 비인간이 함께 살아온 이야기들을 어떻게 이야기하는지가 중요하다. 일어나야만 했던 일이 아니라 무슨 일들이 일어났는지에 관한 수많은 이야기들이 이야기되어야 하고, 살고 죽고 일하고 놀았던 수많은 이야기들이 발굴되고 전해져야 한다. 그래서 아직도 지구 곳곳에 남아 있는 토착민들의 이야기들을 이어받아 이야기하는 것은 중요하다. 현대인들에게는 상품을 만들기 위한 단 하나의 이야기만 있지만, 그들에게는 수많은 살기와 죽기, 살리기와 죽이기, 함께 일하기와 놀기의 창의적인 실천에 관한 이야기들이 있다.

이론가들은 이야기들을 관통하는 하나의 거대한 이야기를 만들고자 하겠지만, 그것은 수많은 이야기들을 치워버리는 일이다. '트러블과 함께 하기'는 이야기들이 치워지는 것에 저항하고, 그 이야기 속에 남아서 이야기를 이어가는 것이다. 응답을 위한 행동은 이야기 속에 있지, 정당화를 위한 이론 속에 있지 않다. 하지만 우리는 결말이 있는 이야기에 익숙하고, 모든 행위에는 정당성이 확보되기를 희망한다. 정당성이 확보되면 거침없이 행동할 수 있고, 고민거리가 없어지기 때문이다. 그래서 복잡한 이야기는 전선을 흐리는 것이고, 현실에 굴복하는 것이라 여기기 쉽다.

하지만 원하든 원하지 않든 살고 죽기에 관한 이야기는 단순하지도 않고 종결되지 않는다. 애스시인들이 파괴적인 지구인들을 싹 몰아내었지만, 그들에게는 이전에 없는 살해가 존재하게 되었던 것처럼 말이다. 그들은 이제 '살해'라는 것과도 씨름해야 할 것이다. 현실의 삶에서 "그후로 그들은 오랫동안 행복하게 잘 살았습니다"로 끝나는 이야기는 없다. 복잡한 이야기를 하는 것이 싸움을 유보하자는 의미가 아니다. 그것은 오히려 끝나지 않는 싸움을 이야기하는 것이고, 끝나지 않는 삶과 죽음의 실천들을 이야기하는 것이고, 끝나지 않는 세계 만들기를 이야기하는 것이다. 이 모든 이야기들을 영웅 이야기에 쓸어 담지 않는 것이 중요하다. 영웅 이야기는 수많은 이야기 중의 하나일 뿐이다.

해러웨이의 책에는 동종과 동류가 아닌 낯선 자들이 어떻게 서로를 인식하고 오인하는지, 어떻게 서로 친척이 되고, 서로를 길들이는지, 어떻게 기쁨과 고통을 나누는지에 관한 이야기들이 가득하다. 그것은 성공보다는 실패의 이야기들이고, 평등하기보다는 불평등한 관계에 관한 이야기들이다. 죽이기가 없고, 파괴하기가 없고, 지배하기가 없는 세상은 불행히도 없지만 그것들 일변도의 세상은 지속이 불가능하다. 서로의 목숨에 기대어 사는 필멸의 존재들은 상대를 돌보지 않으면 자신의 목숨을 부지할 수 없는 모순적인 상황을 살기 때문이다.

　호모사피엔스의 시작부터 지금까지 우리가 비인간들과 그럭저럭 살아올 수 있었던 것은 죽이기와 돌보기의 모순적이고 상호 의존적인 상황을 잘 살아낸 이야기들이 곳곳에 있었기 때문일 것이다. 인간 삶의 지속가능성이 의문에 붙여진 이때, 우리가 배워야 할 것은 반려종의 이야기들이다. 그것은 우리 앞에 살다간 자들이 비인간들과 맺었던 반려 관계의 창의적인 실천들에 관한 이야기들이고, 아직도 세계 곳곳에 남아 있는 반려 친척 만들기에 관한 이야기들이다. 우리는 이 무구하지 않은 이야기들을 기억하고 그것을 어떻게 이야기할지, 그리고 어떻게 이어받을지를 배워야 할 것이고, 그것이 우리가 전해줄 이야기가 될 것이다. 세상은 아직 끝나지 않았고, 끝나기로 정해져 있는 것도 아니다. 시간이 그리 많지는 않지만, 우리가 배우고 이어갈 이야기들은 아직 많이 있다.

최유미

KAIST 화학과에서 「비활성기체의 결정안정성에 대한 통계역학적인 연구」로 박사학위를 받았으며 20여 년간 IT회사에서 소프트웨어 개발 작업에 참여하였다. 현재 연구공동체 <수유너머104>에서 인간과 비인간 의 '함께 살기'를 실험하고 공부하고 있다. 도나 해러웨이의 『트러블과 함께하기』를 옮겼고, 논문 「기계와 인간의 공동체를 위하여」, 「인공지능과 함께 되기」, 함께 지은 책으로 『우리 시대 인문학 최전선』, 『감응의 유물론과 예술』 등이 있다.

트랜스필 총서 03

해러웨이, 공-산의 사유

초판 1쇄 발행 | 2020년 06월 10일
     2쇄 발행 | 2021년 06월 10일

지은이 최유미 | 펴낸이 조기조 | 펴낸곳 도서출판 b

등록 2003년 2월 24일(제2006-000054호)
주소 08772 서울특별시 관악구 난곡로 288 남진빌딩 302호
전화 02-6293-7070(대) | 팩시밀리 02-6293-8080
홈페이지 b-book.co.kr | 이메일 bbooks@naver.com

ISBN 979-11-89898-25-0 03190
값 22,000원